KB260204

임동석중국사상100

유학경림

多學瓊林

3/3

程登吉 撰·鄒聖脈 註 / 林東錫 譯註

〈鷄雛待飼圖〉宋, 李迪, 北京故宮博物館

"상아, 물소 뿔, 진주, 옥. 진괴한 이런 물건들은 사람의 이목은 즐겁게 하지만 쓰임에는 적절하지 않다. 그런가 하면 금석이나 초목, 실, 삼베, 오곡, 육재는 쓰임에는 적절하나 이를 사용하면 닳아지고 취하면 고갈된다. 그렇다면 사람의 이목을 즐겁게 하면서 이를 사용하기에도 적절하며, 써도 닳지 아니하고 취하여도 고갈되지 않고, 똑똑한 자나 불초한 자라도 그를 통해 얻는 바가 각기 그 자신의 재능에 따라주고, 어진 사람이나 지혜로운 사람이나 그를 통해 보는 바가 각기 그 자신의 분수에 따라주되 무엇이든지 구하여 얻지 못할 것이 없는 것은 오직 책뿐이로다!"

《소동파전집》(34) 〈이씨산방장서기〉에서 구당(丘堂) 여원구(呂元九) 선생의 글씨

책머리에

명대 격언서와 몽학서 중에 가장 중요하며 훌륭하다고 널리 알려진 《명심보감》, 《채근담》, 《증광현문》을 역주하여 마치면서 필자는 매우 신기한 행복감에 젖어 있었다. 즉 나이 들어 이들 처세명언집을 완전히 새롭게 샅샅이 파고들면서 '그래, 맞아!' 하고 감탄이 절로 나올 때가 한두 번이 아니었고, 나아가 구절마다 문장마다 바로 나를 두고 하는 말임을 절감했기 때문이었다. 나도 모르게 공부한 보람이 이런 것이려니 하였던 것이다. 그러나 그것조차 사치요 거만이었다. 춘추시대 거백옥蘧伯玉이라는 사람은 공자도 무척 칭찬한 인물이었는데, 그는 나이 쉰이 되어서 마흔아홉까지의 삶이 그릇되었음을 알게 되었다고 스스로 후회하였다. 그런데 내 나이 망륙望六이 훨씬 넘었는데도 이제껏 내 잘난 줄 알았고, '나는 그렇게 못되게 살지 않았어'라고 독선을 부린 엊그제를 생각하면 부끄럽기 그지없고, 나아가 깨닫지 못하고 살아온 것이 그믐밤에 촛불 하나 들고 어두운 산길을 헤맨 것임을 자인할 줄 몰랐다는 것이 더욱 안타깝게 느껴질 뿐이었다.

물론 이 《유학경림》이라는 책은 문학서는 아니다. 더구나 역사서도 아니며 무슨 아름다운 작품도 아니다. 그저 어린아이가 익혀야 할 필수적인 상식이라는 뜻을 가진 하찮은 책일지도 모른다. 게다가 고대 봉건적 사회, 명대 중국 전통적인 몽학서에 불과하다. 그럼에도 나는 또 다시 이 책을 역주하면서 앞서 말한 다른 책을 작업할 때처럼 무한한 기쁨과 또 다른 발견에 스스로를 고맙게 보는 기회를 갖게 되었다. 지혜의 바다에 풍덩 빠지고, 지식의 숲 속을 실컷 헤맨 느낌이었으며 '학해무애學海無涯'의 순박한 감동이 기대보다 많이 내게 다가왔다.

하늘의 섭리와 땅의 이치, 우주의 생성과 만물의 순환, 그리고 삼라만상의 인간을 위한 명칭과 인류의 정도正道는 도리어 사회화된 규범어일 뿐, 실제는 그저 생활 그 자체이며, 앉아서 천리를 보고, 서서는 만리를 보며, 누워 상상하면 천년을 꿰뚫고, 굽어 내려다보면 만년을 직시할 수 있는 어린 아이의 발견의 기쁨, 그런 것이 들어 있었다. 그래서 물건을 닫을 때는 왼손가락으로 해야 한다. 그래야 그보다 큰 힘의 오른손으로 풀 수 있다. 마찬가지로 내 가슴의 문을 잠글 때는 어린아이 힘으로 해야 하리라. 그래야 어른의 힘으로 풀 수 있다. 나아가 이 삶의 소중한 인연을 어쩔 수 없이 닫아야 한다면 내 가장 약한 눈물로 닫으리라. 그래야 다시 풀 때 시원한 함박웃음으로 열지 않겠는가?

이 천지 자연에 내가 해 준 것이 무엇이 있다고 계절은 나에게 그 때마다 꽃을 보여주고 구름을 얹어주며 바람으로 옷깃을 흔들어주고, 아니 매서운 추위를 주고 견딜 수 없는 폭풍우까지 선사해주는가? 산길 능선을 걷도록 해주고 더덕과 삽주 뿌리를 알게 해주었으며, 잔설 속의 산동박으로 환희를 만들어 가슴에 부어주고 진달래로 선녀의 옷자락을 만들어 눈 안 가득 하늘거리는 치졸한 시상을 떠올리도록 해 주는가?

이렇게 참으로 고맙고, 건강하고 아름다운 세상을 뜬눈으로 보게 해 주었던 많은 고마움이 내 살면서 갚아야 할 부채요 빚이 아닐까 하고 부담스러워 해 본 적이 있다.

이에 《유학경림》에 보이는 아름다운 동심의 소박한 지식들처럼, 무한하고 고차원적인 엄청난 학술 못지않게 지식도 행복도 꿈도 사랑도 아주 작은 어린아이의 눈에 보이는 세계와 같은 것임을 터득할 수 있는 것들을 찾아내는 책으로, 읽는 이들에게 그 작은 기쁨을 주면 그것으로 족하겠다는 아주 작은 바람으로 책을 다시 꾸며 내놓는다. 작은 지식의 확인도 때로는 '감동'이라는 말로 표현해도 되는 책이기 때문이다.

줄포茁浦 임동석林東錫 부곽재負郭齋에서 적음.

일러두기

1. 이 책은 《유학고사경림幼學故事瓊林》(明 程登吉 原著, 群樂 龍飛改編, 上下 2책. 簡體 活字本. 復旦大學出版社, 1988. 上海)를 저본으로 하였다.

2. '원문原文' 다음에 이어지는 '증문增文'도 연결하여 전체를 1326련聯으로 나누어 완역상주完譯詳註하였다.

3. 〈복단대본〉(1988)은 모두 일련번호를 부여하여 1537련聯을 싣고 있으나 실제로 14련이 누락되어 있고, 속증續增 225련은 현대인 비유용費有容이 추가한 것으로 이를 제외할 경우 모두 1326련이 된다. 이를 모두 일련번호를 부여하여 전체를 주석하였다.

4. 한편 '속증續增'(총 225련)은 매 항목 끝에 그 원문을 제시하여 참고로 활용할 수 있도록 하였다.

5. 백화본으로 《신역유학경림新譯幼學瓊林》(臺灣 三民書局 馬自毅 注譯, 陳滿銘 校閱, 2003 臺北)이 있어 매우 유익한 참고가 되었음을 밝힌다.

6. 그 외에 《유학경림幼學瓊林》(岳麓書社, 1989, 長沙), 《유학백화구해幼學白話句解》(華聯出版社, 1975 臺北), 《유학경림幼學瓊林》(葉玉麟 註解, 大夏出版社, 1982, 臺南), 《유학경림幼學瓊林》(陝西旅遊出版社, 2003)등이 있으나 일부는 어린이용으로 재편집하거나 초록하여 일부만 다룬 것, 만화로 재구성한 것 등 다양하며 더구나 체제와 내용이 매우 상이한 것도 있다.

7. 본 역주는 원문을 대련으로 정리하여 싣고 이를 해석하였으며 이어서 그에 관련된 주석은 우선 추성맥鄒聖脈의 주를 근거로 하였으나 일부는 출처와 내용의 오류가 있고 문자의 오자, 탈자가 있어 이를 일일이 원전과 대조하여 밝혔으며 본인이 각 원전들을 검색하여 부연하거나 새로운 출전을 근거로 교체하거나 추가한 내용도 있다.

8. 한편 추씨 주석은 자신이 원전의 내용을 축약, 혹은 문장을 변형하여 실은 것이 많아, 일부는 그 원의 해석이 명료하여 이를 그대로 활용하였으나 일부는 본인이 다시 원전을 찾아 원래대로 제시하여 정확도를 높이고자 하였다.

9. 원문이 판본마다 다를 경우 〈복단대본〉을 근거로 하되 그 내용을 주에서 밝혔다.

10. 출전은 가능하면 모두 밝혀 근거를 제시하고 그 내용을 알 수 있도록 다시 설명하였으며, 주석에서 내용과 분량이 많아 그 원문을 모두 실을 수 없을 경우 해석의 괄호 안에 중요한 구절을 한문 원문을 넣어 원의原義와의 대조에 도움이 되도록 하였다.

❋ 참고문헌

1. 《幼學故事瓊林》(上下) 明 程登吉(찬) 淸 鄒聖脈(增補) 復旦大學出版社 1988 上海

2. 《幼學瓊林》 明 程登吉(撰) 淸 鄒聖脈(增補) 岳麓書社 1989 長沙

3. 《幼學瓊林》 明 程登吉(編) 陝西旅游出版社 2002 西安

4. 《幼學白話句解》 明 程允升(撰著) 黃錫山(箋註) 葉玉麟(譯解) 華聯出版社 1975 臺北

5. 《幼學瓊林》(華一兒童啓蒙文學) 華一書局 1988 臺北

6. 《新譯幼學瓊林》馬自毅(註譯) 三民書局 2003 臺北

7. 《幼學瓊林》葉玉麟(註解) 大夏出版社 1982. 臺南

8. 《新增繪圖幼學故事瓊林》玉秉楠重枚 坊間本 年代未詳

9. 《幼學瓊林》(八部蒙書) 重慶出版社 2008. 重慶

10. 《幼學瓊林》(中國傳統蒙學全書) 李少林(主編) 中國書店 2007. 北京

11. 《十三經注疏》·《二十五史》·《新編諸子集成》·《太平御覽》·《太平廣記》·《初學記》·《藝文類聚》·《百子全書》·《世說新語》·《搜神記》·《說苑》·《新序》·《列女傳》·《韓詩外傳》·《戰國策》·《文選》·《四書集註》·《歷代名畫記》·《唐才子傳》·《全唐詩》·《酉陽雜俎》·《蒙求》·《潛夫論》·《增廣賢文》·《菜根譚》·《穆天子傳》·《齊民要術》·《貞觀政要》·《十八史略》·《拾遺記》·《高士傳》·《神仙傳》·《列仙傳》·《五燈會元》·《法苑珠林》·《博物志》·《西京雜記》·《荊楚歲時記》·《晏子春秋》·《顏氏家訓》·《國語》·《竹書紀年》·《山海經》·《水經注》·《國語》

기타 공구서 등 생략

해제

《유학경림幼學瓊林》의 책이름에서 '유학幼學'은 당연히 학동을 상대로 한 교육과 학습이라는 뜻이며, '경림'은 두 가지로 풀이해 볼 수 있다. 첫째는 일반적인 풀이대로 "주옥(瓊) 같은 내용을 모음(林)"이라는 뜻이며, 다른 하나는 송宋 태종太宗 조광의趙匡義가 경림궁(瓊林苑, 궁궐 花苑 이름)에서 당시 과거의 진사과 합격자들을 불러 잔치를 열어주었던 '경림사연瓊林賜宴'의 고사와 관련이 있다.(본 책 1051 참조) 즉 학동들로 하여금 '열심히 공부하여 경림연瓊林宴에서와 같이 금방金榜에 그 이름이 오르는 영광을 얻도록 노력하기를 면려한다'는 뜻을 은연중에 나타낸 것이다. 물론 현대 간체자로 '경瓊'과 '경琼'이 같아 현재 중국에서 출판되는 책은 《유학경림幼學琼林》으로 표기하고 있다.

한편 중국에서 그 많은 교재 중에 지금도 어린이용 교재로 몽학교재 蒙學敎材 중에 대표적인 것이 바로 《현문賢文, 增廣賢文》과 《유학경림》이다. 이는 지금의 이름은 '동몽교재'이지만 일반인에게 더욱 중요한 학습교재이며 독서 교재로 그 위치를 차지하고 있다. 즉 현대 교육이 발전하면서 '동몽'이란 개념은 사라졌으나 중국 본연의, 자신들 고유의 정서와 학술, 문화와 상식, 그리고 역사와 그 속에 숙성되어 내려온 풍습과 삶의 형태에 대한 아주 적절한 통속적인 내용을 담은 교재로 이만한 것이 없다고 인정하기 때문이다.

그 때문에 중국에서는 "증광增廣(賢文)을 읽고 나야 능히 남과 대화를 할 수 있고, 유학幼學(瓊林)을 읽고 나야 천하를 활보할 수 있다"(讀了增廣會說話, 讀了幼學走天下)라는 말이 있게 된 것이다.

이 책의 초기 원저 당시 이름은 《유학수지幼學須知》, 혹 《성어고成語考》, 《고사심원故事尋源》이었다 하며 명나라 경태(景泰; 1450~1456) 연간에 정등길

(程登吉; 자는 允升, 允昇, 西昌人)이라는 사람이 처음 편찬한 것으로 알려져 있다. 혹 같은 시기의 《오륜전비충효기五倫全備忠孝記》를 쓴 구준(邱濬, 丘濬, 1418~1495)이 편찬한 것이 아닌가 하는 의견도 있으나 아직 확정된 것은 아니다.

그 뒤 청나라 건륭(乾隆; 1736~1795) 연간에 추성맥(鄒聖脈, 鄒聖脉)이라는 사람이 증보하고 다시 주석을 가한 후 이름을 《유학고사경림幼學故事瓊林》이라 하였으며 지금 이 계통의 판본이 널리 전하고 있다.

그런데 다시 이 책이 민간에 널리 퍼져 초학용으로 보편화되자 신해혁명(辛亥革命, 1911) 뒤 비유용費有容이라는 사람이 '속증續增' 225런聯을 덧붙여 낸 '속주본續註本'과 엽포손葉浦蓀이라는 자가 증본增本에 더하여 재증再增한 '재증본再增本' 등이 출현하였으나 이는 원편에 비해 문장에 손색이 있고 나아가 소위 신지식을 위주로 한 것이어서 그다지 널리 보급되지는 못했다. 이를테면 비씨費氏의 '속증'은 "아시아, 유럽, 아프리카, 오세아니아, 아메리카 등 각 주의 명칭을 변별하고, 황, 백, 홍, 흑, 종의 피부색에 의한 전 지구의 인종을 구별한다(亞歐非澳美亞歐非澳美, 辨各洲之名稱; 黃白紅黑棕, 別全球之人種)" 등 현대 지식을 초학자에게 일러주기 위한 내용이 상당수 차지하고 있었다. 이러한 내용은 실제 이미 서구식 학교제도의 교재와 교과서에서 과학적이며 현대적 내용을 담고 있어 전통적인 《유학경림》의 내용에 비해서는 너무 앞서간 개념이라 여겼던 것이다. 그리고 엽씨葉氏의 '재증'은 중국 고대 인물과 고사를 위주로 하였으나 그 문체와 내용이 정등길이나 추성맥의 원서에 비해 저열하고 조악한 것으로 평가되었다. 이 때문에 흔히 추성맥이 증보와 주석을 가한 《유학고사경림》이 이제껏 널리 보급되어 지금도 이 판본이 기본적인 유학의 교재로 알려져 있다.

　이 책은 성어와 전고典故를 운에 맞춤으로써 어린 아이들이 외우기 쉽고 이해하기 쉽도록 편집되어 있다. 그러면서 원래의 고사는 압축하여 역사 속의 그 내용을 알지 않고는 이해할 수 없으므로 실제 엄청난 많은 양을 직접 찾아보거나 주석이 없이는 매우 학습하기 어려운 면이 없지 않다. 게다가 광범위한 제재, 이를테면 천문지리天文地理, 고금역사古今歷史, 혼인가취婚姻嫁娶, 관혼상제冠婚喪祭, 풍속예의風俗禮儀, 가정의례家庭儀禮, 생로병사生老病死, 종교미신宗敎迷信, 절령세시節令歲時, 의식주행衣食住行, 제작기예製作技藝, 인륜도덕人倫道德, 칭위호칭稱謂呼稱, 신화전설神話傳說, 조수초목鳥獸草木, 남녀상애男女相愛, 물명고사物名故事, 문물제도文物制度, 문무백관文武百官, 민간속설民間俗說 등 다루지 않은 것이 없어 그야말로 호한무제浩瀚無際하며 "와간우주臥看宇宙, 행주만리行走萬里"의 또 다른 세계를 보여주고 있어 초학용이라기보다 중국 전통 상식의 보고요 백과사전이라 볼 수 있다. 양에 있어서도 실제 1500여 대련對聯이지만 각 연이 두 문장이며 매 문장마다 한두 개씩의 고사를 압축하여 제시하고 있어 실제 고사성어는 그 두 배가 훨씬 넘는 3천여 가지라고 볼 수 있다.

　이 책이 명대에 이루어져 당시 봉건사회의 고정관념을 벗어나지 못하고 있지만 그럼에도 지금까지 이렇게 큰 반향을 일으키고 있는 것은, 수천 년 역사 속의 지혜와 상식을 압축한 정화精華요, 수많은 중국인의 정서를 고스란히 담고 있는 보화寶貨의 창고 역할을 톡톡히 해 내고 있기 때문일 것이다. 그리고 내용이 긍정적이며 인간이 태어나 사회의 일원으로 살아가면서 갖추어야 할 상식과 품덕을 강조한 면은, 시대가 바뀌어도 인간의 기본적인 수양과 인의도덕은 변할 수 없다는 대원칙도 이 책이 대변하고 있기 때문이기도 함은 두 말할 나위도 없다.

지금껏 전해지는 이 책은 거의 광서光緖 14년(1888)에 《유학고사경림》이라는 제목 아래 '역대제왕기歷代帝王紀', '교접칭위交接稱謂', '물류별명物類別名', '왕래척독往來尺牘' 등을 부록으로 하여 출간한 소위 '광서본'을 기초로 하고 있다. 따라서 초간본 내용은 구체적으로 알 수 없으나 추성맥이 건륭 25년(1760)에 '기오산방寄傲山房'에서 쓴 서문에 의하면 '태구주지지리汰舊註之支離, 역신전지확당易新詮之確當'이라 하여 이미 주석이 있었으나 너무 오류가 심하고 지리멸렬하여 새롭게 확정적으로 교정과 증보를 더하였음을 밝히고 있다. 그러나 추씨의 주에도 역시 오류와 탈자, 오자가 있다. 이는 그 많은 양을 일일이 찾아 정리하면서 생긴 것이며 나아가 원문을 작성하면서 재료로 삼은 제재가 일부는 전혀 편벽된 속서俗書, 구전 일화, 나아가 재인용의 과정에서 잘못 이해한 부분 등에서 택한 것이어서 실제 일부는 그 출전이나 원전을 찾을 길이 없는 것도 있었기 때문이었으리라 여겨진다.

즉 13경과 25사는 물론 제자백가의 책들과 개인 문집, 지방지, 가승家乘 등 경사자집과 속서까지 그 많은 책들 중에 어느 부분, 어느 내용을 근거로 한 것인지 모두 밝혀낸다고 하는 것은 개인 한 사람의 작업으로는 불가능하며 나아가 알려진 책이 아닌 경우 그 원전을 찾아 대조하고 밝히기란 심히 어려웠을 것으로 보인다.

한편 처음 《유학수지》로 명명되었던 초기통행본은 정씨, 추씨의 원본과 차이가 있고 편목도 다르다. 즉 이에 대한 계통은 지금도 물론 전하고 있으며 이에 대해서는 황석산黃錫山이 전주箋註를 단 것으로 우선 전체를 4권 34편으로 하여 천문天文, 지여地輿, 시서時序, 통계統系, 조정朝廷, 상유相猷(이상 1권), 장략將略, 과제科第, 문계文階, 무질武秩, 부자父子, 형제兄弟, 부부夫婦, 사우師友,

혼인婚姻, 외척外戚 (이상 2권), 열녀列女, 인사人事, 연치年齒, 제작制作, 문사文史, 예술藝術, 빈부貧富, 송옥訟獄, 흉사凶喪 (이상 3권), 석도釋道, 신체身體, 궁실宮室, 기용器用, 의식衣飾, 음식飮食, 진보珍寶, 화목花木, 조수鳥獸 (이상 4권)로 되어 있다. 그럼에도 이 책은 「서창정윤승선생작西昌程允升先生作, 황석산전주黃錫山 箋註」로 되어 있어 그 전통을 그대로 잇되 새롭게 재창작하였음을 말한 것이다.(錢元龍 原序 참조)

한편 이 책의 저작, 주석, 서발에 관련된 인물들 즉, 정등길, 추성맥, 황석산, 전원룡, 비유용, 엽포손 등에 대해서는 거의 알려진 것이 없음은 앞서 설명한 대로 일반적인 몽학서 찬자의 경우와 같다.

즉, 중국은 현대적 학교 제도가 있기 전에는 사숙私塾이나 가정에서, 혹은 동네에 작은 모임 형식의 기초 교육제도가 있었다. 이곳에서는 지금처럼 과목이 분화된 것도 아니고 제도적 교사가 있었던 것도 아니다.

따라서 교재도 그저 중국 고대부터 전통적으로 전해온 교양과 수양, 처세 잠언, 혹은 인륜 도덕이나 제도 사회, 역사 등을 혼합한 내용을 그 교육 목적이나 상황에 맞게 재편집하거나 수집, 정리한 통속적인 것이 대부분이었다. 따라서 이러한 교재는 대부분 작자나 편집자, 편찬자가 알려져 있지 않거나, 이름이 전해온다 해도 그 생애를 구체적으로 알기 어려운 경우가 허다하며, 나아가 그러한 책은 아동 교육이나 한학의 기초 교재로 매우 중요하면서도 대학자들의 주목을 받지 못하는 경우가 대부분이다.

이를테면 우리에게 널리 알려진 명대 《명심보감明心寶鑑》이 '범립본范立本 찬저撰著'로 되어 있고, 《증광현문增廣賢文》이 '석과산인碩果山人이 증보하고 주희도周希陶가 산정했다' 하며, 《채근담菜根譚》이 '홍자성(洪自誠, 洪應明)이

지은 것'으로 알려져 있지만 구체적으로 그 인물에 대하여 충분한 자료가 남아 있지 않은 원리와 같다.

　물론 아동용이요 초학용 교재라는 한계 때문에 일부는 내용의 오류가 있을 수 있고, 근거가 미흡하기도 하며, 제재의 출전이 통속적이며 심지어 민간 전설이나 편벽된 자료 등을 활용함으로써 학술적 가치는 낮을 수밖에 없다. 더구나 편집자가 권위 있는 학자가 아니요 지방의 이름 없는 교사, 또는 교육 종사자로 자신이 터득한 교육철학이나 교육활동에서 얻은 경험을 바탕으로 교육효과를 극대화하기 위한 관점에서 편집하거나 저술한 자료이므로 전문학자들에게 그다지 토론거리가 되거나 연구 대상이 되지 않았기 때문일 것임은 당연하다. 그럼에도 이러한 교재가 민간에 널리 퍼지기 시작하면 그 파급 효과는 상당히 커질 수밖에 없으며 특히 이러한 교재가 외국으로 전수된 경우 그 내용의 평이성과 정도의 수월성으로 인해 아주 널리 일반에게 중시되는 경우가 종종 나타난다. 그 예가 바로 우리에게 누구나 알려진 많은 몽학서들이다.

　바로 《천자문》, 《창힐편蒼頡篇》, 《급취편急就篇》, 《권학勸學》, 《발몽기發蒙記》, 《계몽기啓蒙記》, 《삼자경三字經》, 《사자소학四字小學》, 《백가성百家姓》, 《동몽훈童蒙訓》, 《소의외전少儀外傳》, 《성리자훈性理字訓》, 《십칠사몽구十七史蒙求》, 《서고천문敍古千文》, 《사학제요史學提要》, 《역대몽구歷代蒙求》, 《훈몽시訓蒙詩》, 《소학시례小學詩禮》, 《성률계몽聲律啓蒙》, 《석시현문昔時賢文》 등 일부는 중국에서 지금도 학계보다는 일반의 몽학서로 그 위치를 누리고 있으며, 이것이 한국이나 일본, 월남 등에 전수되어 지금도 그 인지도를 그대로 유지하고 있는 경우가 상당히 많다.

즉 우리나라 근대 교육 이전에 《천자문》, 《계몽편》, 《소학小學》, 《십팔사략十八史略》, 《명심보감》, 《고문진보古文眞寶》 등의 교재가 지금껏 유행하는 예가 그것이며, 나아가 우리 스스로 《동몽선습童蒙先習》, 《훈몽자회訓蒙字會》 등을 편찬하여 활용한 예와 같다.

그런데 이 책의 이름이 "어린이를 위한" 것으로 되어 있지만 실제로는 어른들에게도 곁에 두고 읽고 익혀야 할 백과사전이요 삶의 지침서요 학문의 참고서이다. 다만 당시 어린이 교육에 필수적으로 시작을 삼았고 당시 교육 제도에 과목분화가 없어 그저 책명을 그렇게 붙였을 뿐이다.

우리는 역사상 긴 기간 동안 중국과 교류하고 한자 문화권에서 함께 발전해온 관계로 우리의 문화도 그들과 공유하고 있는 것이 한두 가지가 아니다. 따라서 지금 우리의 풍속과 일상 생활에서 쓰고 있는 많은 어휘나 그 개념을 이 책을 통해 밝힐 수 있고 그 근원을 궁구해 볼 수 있다.

우선 목록에서 볼 수 있듯이 사람이 태어나 살면서 천지, 자연, 지리, 역사, 가정, 사회, 국가, 인간관계, 경제활동, 관혼상제 일생 모든 것을 고르게 분목分目으로 삼아 폭넓게 필수적으로 알고 활용해야 할 개념을 아주 외우기 쉽도록 대구對句와 압운을 넣어 정리해 놓았다.

어린이는 외우도록 함이 우선이었다. 지금 이해만을 위주로 하는 서양 교육의 개념은 그 어떤 과목에도 일률적으로 통한다거나 이상적인 방법이 아님을 금방 알 수 있다. "어릴 때 외워 입에 붙은 개념은 죽을 때까지 간다"라고 안지추顔之推는 《안씨가훈顔氏家訓》에서 역설하였다. 과목에 따라서는 외워야 활용할 수 있는 것이 얼마든지 있다. 중국의 교육은 사실 이러한 과목이 더 많았다. 게다가 중국어는 운이 발달한 언어로서 이에 적합하였다. 이러한 취지에서 문장이 대구와 압운으로 정리된 것이다.

이 책을 들여다보면 하나의 개념이나 사실을 이토록 적확하게 짧은 문장으로 정리할 수 있을까 하고 놀라움을 금치 못한다.

우선 각 사물의 이치와 고사, 역사, 내력은 물론 과거 기록을 그대로 찾아 익히도록 했으며 우리가 알고 있는 많은 이칭과 명칭의 유래가 바로 이런 것이구나 하고 감탄을 자아내게 한다. 게다가 지식을 늘려주고 정확도를 키워주며 바른 언어생활과 바른 사회생활을 영위해 나갈 수 있도록 되어 있다.

우리나라에도 학자들조차 이 책을 들여다보면 그야말로 백과사전식 참고서로 충분히 활용할 수 있고 특히 어린이에게는 한자공부, 한문공부에는 물론 인격형성과 사물판별의 두뇌형성에 아주 적합함을 넘어 이상적인 교재라 할 수 있다. 게다가 모든 구절은 그 근거 원전이 있어 언어의 고증은 물론 고사의 출처를 밝히는 데에도 귀중한 자료가 되고 있다.

참고 1. 錢元龍 〈原序〉

《幼學》一書, 西昌程允升先生作也. 門分類別, 比事屬辭, 經史子集, 紛披腕下. 如入五都之市, 百貨充牣, 挾所求而來者, 無弗如其意以去. 重以錫山黃君爲之箋註, 句索其解, 字求其故. 又不啻溯方流以窮玉水, 沿員折而討璿源也. 余垂髫時, 嘗受而讀之. 越今周甲, 偶於家塾檢孫輩課本, 如遇故人. 獨惜焉馬陶陰, 習訛承謬, 漫漶處墨如蝕鏡, 蓋風行之日久矣. 昔陶靖節讀書不求甚解, 能得其意也. 童子非其人, 聰明方啓, 枵然一無所有, 若居室然, 銖銖寸寸, 必待漸積.
以是書方之劉略·班藝·虞志·荀錄·固幾等東郭之於南都, 而自童蒙得之, 已稱
速富, 若任其乖舛錯略, 致相沿習, 據爲先入, 微特蹲鴟之惠, 弄麞之賀. 異時
必形諸贈答; 卽此苟簡涊沌之心. 已非父兄所以訓子弟也. 因不揣讜陋, 猥加釐定,
閒亦略爲補綴, 分三十四部, 彙成四卷, 亟付梓人, 公諸同好. 惟不忍令西昌·錫
山兩先生嘉惠後學之苦心, 一誤再誤, 伊於胡底. 夫三豕渡河, 得卜氏子始正其
說; 而金根一言, 爲嗤百世人之識見相越, 豈不遠哉! 是書之誤, 余得而正之矣;
余之誤不自知, 倘更有正余之所正, 幷正余之所未及正, 俾不致貽誤於無窮, 固
後學之幸, 亦余之幸也. 余且引領跂之!

　　乾隆丁丑年(1757)壬寅月 錢元龍 恕齋題

참고 2. 鄒聖脈〈原序〉

　　欣逢至治, 擢取鴻才, 時藝之外, 兼命賦詩, 使非典籍先悉於胸中, 未有揮毫不
窘於腕下者. 然華子之《類賦》·姚氏之《類林》, 卷帙浩繁, 艱於記憶, 惟程允昇
先生《幼學》一書, 誠多士饋貧之糧, 而制科度津之筏也. 但碎金積玉, 原屬無
多, 則摘艷熏香, 應增未備, 庶幾文人足供驅使. 奈坊刻所補, 殊不雅馴, 在老成
能知去取, 固誚續貂; 若初學未識從違, 反云全璧, 一經習染, 俗不可醫, 卽用
鍼砭, 難痊痼疾矣. 爰採彙書, 各增編末. 文必絕佳, 片箋片玉; 語期可誦, 一
字一濂; 幷汰舊注之支離, 易新詮之確當, 詳所當詳而不厭其繁, 略所當略而不
嫌其簡, 務歸明晳, 一閱了然, 如藍田之琬琰, 元圃之琳瑯, 能令見者寶之, 各欲
私爲秘枕, 因顔之曰『瓊林』. 覽是書者, 其以余言爲不謬否?

　　時乾隆二十五年(1760)歲在庚辰仲春上浣. 霧閣鄒聖脈梧岡氏書於寄傲山房.

차례

◈ 책머리에
◈ 일러두기
◈ 해제

易學瓊林 등

24. 빈부貧富 ·············· (910~939) ·············· 805

25. 질병사상疾病死喪 ······ (940~991) ·············· 831

26. 문사文事 ·············· (992~1044) ·············· 873

27. 과제科第 ·············· (1045~1072) ·············· 915

28. 제작制作 ·············· (1073~1099) ·············· 939

29. 기예技藝 ·············· (1100~1125) ·············· 961

30. 송옥訟獄 ·············· (1126~1155) ·············· 987

31. 석도귀신釋道鬼神 ····· (1156~1197) ·············· 1011

32. 조수鳥獸 ·············· (1198~1280) ·············· 1047

33. 화목花木 ·············· (1281~1326) ·············· 1111

多學瓊林 上

1. 천문天文 ···················· (001~043) ···················· 25
2. 지여地輿 ···················· (044~090) ···················· 61
3. 세시歲時 ···················· (091~139) ···················· 97
4. 조정朝廷 ···················· (140~165) ···················· 135
5. 문신文臣 ···················· (166~218) ···················· 157
6. 무직武職 ···················· (219~253) ···················· 195
7. 조손부자祖孫父子 ···················· (254~289) ···················· 223
8. 형제兄弟 ···················· (290~313) ···················· 253
9. 부부夫婦 ···················· (314~340) ···················· 275
10. 숙질叔侄 ···················· (341~352) ···················· 299
11. 사생師生 ···················· (353~369) ···················· 311
12. 붕우빈주朋友賓主 ···················· (370~403) ···················· 329
13. 혼인婚姻 ···················· (404~429) ···················· 359

多學瓊林 中

14. 부녀婦女 ···················· (430~462) ···················· 409
15. 외척外戚 ···················· (463~483) ···················· 437
16. 노수유탄老壽幼誕 ···················· (484~517) ···················· 457
17. 신체身體 ···················· (518~591) ···················· 485
18. 의복衣服 ···················· (592~627) ···················· 537
19. 인사人事 ···················· (628~756) ···················· 565
20. 음식飲食 ···················· (757~794) ···················· 659
21. 궁실宮室 ···················· (775~828) ···················· 689
22. 기용器用 ···················· (829~874) ···················· 717
23. 진보珍寶 ···················· (875~909) ···················· 755

24. 빈부貧富

※ 본 장은 빈부와 재물, 그리고 경제 활동에 대한 것으로 사치를 배격하고 검소히 살 것을 주된 내용으로 하여 일화와 고사를 모아 설명하고 있다.(총 30연)

〈婦人開門圖〉山東 歷城 大官莊(金, 太和원년, 1201)벽화

910

명의 길고 짧음은 수가 있는 법이요, 사람의 부귀는 하늘에 달려 있는
것이다.

「命之修短有數, 人之富貴在天.」

【修短有數】'修'는 '壽', '長'과 같음.
【富貴在天】《論語》顔淵篇에 "生死有命, 富貴在天"이라 함.

911

오직 군자라야 가난도 편안히 여길 줄 알며, 달인이어야 운명을 아는
것이다.

「惟君子安貧, 達人知命.」

【安貧·知命】《논어》學而篇에 "未若貧而樂, 富而好禮者也"라 하였으며,
王勃의 〈滕王閣序〉에는 "君子見機, 達人知命"이라 함.

912

'관후속진'貫朽粟陳은 재물이 많음을 부러워하는 말이요,
'자표황방'紫標黃榜은 돈 창고에 표시를 하였다는 기록이다.

「貫朽粟陳, 稱羨財多之謂;
　紫標黃榜, 封記錢庫之名.」

【貫朽粟陳】돈과 물산이 넘쳐 주체할 수 없을 정도임. 돈을 꿴 끈이 썩고
곡식은 묵은 것이 자꾸 쌓임.《史記》平準書에 "漢興七十餘年, 國家無事,
京師之錢累巨萬, 貫朽而不可校. 太倉之粟, 陳陳相因"이라 함.
【紫標黃榜】南朝의 梁 武帝는 돈을 좋아하여 백만 금을 모았을 때는 노란
종이에 榜을 써 걸었고, 다시 천만 금이 모여 창고에 가득하자 자줏빛
방(표)을 내 걸었다 함.(《南史》梁宗室 臨川靖惠王宏傳)

913

돈과 재물에 탐욕과 애착을 가짐을 일러 '전우'錢愚라 하고,
많은 전지와 좋은 집을 가지기를 욕심내는 것을 일러 '지벽'地癖이라
한다.

「貪愛錢物, 謂之錢愚;
　好置田宅, 謂之地癖.」

【錢愚】돈에 미친 바보. 杜預는 和嶠를 '錢愚'라 불렀음.《晉書》和嶠傳에
"和嶠官太傅, 富擬王者, 性至吝, 一文不妄費, 杜預目爲錢愚"라 함.
【地癖】땅(토지, 농토)에 대한 집착이 있는 부자. 唐代 李憕은 토지를 사
모으기에 지독하여 그의 땅은 그 끝을 볼 수 없었다 함. 이에 사람들은
그를 '地癖'이라 불렀음.(《新唐書》李憕傳)

914

'수전로'守錢虜란 재물을 쌓을 줄만 알고 풀어 쓸 줄 모르는 자를 비꼬는
말이요,
　'낙백부'落魄夫란 직업을 잃고 기댈 데가 없는 경우를 두고 하는 말이다.

「守錢虜, 譏蓄財而不散;
　落魄夫, 謂失業之無依.」

【守錢虜】'守錢奴'와 같음. 漢나라 馬援이 고생 끝에 많은 재산이 모이자 이를
　형제와 친구들에게 나누어주면서 한 말.《後漢書》馬援傳에 "馬援少家貧,
　往北地田牧, 後有牛馬羊數千頭, 穀數萬斛, 歎曰: '凡殖財貨, 貴能施賑, 否則
　守錢虜耳!' 乃盡其所有, 以頒兄弟故舊"라 함.
【落魄夫】생업 거리가 없어 혼백을 잃은 사내. 곤궁하여 어쩌지 못하는 사내.
　漢代 역이기(酈食其)가 젊을 때 아주 가난하여 표현한 말.《史記》酈生陸
　賈列傳에 "酈食其好讀書, 家貧落魄, 無以衣食産業, 爲里門監"이라 함.

915

가난한 자에게는 송곳 꽂을 땅하나 없지만 부잣집은 전지가 가로세로
연결되어 있다.

「貧者地無立錐, 富者田連阡陌.」

【立錐】송곳 세울 땅. 아무것도 없음을 뜻함.《漢書》食貨志에 "富者田連
  阡陌, 貧者無立錐之地"라 함.
【阡陌】농토를 뜻함. 농지의 가로 세로 고랑. '南北曰阡, 東西曰陌'이라 하였
  으며 원래는 도로를 뜻함.

916

집이 '현경'懸磬 같다 함은 심히 곤궁함을 일컫는 말이요,
집에 '담석'儋石도 없다 함은 지극히 가난함을 일컫는 말이다.

「室如懸磬, 言其甚窘;
  家無儋石, 謂其極貧.」

【室如懸磬】집이 가난하여 아무것도 가진 것이 없음. 마치 빈 항아리(磬)만
  매달아 놓은 것과 같음.《左傳》僖公 26년에 "齊侯曰: '室如懸磬, 野無靑草,
  何恃而不恐?'"이라 하였고《詩經》小雅 蓼莪에 "瓶之磬矣"라 함.

【家無儋石】'儋石'은 곡식 두 섬을 뜻함.《通雅》算數에 "漢書一石爲石, 再石爲儋"이라 하였으며, '擔石'(사람이 메고 갈 만큼의 양)과 같음.《隋書》盧思道傳에 "不營勢利, 家無儋石"이라 하였으며《漢書》揚雄傳에 "家無儋石之儲"라 함.

917

먹을 쌀이 없음을 '재진'在陳이라 하고, 죽음을 무릅쓰고 지키는 것을 '대폐'待斃라 한다.

「無米曰在陳, 守死曰待斃.」

【在陳】공자가 陳나라 蔡나라 사이에서 갇혀 이레 동안 식량이 떨어져 굶고 고생한 일을 두고 한 말임.(《史記》孔子世家) 그 외에도 이 사건은 아주 많은 고전에 언급하고 있음. 한편《論語》先進篇에 "子曰: '從我於陳·蔡者, 皆不及門也.'"라 함.
【待斃】죽음을 기다림.《新五代史》任圜傳에 "然坐而待斃, 曷若伏而俟命?"이라 함.

918

부유하고 풍족함을 일러 '은실'殷實이라 하고, 운명이 뒤뚱거림을 '수기'數奇라 한다.

「富足曰殷實, 命蹇曰數奇.」

【殷實】'殷'은 '부유하다'의 뜻. '國富民殷'의 뜻.《後漢書》寇恂傳에 "今河內
帶河爲固, 戶口殷實"이라 함.
【命蹇數奇】'蹇'은《주역》의 괘명으로 '운세가 절뚝거려 매우 불안하고 박명함'
을 뜻함. 象에 "山上有水, 蹇"이라 함. '奇'는 짝수(偶數)에 상대되는 홀수로
'좋은 운세를 만나지 못함'을 뜻함.《漢書》李廣傳에 "李廣猿臂善射, 匈奴
畏服, 號飛將軍. 卒以數奇, 不得封萬戶侯"라 함.

919

수레바퀴 자국의 물에 갇힌 붕어를 소생시켜 줌은 남의 급한 경우를
구제해 줌이요,
'경계'庚癸라고 외치는 것은 남에게 식량을 구걸함을 말하는 것이다.

「甦涸鮒, 乃濟人之急;
　呼庚癸, 是乞人之糧.」

【甦涸鮒】'학철붕어'(涸轍鮒魚)를 뜻함. 莊子가 監河侯에게 곡식을 꾸러 갔을 때 이를 미루자 "내 오는 길에 수레바퀴 자국에 갇힌 붕어가 살려달라기에 '내 지금 초나라로 가는 길인데 그곳에 이르면 서강의 물을 끌어 너에게 보내주겠다'라 하였습니다"라 하였음. 급한 일을 구제해 주어야 함을 뜻함. 《莊子》外物篇에 "莊周家貧, 故往貸粟於監河侯. 監河侯曰: '諾. 我將得邑金, 將貸子三百金, 可乎?' 莊周忿然作色曰: '周昨來, 有中道而呼者. 周顧視車轍中, 有鮒魚焉. 周問之曰: 鮒魚來! 子何爲者邪? 對曰: 我, 東海之波臣也. 君豈有斗升之水而活我哉? 周曰: 諾. 我且南遊吳越之土, 激西江之水而迎子, 可乎? 鮒魚忿然作色曰: 吾失我常與, 我无所處. 吾得斗升之水然活耳, 君乃言此, 曾不如早索我於枯魚之肆!'"라 함.(1259 참조)

【呼庚癸】'庚癸'는 군량의 은어. '庚'은 서방(가을)을 뜻하며 곡식을 주재하는 방향. '癸'는 북방(겨울)을 뜻하며 물을 주재하는 방향. 나라와 사람에게 다급한 일용품을 뜻함.《左傳》哀公 13년에 吳나라 申叔儀가 魯나라 대부 公孫有山에게 식량을 꾸어달라고 하자 "좋은 알곡은 없고 거친 것은 있다. 그나마 그대가 首山에 올라 '庚癸乎!'라 외치면 꾸어주겠다"고 하였음.(吳申叔儀乞糧於公孫有山氏, 曰: '佩玉櫐兮, 余無所繫之; 旨酒一盛兮, 余與褐之父睨之.' 對曰: '粱則無矣, 麤則有之. 若登首山以呼曰'庚癸乎', 則諾.)

920

집이라고는 오직 네 벽뿐이라는 것은 사마상여司馬相如가 가난함을 표현한 말이요,

대문 빗장을 때어 밥을 지어준 것은 진秦나라 백리해百里奚의 아내가 고생할 때의 이야기이다.

「家徒壁立, 司馬相如之貧;
　扊扅爲炊, 秦百里奚之苦.」

【家徒壁立】집에 네 벽만 있을 뿐 아무런 재산이 없음.(《漢書》司馬相如列傳)
【扊扅爲炊】'扊扅'(염이)는 대문을 채우는 빗장. 쌍성연면어. 집에 땔감이 없어
급한 나머지 빗장 때어 밥을 지음. 백리해의 아내가 남편을 위하여 이렇게
고생하며 살아주었건만 훌륭하게 된 후 잊고 있다고 노래한 끝에 만나게
된 고사.(《能改齋漫錄》炊扊扅, 335 참조)

921

모습이 고니처럼 구부정하고 얼굴빛이 채소 빛 같다는 것은 모두가
궁한 백성의 주린 모습을 말하는 것이요,
　뼈를 태워 불을 지피고 뼈를 태워 밥을 한다는 것은 성에 갇힌 군중이
먹을 것이 없어 고통받는 참상을 말한다.

「鵠形菜色, 皆窮民饑餓之形;
　炊骨爨骸, 謂軍中乏糧之慘.」

【鵠形菜色】'鵠形'은 '鳩形鵠面'으로도 표현하며 먹지 못해 매우 초췌한 모습.
'菜色'은 채소조차 먹지 못하여 굶주린 얼굴.《荀子》富國에 "故禹十年水,
湯七年旱, 而天下無菜色者"라 하였고, 주에 "無食菜之色也"라 함. 한편《禮記》

王制에 "三年耕, 必有一年之食; 九年耕必有三年之食. 以三十年之通, 雖有
凶旱水溢, 民無菜色, 然後天子食, 日擧以樂"이라 함.
【炊骨爨骸】죽은 자의 뼈를 땔감으로 사용함.《公羊傳》宣公 15년에 楚
莊王과 宋나라와의 싸움에서 司馬子反과 華元의 대화에 "司馬子反曰: '子之國
何如?' 華元曰: '憊矣.' 曰: '何如?' 曰: '易子而食之, 析骸而炊之.'"라 하였고,
《韓詩外傳》(2)에도 같은 내용이 실려 있음.

922

굶어 죽으면서 군신의 의를 지킨 자는 백이伯夷와 숙제叔齊요,
재물이 왕공과 필적할 만하였던 자는 도주공陶朱公과 의돈倚頓이었다.

「餓死留君臣之義, 伯夷·叔齊;
　資財敵王公之富, 陶朱·倚頓.」

【伯夷·叔齊】옛날 孤竹國의 두 왕자. 서로 왕위를 양보하다 周 文王의 어짊을
듣고 찾아왔으나 그 아들 武王이 殷을 치려 출정하는 것을 보고 의롭지
못하다 여겨 首陽山에 들어가 고사리를 캐 먹다 죽었다 함.(《史記》伯夷列傳,
《博物志》)
【陶朱】춘추 말기 越나라 대부. 范蠡. 吳나라를 이긴 후 陶 땅에 가서 큰
부자가 되어 '陶朱公'이라 불렸음.(《史記》越王勾踐世家, 905, 348 참조)
【倚頓】'猗頓'으로도 쓰며, 魯나라의 가난한 평민으로 도주공(범려)이 큰
부자가 되었다는 말을 듣고 찾아가 묻자 "송아지 다섯 마리부터 시작하라"
(當求五牸)고 하여 이에 畜牧과 魚鹽으로 역시 큰 부자가 되었음.(《史記》

貨殖列傳, 《韓非子》解老, 《淮南子》氾論訓, 《揚子法言》學行, 《孔叢子》陳士義
등에 널리 실려 있음)

923

석숭石崇은 기녀를 죽이면서까지 술을 마시도록 강요하였으니 부유함을
믿고 흉포한 짓을 한 것이요,
　하증何曾은 한 번 식사에 수만 금을 썼으니 사치가 지나친 경우였다.

「石崇殺妓以侑酒, 恃富行兇;
　何曾一食費萬錢, 奢侈過甚.」

【石崇】 석숭이 잔치를 벌일 때면 미녀를 대동시켜 손님으로 하여금 술을
　마시지 않으면 미인 하나씩을 죽이겠다고 戲謔함. 이에 王敦과 王導는 술을
　마시지 못하였는데 왕도는 할 수 없이 마셨지만 왕돈은 끝까지 거부하여
　연달아 두 미녀가 죽음. 《世說新語》 汰侈에 "石崇每要客燕集, 常令美人行酒,
　客飲酒不盡者, 使黃門交斬美人. 王丞相與大將軍嘗共詣崇, 丞相素不能飲,
　輒自勉彊, 至於沈醉. 每至大將軍, 固不飲, 以觀其變. 已斬三人, 顔色如故,
　尙不肯飲. 丞相讓之. 大將軍曰: '自殺伊家人, 何預卿事!'"라 함.
【何曾】 서진 때 인물(199~279)로 何劭의 아버지이며 지극한 사치를 부려
　매번 식사 때 수만 금을 썼다 함. 魏나라 때 司徒를 지냈으며, 다시 司馬氏
　에게 아부하여 서진이 들어서자 晉 武帝에게 총애를 입어 재상이 됨. 뒤에
　다시 賈氏에게 아부하였으며 그 아들 何劭는 무제와 같은 나이로 역시
　총애를 입음.(《晉書》何曾傳)

924

새로 짤 비단을 2월에 미리 팔고, 새로 날 곡식으로 갚기로 하고 5월에 식량을 꾸어먹으니 진실로 제 살 베어 아픈 데를 때우는 경우라 할 수 있고, 3년 농사지어 1년 먹을 양식을 여유로 남겨두고, 9년 농사지어 3년의 식량 여유를 남겨두는 것은 흉년을 만났을 때를 대비하고자 함이다.

「二月賣新絲, 五月糶新穀, 眞是剜肉醫瘡;
　三年耕而有一年之食, 九年耕而有三年之食,
　庶幾遇荒有備.」

【二月賣新絲】唐나라 聶夷中의 〈咏田家(傷田家, 憫農)〉 시의 구절. 농민의 고통을 뜻함.(540 참조)
【三年耕而有一年之食】《禮記》 王制에 "三年耕, 必有一年之食; 九年耕必有 三年之食. 以三十年之通, 雖有凶旱水溢, 民無菜色, 然後天子食, 日擧以樂" 이라 함.

925

가난한 선비의 창자는 명아주나 비름나물에 길들여져 있고, 부자의 입은 고량진미에도 싫증을 내게 마련이다.

「貧士之腸習藜莧, 富人之口饜膏粱.」

【藜莧】 명아주 풀과 비름. 아주 맛이 없고 먹기 힘든 나물. 가난함을 뜻함.
韓愈의 〈酬崔少府〉 시에 "三年國子師, 腸胃習藜莧"이라 함.
【膏粱】 기름진 고기 반찬과 훌륭한 밥. 부유함을 뜻함. 《孟子》 告子(上) "詩云:
'旣醉以酒, 旣飽以德.' 言飽乎仁義也, 所以不願人之膏粱之味也; 令聞廣譽施
於身, 所以不願人之文繡也"라 함.

926

석숭石崇은 밀납을 땔감으로 쓸 정도였고, 왕개王愷는 엿기름으로 솥을
닦을 정도였다.

「石崇以蠟代薪, 王愷以飴沃釜.」

【石崇·王愷】 석숭(季倫)은 땔감으로 섶을 쓰지 않고 蜜蠟(초)을 사용할 정도로
사치를 부렸으며, 왕개(君夫)는 엿기름으로 솥을 닦았음. 《世說新語》 汰侈에
"王君夫以粘糯澳釜, 石季倫用蠟燭作炊"라 함.

927

범염范冉의 집 솥에는 물고기가 살 정도로 밥을 해먹은 지 오래 되었고, 원숙元淑의 마굿간 말은 재계하는 듯 꼴을 얻어먹지 못하였다.

「范冉釜中生魚, 元淑廐有齋馬.」

【范冉】 후한 桓帝 때 범염(112~185)은('范丹'으로도 씀) 자가 史雲으로 원래 萊蕪長의 벼슬을 임명받았으나 나가지 않고 살았음. 그는 너무 가난하여 오래도록 밥을 해 먹지 않아 마을 사람들이 "시루에는 먼지가 가득, 솥에는 물고기가 놀 정도"(甑中生塵范史雲, 釜中生魚范萊蕪)라 하였다 함.(《後漢書》 范冉傳)

【元淑】 당나라 때 馮元淑은 한낮이 되도록 말에게 꼴을 먹이지 않을 정도로 인색하여 사람들이 그 말을 '齋馬'(齋戒하고 있는 말)라고 하였다 함.(《舊唐書》 馮元淑傳) 이 구절은 〈復旦本〉에는 없으며 대신 앞의 구절을 이어 "而又甑生塵"으로 되어 있고 '范冉'도 '范丹'으로 되어 있음.

928

증자曾子는 옷깃을 당기면 팔꿈치가 드러났고 신은 당겨 신으면 뒤꿈치가 나올 정도였으니 그 가난함은 말로 다 할 수 없었다.

위장韋莊은 몇 알의 쌀로 밥을 지으면서 그에 맞춰 장작도 몇 개만 썼으니 그 검소함이 실은 비루했다고 볼 수 있다.

「曾子捉襟見肘, 納履決踵, 貧不勝言;
　韋莊數米而炊, 稱薪而爨, 儉有可鄙.」

【曾子】증자는 너무 가난하여 팔꿈치가 보이는 옷을 10년이나 입었으며 신발은
뒤꿈치가 나올 정도였다 함.《莊子》讓王에 "曾子居衛, 縕袍无表, 顔色腫噲,
手足胼胝. 三日不擧火, 十年不製衣, 正冠而纓絶, 捉衿而肘見, 納履而踵決.
曳縰而歌商頌, 聲滿天地, 若出金石. 天子不得臣, 諸侯不得友. 故養志者忘形,
養形者忘利, 致道者忘心矣"라 함.(《孔子家語》에도 실려 있음)
【韋莊】당말 오대 사람으로 유명한 詞 作家(836~910). 朱溫이 唐을 찬탈하여
後梁을 세우자, 그는 王建을 옹위하여 成都에 前蜀을 세워 재상에 올랐음.
그러나 매우 인색하여 몇 알의 쌀과 몇 개의 땔감으로 밥을 지어먹었다 함.
(《朝野僉載》)

929

　결론으로 말하면 덕으로 배부른 선비는 고량진미를 원하지도 않는
것이며,
　아름다운 소문과 널리 퍼진 명예가 그 몸에 실려 있음으로 해서 무늬를
수놓은 남의 옷을 바라지도 않는 것이다.

「總之, 飽德之士, 不願膏粱;
　聞譽之施, 奚圖文繡.」

【總之】'결론적으로 말하다'의 뜻.
【飽德之士·聞譽之施】《孟子》告子(上)의 구절의 주.(925 참조)

【總之】'결론적으로 말하다'의 뜻.
【飽德之士·聞譽之施】《孟子》告子(上)의 구절의 주.(925 참조)

▶ 增文

930

   공손홍公孫弘은 돼지를 기르며 제 몸 하나 보살필 정도였으니 어찌 재상의 지위를 생각할 수 있었겠으며,

   관영灌嬰은 비단 장수로 생업을 삼았으니 어찌 봉후封侯를 꿈꿀 수 있었겠는가!

「公孫牧豕營身, 寧思相位;

  灌嬰販繒爲業, 豈意封侯.」

【公孫】 한나라 公孫弘(B.C.200~B.C.121).《춘추공양전》에 매우 밝았던 학자이며 丞相을 거쳐 平津侯에 봉해짐. 어릴 때 돼지를 기르며 공부하였음.(《漢書》公孫弘傳)

【灌嬰】 서한 초의 인물(?~B.C.176)로 劉邦을 도와 車騎將軍이 되었으며 뒤에 潁陰侯에 봉해짐. 다시 陳平, 周勃과 呂氏의 반란을 제압한 후 文帝를 세워 太尉와 丞相을 지냄. 어릴 때 비단장수를 하였다 함.(《漢書》灌嬰傳)

931

   곽태郭泰는 어릴 때 아주 낮은 벼슬아치였으니 그 때는 어쩔 수 없었고,

   반초班超는 남을 위해 글씨를 베껴주는 고용을 하였으니 그 때는 자신의 뜻을 펴 볼 수가 없었다.

「郭泰欲爲斗筲役, 無可奈何;
　班超更作書寫傭, 不得已爾.」

【郭泰】 후한의 郭林宗(281, 476 참조). '斗筲'는 아주 작은 그릇을 뜻함.(842
　참조) 따라서 '斗筲役'은 '斗筲吏'라고도 하며 아주 작은 벼슬을 말함. 곽태가
　어릴 때 아버지가 일찍 죽고 어머니가 현의 작은 관리를 하라 하자 "大丈
　夫寧處此斗筲役乎"라 하였다 하였으며, "郭泰對於斗筲吏, 雅不願爲"라
　하였다.(《後漢書》郭泰傳)
【班超】 동한의 班超(32~102). 班固의 아우이며 '投筆從戎'의 고사를 남긴 인물.
　西域에 출정하여 그 공으로 定遠侯에 봉해짐. 그는 어릴 때 겨우 屯田하는
　사람들의 장부를 정리해주는 일에 고용되었을 때 "大丈夫當效傅介子張騫,
　立功異域以取封侯, 安能久事筆硯之間乎?"라 하며 의지를 다졌다 함.(《後漢書》
　班超傳, 248 참조)

932

　주도추朱桃椎는 남이 준 녹책鹿幘을 내던지며 받지 않았으니 이는 자신의
운명이 본래 궁할 수밖에 없음을 알고 있었던 것이요,
　소진蘇秦은 다 낡은 담비 외투나 걸쳤으니 그의 학설이 이토록 궁하여
행운을 누리기 어려웠음을 누가 알기나 하였겠는가?

「朱桃椎擲還鹿幘, 自知本命合窮;
　蘇季子破損貂裘, 誰意道之難泰.」

【朱桃椎】당대 隱士 주도추는 사람이 너무 옷이 남루하여 보다못한 長史
竇帆이 鹿幘을 전해주자 이를 땅에 내던지며 “내 운명은 궁한 것이 맞다”
(命合窮耳)고 하며 받지 않았다 함.(《新唐書》朱桃椎傳) ‘鹿幘’은 사슴 가죽
으로 만든 머리띠. 혹은 모자. ‘鹿皮冠’, ‘鹿巾’이라고도 함.
【蘇季子】전국시대 유세가 蘇秦이 처음 고생할 때 다 찢어진 초구에 낡은
신으로 겨우 여러 곳을 찾아 다녔음.《戰國策》秦策(1)에 “說秦王書十上而
說不行. 黑貂之裘弊, 黃金百斤盡, 資用乏絶, 去秦而歸. 羸縢履蹻, 負書擔橐,
形容枯槁, 面目犁黑, 狀有歸色”이라 함.(624 참조) 초구는 담비 가죽으로 만든
하찮은 외투.

933

고생스러웠도다. 위청衛靑은 남의 목동이 되어 소 궁둥이 뒤에서 주인의
채찍을 맞았고,
　안타깝도다. 난포欒布는 남의 노예로 팔려 말머리 앞에서 주인을 위해
고삐를 잡고 뛰느라 바빴다.

「苦矣衛靑作牧, 牛背後受主鞭笞;
　惜哉欒布爲奴, 馬頭前代人奔走.」

【衛靑】서한의 위청은 관상가가 “힘써 노력하라. 후에 봉해질 상이다”(善自勉,
後當封侯)라 하자 너무 가난하여 “남의 소나 길러주면서 매나 맞지 않았으면
좋겠소”(爲人牧牛, 得免於笞辱, 足矣)라 하였음. 뒤에 대장군이 되어 霍去病과
함께 흉노를 토벌하여 長平侯에 봉해짐.(《漢書》衛靑傳, 238 참조)

【欒布】한나라 난포는 집이 가난하여 어릴 때 齊나라에 돈벌이를 갔다가
다시 燕나라 노예로 팔려갔음. 뒤에 彭越과 친구가 되어 漢 高祖 때에는
都尉, 文帝 때에는 燕相을 지냈음. 다시 七國之亂에 공을 세워 鄃侯에 봉해짐.
(《史記》季布欒布列傳)

934

　양웅揚雄이 〈축빈부〉逐貧賦라는 글을 쓰자 사람들이 '가난을 쫓아내어도
이렇게 늦게 붙어 있는가'라 하였고,
　한유韓愈는 〈송궁문〉送窮文을 써서 '나는 그것을 쫓아보내도 아직도 붙어
있는 것이 괴이스럽다'라 하였다.

「揚雄逐貧賦, 人謂其逐之何遲;
　韓愈送窮文, 我怪其送之不早.」

【揚雄】서한 때 학자(B.C.53~B.C.18). '楊雄'으로도 표기하며 辭賦家로 그의
〈逐貧賦〉(가난을 쫓아내는 노래)에 "舍爾遠竄, 昆侖之巓; 爾復我隨, 翰飛戾天.
舍爾登山, 巖穴隱藏; 爾復我隨, 陟彼高岡. 舍爾入海, 泛彼柏舟; 爾復我隨,
載沈載浮. 我行爾動, 我靜爾休. 豈無他人, 從我何求? 今汝去矣, 勿復再留"
라 간절히 가난이 떠나갈 것을 읊음.
【韓愈】당나라 대문호로 자는 退之(768~824). 당송팔대가의 한 사람. 그의
궁함을 보내는 문장, 즉 〈送窮文〉에 '五窮鬼'(智窮, 學窮, 文窮, 命窮, 交窮)를
거론하며 이 오궁귀에 대하여 "凡此五鬼, 爲吾五患, 飢我寒我, 興訛造訕,
能使我迷"라 함.

935

기이한 보물이 집에 가득하여 왕원보의 집을 사람들은 '부굴'富窟이라 불렀고,

맛있는 요리가 이리저리 가득 있어 순공의 집 부엌은 진기한 음식이 넘쳐났었다.

「異寶充盈, 王氏道云富窟;
　佳肴錯雜, 郇公嘗列珍廚.」

【王氏】 당나라 때 王元寶는 온 집안 가득 보물을 쌓아두어 사람들이 "富窟"이라 불렀다 함.(《開元天寶遺事》)
【郇公】 당나라 郇國公에 봉해졌던 韋陟이라는 자는 부엌에 온갖 좋은 음식을 준비하여 누구나 그 부엌에 들어가면 실컷 먹고 나와 당시 사람들이 "人欲大飯筋骨舒, 黍緣須入郇公廚"라 하였다 함.(何良俊《世說新語補》)

936

동탁董卓이 미郿 땅에 보물 창고를 지었으니 이는 압박과 잔혹함을 나타내는 금오金塢였으며,

등통鄧通은 자신이 주조한 돈이 천하에 두루 퍼졌으니 이는 동산銅山의 구리를 마음대로 사용하였기 때문이었다.

「董卓積寶郿中, 壓殘金塢;
　鄧通布錢天下, 鑄盡銅山.」

【董卓】 동한 말 동탁(?~192)은 郿 땅에 창고를 크게 지어 이를 '金塢'라
하였음.(908 참조)
【鄧通】 한나라 등통이 어릴 때 관상가가 "굶어죽을 상"(通當餓死)이라 하였
는데, 文帝의 항문에 종기가 났을 때 태자는 난색을 표했지만 등통은 직접
고름을 입으로 빨아주어 문제에게서 지극히 총애를 받았음. 이에 문제가
"등통을 부유하게 해 주는 것은 내 손에 달려 있다"(富通者在吾) 하며 蜀의
銅山에서 나는 구리로 마음대로 私錢을 주조하여 쓰게 함. 이리하여 당시
천하에 등씨 돈이 유통하게(登氏錢遂遍于天下) 되었음. 뒤에 景帝가 제위에
올라 그의 재산을 몰수함.(《漢書》佞幸傳 鄧通) 그러나 《潛夫論》(遏利篇)에는
그가 죽을 때는 비녀하나 없었다(鄧通死無簪) 함.(《西京雜記》卷二 참조).

937

상아로 침상을 만들어 썼으니 어홍魚弘은 너무 사치를 부렸던 것이요,
불에 세탁을 한다는 옷을 석숭石崇은 어찌 그리 많이도 가지고 있었던가.

「象牙床, 魚生太侈;
　火浣衣, 石氏何多.」

【象牙床】 남조 梁나라 魚弘이란 사람은 지극히 사치를 부려 상아로 침상을
만들고 여기에 연꽃을 조각하고 호박과 龜貝로 장식하였다 함.(《南史》魚弘傳)

【火浣衣】 서역에서 바친 것으로 불에 넣어 세탁을 한다는 신비한 옷.《列子》
(湯問篇),《搜神記》(13),《博物志》(2),《海內十洲記》,《初學記》(22),《三國志》
魏志(四)注,《法苑珠林》(37),《藝文類聚》(7),《太平御監》(38·345·820),《神異經》
(南荒經) 등에 널리 실려 있으며, 晉 惠帝가 서역에서 이를 바쳐오자 천하에
귀한 것으로 여겼는데 石崇의 집에 가보았더니 그 집 미녀들이 모두
이 옷을 입고 있었다 함.(《神異經》南荒經)

938

부인들의 젖으로 돼지를 먹여 키웠으니 가축이 변하여 사람으로 여긴
것이요,
　아이를 꿇어앉혀 뱉는 침을 받아 삼키라 했으니 집안 어린 종을 타구
唾具로 삼은 것이다.

「婦乳飮狋, 畜類翻成人類;
　兒口承唾, 家僮充作用壺.」

【婦乳飮狋】 진나라 王濟(武子)는 武帝가 방문하자 집안 婢女들의 젖을 먹여
　키운 어린 돼지고기를 내놓자 무제가 매우 불쾌하게 여겼음.《世說新語》
　汰侈에 "武帝嘗降王武子家, 武子供饌, 烝狋肥美, 異於常味, 帝怪而問之. 答曰:
　「以人乳飮狋.」帝甚不平, 食未畢, 便去."라 함.
【兒口承唾】 前秦의 군주 苻堅의 堂兄이었던 苻朗은 매우 못된 짓을 많이
　하였으니, 특히 빈객을 모아 연회를 할 때 당시 식탁에 唾具(침뱉는 기구)를
　두는 풍속이 있었다. 그런데 부랑만은 어린 아이를 꿇어앉혀 입을 벌리게
　하여 타구의 역할을 하게 하였다 함.(《晉書》苻堅傳 苻朗)

상아로 돛대를 만들고 비단으로 돛줄을 만들었으니 수隋 양제煬帝가 배를 타고 멀리 가는 기이함을 더 보탠 것이요,

옥으로 봉화을 조각하고 금으로 용모습을 만들었으니 왕원보가 사치와 화려함으로 집안을 장식한 모습이었다.

「牙檣錦纜, 隋煬增遠渚之奇;

　玉鳳金龍, 元寶侈華堂之勝.」

【隋煬】隋 煬帝가 운하를 만들어 남쪽으로 유람할 때 龍舟를 만들어 상아로 돛대를 만들고 비단으로 돛과 돛 줄을 만드는 등 사치를 부렸다 함. (《隋書》 煬帝紀, 908 참조)

【元寶】'王元琛'으로 된 기록도 있음. 왕원보(王元寶)는 사치를 좋아하여 옥으로 봉황이 방울을 물고 있으며 금으로 용이 깃발을 내려뜨린 모습의 창문을 만들어 놓고 "석숭 같은 서민이 온갖 조각을 다했다는데 내 어찌 그만 못하랴?"라 하였다 함.(《洛陽伽藍記》 城西)

⊛ 참고

〈貧富〉편 '續增' 9聯

○「富爲五福之次, 貧列六極之間.」

○「衣敝履穿謂之貧, 貧而非憊;
　　席豐履厚謂之富, 富而無驕.」

○「農工商爲足國之原, 故貨殖因之立傳;
　　衣食住爲養身之本, 故儒者不諱治生.」

○「貧不足羞, 可羞是貧而無志;
　　富不足尙, 可尙者富而好施.」

○「晏子千金不受, 自謂嬰家不貧;
　　樊重三世共財, 庶幾君子之富.」

○「原憲桑樞甕牖, 無損賢名; 郭況金穴瓊廚, 未聞世守.」

○「譏士之貧者曰窮措大, 推世之富者曰沈萬三.」

○「貧賤由淫逸而致; 富貴由勤儉得來.」

○「士可貧, 民不可貧, 貧則易濫;
　　民致富, 國亦致富, 富然後强.」

25. 질병사상 疾病死喪

❋ 본 장은 무병장수를 기원하는 것이 인간이지만 어쩔 수 없이 질병을 앓게 되는 경우와 죽음에 이르게 되는 경우 등, 나아가 상례에 관한 일 등을 모아 설명하고 있다.
(총 52연)

〈神農採藥圖〉

940

복수강녕福壽康寧은 진실로 사람이라면 누구나 누리고 싶은 똑같은 욕망이다.

사망질병死亡疾病도 역시 사람이라면 누구나 그런 일이 없었으면 하고 바라는 똑같은 심정이다.

「福壽康寧, 固人之所同欲;
　死亡疾病, 亦人所不能無.」

【福壽康寧】'壽福康寧'과 같음. 인간의 오복을 뜻함.《書經》洪範에 "五福: 一曰壽, 二曰富, 三曰康寧, 四曰攸好德, 五曰考終命"이라 함.

941

오직 지혜로운 사람만이 능히 조절할 수 있고 달인만이 자신의 몸을 옥처럼 귀하게 여길 줄 안다.

「惟智者能調, 達人自玉.」

【能調】몸과 마음을 調養하여 장수를 누림.

942

남의 병을 문병할 때 '귀체위화'貴體違和라 하고,
스스로의 질병을 말할 때 '우점미양'偶沾微恙이라 한다.

「問人病, 曰貴體違和;
自謂疾, 曰偶沾微恙.」

【違和】 조화에서 벗어남. 남의 병을 조심스럽게 묻는 말. 《南史》 孝義 劉渢傳에 "公去歲違和"라 함.

【微恙】 작은 병. 양은 원래 짐승이름. 《神異經》 中荒經에 "북방에 양양이라는 짐승이 있었는데 황제가 이를 죽여없애자 이로써 사람들의 근심과 병이 없어졌으며 이를 '無恙'이라 한다"(北方有獸曰獇, 黃帝殺之 由時人無憂疾, 謂之無獇)라 함. 따라서 '無恙'은 '無獇'과 같음.

943

병에 걸린다는 것은 조화와 소아에게 고통을 심하게 받는 것이요,
질환이라는 것이 어찌 실침實沈과 대태臺駘의 재앙이겠는가?

「罹病者, 甚爲造化小兒所苦;
患疾者, 豈是實沈·臺駘爲災?」

【造化小兒】 조화는 천지 자연, 창조신, 소아는 그 아들. 즉 천지를 만든 조화신의 아들로 인간의 운명과 생명을 관장한다고 보았음. 唐나라 杜審言이 병에 걸려 宋之問이 문병을 가자 "甚爲造化小兒所苦"라 함.(《新唐書》 杜審言傳)

【實沈·臺駘】 질병을 일으키는 두 귀신. 옛날 帝嚳 高辛氏의 두 아들 關伯과 아우 實沈이 서로 반목하여 싸움을 그치지 않자 고신씨가 알백은 商(商星 分野) 땅에, 그리고 실침은 大夏(參星分野)로 옮겨 각각 商星과 參星을 주관하도록 아주 멀리 흩어져 서로 만날 수 없게 하였다 함.(017 참조) 그 중 실침은 사람의 병을 일으키는 신으로 변하였다 하며, '臺駘'는 汾水를 지키는 신으로 역시 병을 일으킨다 했음. 사람들은 이 두 신을 만나는 데서 병이 생기는 것이라 믿었음. 《左傳》 昭公 元年에 "晉侯有疾, 鄭伯使公孫僑如晉聘, 且問疾. 叔向問焉, 曰: '寡君之疾病, 卜人曰實沈·臺駘爲崇, 史莫之知. 敢問此何神也?' 子産曰: '昔高辛氏有二子, 伯曰關伯, 季曰實沈, 居于曠林, 不相能也, 日尋干戈, 以相征討. 后帝不臧, 遷關伯于商丘, 主辰. 商人是因, 故辰爲商星. 遷實沈于大夏, 主參, 唐人是因, 以服事夏·商.'"이라 함.

944

고칠 수 없는 질환을 '고황'膏肓이라 하고,
평안하여 아무 병이 없는 것을 '무양'無恙이라 한다.

「疾不可療, 曰膏肓;
　平安無事, 曰無恙.」

【膏肓】 신체 부위 중 가장 깊은 곳. 심장 아래(膏), 심장과 횡경막 사이(肓)의
부위. 이곳에 병이 생기면 치료하기 어렵다 여겼음. 이를 '膏肓之疾'이라 함.
《左傳》 성공 10년에 "(晉侯)疾病, 求醫于秦. 秦伯使醫緩爲之. 未至, 公夢疾爲
二竪子, 曰: '彼, 良醫也, 懼傷我, 焉逃之?' 其一曰: '居肓之上, 膏之下, 若我何?'
醫至, 曰: '疾不可爲也, 在肓之上, 膏之下, 攻之不可, 達之不及, 藥不至焉,
不可爲也.' 公曰: '良醫也.' 厚爲之禮而歸之"라 함. 한편 어떤 일에 깊이 빠져
있는 것도 이에 비유하였음.
【無恙】 아무런 병이 없음.(942 주 참조)

945

'채신지우'^{采薪之憂}란 병을 안고 있음을 겸손히 말한 것이요,
'하어지환'^{河魚之患}이란 배에 병^{泄瀉}이 났음을 말한다.

「采薪之憂, 謙言抱病;
　河魚之患, 係是腹疾.」

【采薪之憂】 병이 나서 땔감을 구하러 가지 못함. 자신의 병을 겸사로 말한 것.
《孟子》 公孫丑(下)에 "孟仲子對曰: '昔者, 有王命, 有采薪之憂, 不能造朝. 今病
少愈, 趨造於朝. 我不識能至否乎?'"라 함.
【河魚之患】 설사병을 뜻함. '河魚腹疾'이라고도 함. '河魚'는 물고기(생선)가
상하여 배탈이 남을 뜻함. 《左傳》 宣公 12년에 "河魚腹疾奈何?"이라 함.

946

‘약을 쓰려 하지 말라’可以勿藥 함은 그 병이 나을 것임을 즐거워하는 것이요,

‘궐질이니 고치려 들지 말라’厥疾勿瘳 함은 그 병이 심함을 말하는 것이다.

「可以勿藥, 喜其病安;
　厥疾勿瘳, 言其病篤.」

【勿藥】 약을 쓰지 않아도 됨. 병이 저절로 나을 것임을 뜻함. 《周易》無妄卦에 “無妄之疾, 勿藥有喜”라 함.
【厥疾】 한의에서의 병명. ‘昏厥’, 혹은 ‘手足逆冷’의 질환. ‘厥疾勿瘳’는 병이 중하여 고칠 수 없음을 뜻함.

947

군자는 학질에 걸리지 않는다 하였으니 군자가 이 병에 걸렸다는 것은 진실로 군자를 학대함을 말한다.

점이란 의심나는 것을 결정할 때 하는 것이니 의심이 없다면 점을 칠 필요가 어디에 있겠는가?」

「瘧不病君子, 病君子, 正爲瘧耳;
　卜所以決疑, 旣不疑, 復何卜哉?」

【瘧不病君子】'瘧'(병 이름. 학질)과 '虐'(괴롭히다의 뜻)이 음이 같은 것을 이용하여 대답한 것. 어떤 어린 아이가 아버지의 학질로 인해 약방에 약을 구하러 가자 "고명한 군자는 학질이 걸리지 않는다는데 어찌 그런 병에 걸렸는가?"라고 묻자 "군자를 괴롭히므로(病, 虐) 학질(瘧疾)이라 하는 것이지요"라 함. 《世說新語》言語에 "中朝有小兒父病, 行乞藥; 主人問病, 曰: '患瘧也.' 主人曰: '尊侯明德君子, 何以病瘧?' 答曰: '來病君子, 所以爲瘧耳.'"라 함. 속설에 학질 귀신은 작아서 몸체가 큰 거인은 걸리지 않는다고 함.

【卜所以決疑】《左傳》桓公 11년에 "卜以決疑, 不疑, 何卜?"이라 함. 한편 唐初 李世民에게 長孫無忌와 尉遲敬德 등이 정변을 일으키도록 권하자 이에 점(복)을 치도록 명하였다. 그러자 부하 張公瑾이 龜甲을 내던지며 "卜以決疑, 事在不疑, 尙何卜哉?"라 하였다. 과연 이세민은 玄武門의 政變을 일으켜 형제를 죽이고 뒤에 太宗이 되었다.

948

사안謝安이 꿈에 닭을 보고 병으로 죽고 말았으니 이는 그 해가 닭 띠였기 때문이요,

초왕楚王이 거머리를 먹고 설사가 났으나 이내 나은 것은 그 후한 덕이 남에게 미쳤기 때문이다.

「謝安夢雞而疾不起, 因太歲之在酉;
　楚王呑蛭而疾乃瘳, 因厚德之及人.」

【謝安】진나라 사안이 자신이 桓溫의 수레를 타고 16리를 가서 하얀 닭이 있는 것을 보고 멈춘 꿈을 꾸었다. 그런데 아무도 이 꿈을 풀이하지 못하

였다. 그 뒤 환온이 죽고 사안은 그를 이어 16년 동안 재상이 된 후 병이 나서 일어설 수 없었다. 이에 사안은 "알았다. 16리는 16년이요, 금년이 닭띠(酉)의 해이니 이제 나는 여기서 운명이 끝나는 것이로구나"라 하였다 하였으며 그 해에 죽었다 함.(十六里, 十六年也. 見鷄而止者, 是年太歲在酉, 吾病殆將不起矣)(《晉書》謝安傳)

【楚王】 초 혜왕이 '寒菹'라는 냉채 요리를 먹다가 거머리가 들어 있는 것을 보고 주방장에게 화가 미치지 않도록 하기 위하여 그대로 삼켜 배탈이 남. 《新序》卷4(雜事)에 "楚惠王食寒菹而得蛭, 因遂吞之, 腹有疾而不能食. 令尹入問曰: '王安得此疾也?' 王曰: '我食寒俺而得蛭, 念譴之而不行其罪乎? 是法廢而威不立也, 非所以使國聞也; 譴而行其誅乎? 則庖宰食監法皆當死, 心又不忍也. 故吾恐蛭之見也, 因遂吞之.' 令尹避席再拜而賀曰: '臣聞: 天道無親, 惟德是輔. 君有仁德, 天之所奉也, 病不爲傷.' 是夕也, 惠王之後蛭出, 故其久病心腹之積皆愈, 天之視聽, 不可不察也"라 함. 《論衡》(福虛篇), 賈誼《新書》(春秋) 등에도 널리 실려 있음.

949

고운 솜을 준비하고, 자리를 바꾸어 까는 것은 모두 사람이 곧 죽어 감을 말하는 것이요,
  옛사람이 되었고 귀신 호적에 등록되었다 함은 모두가 사람이 이미 죽었음을 말하는 것이다.

「將屬纊, 將易簀, 皆言人之將死;
  作古人, 登鬼籙, 皆言人之已亡.」

【屬纊】 깨끗한 솜을 준비하여 코 위에 놓아 숨을 확인함. 《禮記》 喪大記에
"疾病, 男女改服, 屬纊以俟絶氣"라 하고 鄭玄 주에 "纊, 今之新綿, 易動搖,
置鼻之上以爲候"라 함.

【易簀】 대나무 자리를 바꾸어 깖. 사람의 죽음을 뜻함. 《禮記》 檀弓(上)에
曾子의 임종에 가족과 제자들이 모였을 때 어린 아이 하나가 "자리가 매우
화려합니다. 대부라야 이런 돗자리를 쓰는 것 아닙니까?"라 묻자 증자가
"그렇다, 이는 季孫氏가 선물한 것이어서 내 바꾸지 않고 그대로 쓰고 있다"
라 하면서 아들 曾元에게 바꾸도록 하였다. 그러고 나서 증자는 죽었다.
증자는 大夫를 지내지 않았으므로 임종에 바꾸어 깔게 한 것임.

【作古人】 죽어서 옛 사람이 됨.

【登鬼錄】 죽어 귀신 세계의 장부에 이름이 기록됨. 이 세상 사람이 아님을
뜻함. 위 문제(曹丕)의 〈與吳質書〉에 "昔年遭疾疫, 親故皆罹災, 觀其姓名,
已登鬼錄"이라 함. '錄'은 원래 도가에서 저승 세계의 인명 장부를 가리키는
말임.

950

어버이가 돌아가심을 '정우'丁憂라 하고, 상중에 거함을 '독례'讀禮라 한다.

「親死則丁憂, 居喪則讀禮.」

【丁憂】 부모의 상을 당함. 《書經》 說命(喪)에 "王宅憂"라 함. '丁'은 '當'과 같음.
그러나 '丁蘭木母'의 고사를 뜻하는 것이 아닌가 한다. 漢나라 때 丁蘭
이라는 사람이 어머니가 죽자 어머니 모습을 나무로 조각하여 모신 고사로
《搜神記》 逸文이다. 《太平御覽》(482)에 《搜神記》를 인용하여 "丁蘭, 河內野
王人. 年十五, 喪母. 乃刻木作母事之, 供養如生. 隣人有所借, 木母顔和則與,

不和不與. 後隣人忿蘭, 盜斫木母, 應刀血出. 蘭乃殯殮, 報讐. 漢宣帝嘉之, 拜中大夫"라 하였다. 한편 魏 曹植의 〈靈芝篇〉에는 「丁蘭少失母, 自傷早孤煢. 刻木當嚴親, 朝夕致三牲」이라 하였으며,《增廣賢文》에는 "愛日以承歡, 莫待丁蘭刻木祀; 椎牛而祭墓, 不如鷄豚逮親存"이라 하였다.

【讀禮】《禮記(儀禮)》의 경전을 읽어 喪을 그에 맞게 진행함.《禮記》曲禮(何)에 "居喪, 未葬, 讀喪禮; 旣葬, 讀祭禮"라 함.

951

시신을 침대에 둔 상태를 '시'屍라 하고, 관에 넣은 상태를 '구'柩라 한다.

「在床謂之屍, 在棺謂之柩.」

【屍】'舒'와 같음. 스스로 움직일 수 없음을 뜻함.《禮記》曲禮(下)에 "在床曰屍"라 함.
【柩】《白虎通》에 "柩, 久也"라 하여 다시 어떻게 변할 수 없음을 뜻함.《釋名》釋喪制에 "屍已在棺曰柩"라 함.

952

효자가 어버이 죽음을 알리는 글을 '부'訃라 하고, 그 상을 당한 효자를 위로함을 '언'唁이라 한다.

「報孝書曰訃, 慰孝子曰唁.」

【訃】喪을 알리는 문서나 편지, 서신을 '訃'라 함.《禮記》雜記(上)에 "凡訃
　於其君, 曰: 君之臣某死"라 함.
【唁】상가를 위문함을 말함.《詩經》鄘風 載馳의 "歸唁衛侯" 孔穎達 소에
　"此據失國言之, 若對弔死曰弔, 則弔生曰唁"이라 함.

953

　조문을 감을 '포복'匍匐이라 하고, 묘 곁에 여막을 짓고 시묘하는 것을
'의려'倚廬라 한다.

「往弔曰匍匐, 廬墓曰倚廬.」

【匍匐】조문을 갈 때 뻘뻘 기어서라도 감.《詩經》邶風 谷風에 "凡民有喪,
　匍匐救之"라 함.
【倚廬】고대에 부모나 스승이 죽었을 때 무덤 곁에 초막을 짓고(이를 '廬墓'
　라 함) 喪期가 끝날 때까지 이를 지킴(이를 '倚廬'라 함).《禮記》喪服에 "父母
　之喪, 居倚廬"라 함.

954

거친 자리에 앉고 흙을 베개로 삼는 것은 부모가 흙에 묻혀 있음을
애통히 여기기 때문이요,
애통함을 절제하여 변화에 순응해야 함은 효자가 그 자신의 몸을
아껴야 함을 권하는 것이다.

「寢苫枕塊, 哀父母之在土;
　節哀順變, 勸孝子之惜身.」

【寢苫枕塊】거친 자리에 앉고 흙덩이를 베개로 삼으며 부모의 죽음을 애도함.
《儀禮》旣夕禮에 "居倚廬, 寢苫枕塊"라 하고, 賈公彦의 疏에 "孝子寢臥之時,
寢於苫, 以塊枕頭. 必寢苫者, 哀親之在草; 枕塊者, 哀親之在土云"이라 함.
【節哀順變】'애달픔을 절제하여 삶의 변화에 순응함.' 상을 당한 사람(자손)은
의당 자신의 몸도 소중히 여겨야 함을 뜻함. 《禮記》檀弓(下)에 "喪禮, 哀戚
之至也, 節哀, 順變也. 君子念始之者也"라 하고, 鄭玄의 주에 "始, 猶生也;
念父母生己, 不欲傷其性"이라 함.

955

남자의 죽음을 '수종정침'壽終正寢이라 하고,
여자의 죽음을 '수종내침'壽終內寢이라 한다.

「男子死, 曰壽終正寢;
　女人死, 曰壽終內寢.」

【正寢·內寢】옛날 남자가 죽을 때는 正廳(정실)에서 머리를 동쪽으로 하고 임종을 맞았음. 이를 '정침'이라 함. 그리고 여자는 내실(여자가 거하는 방)에서 그대로 임종을 기다렸음. 이를 내침이라 함.(《禮記》 內則, 《封神演義》 11)

956

천자의 죽음을 '붕'崩이라 하고, 제후의 죽음을 '훙'薨이라 하며, 대부의 죽음을 '졸'卒이라 하고, 선비의 죽음을 '불록'不祿이라 하며, 서인의 죽음을 '사'死라 하고, 어린아이의 죽음을 '상'殤이라 한다.

「天子死曰崩, 諸侯死曰薨, 大夫死曰卒,
　士人死曰不祿, 庶人死曰死, 童子死曰殤.」

【崩·薨·卒·不祿·死】고대 각기 신분에 따라 죽음을 달리 표현함.《禮記》曲禮(下)에 "天子死曰崩, 諸侯曰薨, 大夫曰卒, 士曰不祿, 庶人曰死; 在牀曰尸, 在棺曰柩, 羽鳥曰降, 四足曰漬. 死寇曰兵"라 함. '不祿'은 士가 죽고 나면 더 이상 녹을 받지 못하므로 표현한 것.
【殤】미성년으로 죽을 경우를 뜻함.《의례》喪服禮에 "年十九至十六爲長殤, 十五至十二爲中殤, 十一至八歲爲下殤, 不滿八歲以下, 皆爲無服之殤"이라 함.

957

  아버지의 죽음을 당하였을 경우 스스로를 겸손히 '고자'孤子라 하고, 어머니의 죽음인 경우는 '애자'哀子라 하며 부모 모두의 죽음일 때는 '애고자'孤哀子라 한다.
  그리고 스스로 아버지의 죽음을 말할 때 '실호'失怙라 하고, 어머니의 죽음을 '실시'失恃라 하며, 양친 모두의 죽음을 '실호시'失怙恃라 한다.

「自謙父死曰孤子, 母死曰哀子, 父母俱死曰孤哀子;
　自言父死曰失怙, 母死曰失恃, 父母俱死曰失怙恃.」

【孤子】'孤子'는 부친상을 당한 아들이 자신을 일컫는 말.(《禮記》曲禮 上). '哀子'는 아버지는 살아 계시고 어머니 상을 당한 자가 자신을 일컫는 말. 《禮記》雜記에 "祭稱孝子孝孫, 喪稱哀子哀孫"이라 함. '고애자'는 부모 모두 상을 당했을 경우를 말함.
【失怙·失恃·失怙恃】부친상은 '실호', 모친상은 '실시', 부모 모두의 상에는 '실호시'라 함. 《詩經》小雅 蓼莪에 "無父何怙, 無母何恃"라 함. 모두 '믿고 의지할 바를 잃었다'는 뜻.

958

  아버지의 죽음을 어찌하여 '고'考라 하는가? '고'는 '성'成이니 이미 그 업을 이루었다는 뜻이다.

어머니의 죽음을 어찌하여 '비'妣라 하는가? '비'는 '비'媲이니 아버지의
아름다움에 필적할 만하다는 뜻이다.

> 「父死何謂考, 考者, 成也. 已成事業也;
> 母死何謂妣, 妣者, 媲也, 克媲父美也.」

【考】 돌아가신 아버지. 《禮記》 曲禮(下)에 "祭王父曰皇祖考, 王母曰皇祖妣.
 父曰皇考, 母曰皇妣. 夫曰皇辟. 生, 曰父曰母曰妻; 死, 曰考曰妣曰嬪. 壽考曰卒,
 短折曰不祿."이라 함. 그리고 《爾雅》 석친에 "父曰考, 母曰妣"라 함.
【妣】 돌아가신 어머니를 부르는 칭호. '媲'는 '필적하다'의 뜻.

959

상을 당한 지 백일까지를 '읍혈'泣血이라 하고, 백일이 지나면 '계상'稽顙
이라 한다.

> 「百日內曰泣血, 百日外曰稽顙.」

【泣血】 울음은 그치고 눈물을 흘림. 부모상에서 백일 동안의 기간을 말함.
 《禮記》 檀弓(下)에 "高子皐執親之喪也, 泣血三年"이라 하고 鄭玄 주에 "言
 泣無聲如血出"이라 함.
【稽顙】 무릎을 꿇고 이마가 땅에 닿도록 하는 절. 백일 이후의 상례를 말함.
 《儀禮》 士喪禮에 "弔者致命, 主人哭拜, 稽顙成踊"이라 함.

960

상을 당한 지 만 일년 되는 날을 '소상'小祥이라 하고, 두 해가 되는 날을 '대상'大祥이라 한다.

「朞年曰小祥, 兩朞曰大祥.」

【小祥·大祥】 '소상'은 부모상을 당한 지 만 1년이 되는 날의 제례. '대상'은 2년째 되는 날의 제례.《儀禮》士虞禮에 "朞而小祥, 又朞而大祥"이라 함.

961

상복의 가를 바느질하지 않은 것을 '참최'斬衰라 하고, 바느질을 한 것을 '제최'齊衰라 하며, 상복을 논함에는 경중輕重이 있다.
아홉 달 상복을 입는 것을 '대공'大功이라 하고, 다섯 달 입는 것을 '소공'小功이라 하며, 상복에는 친족의 등급과 원근에 따라 다르다.

「不緝曰斬衰, 緝之曰齊衰, 論喪之有輕重;
　九月爲大功, 五月爲小功, 言服之有等倫.」

【斬衰·齊衰】‘斬衰’는 상복 중에 옷 끝단을 바느질하지 아니한 것, ‘衰’는 ‘縗’와 같음. ‘齊衰’는 끝을 다듬어 가지런히 바느질을 한 것. 이는 고대 ‘五服’ (斬衰, 齊衰, 大功, 小功, 緦麻)의 구분으로 斬衰는 아들과 출가하지 않은 딸, 직계 장손, 처의 신분일 때 3년을 입는 것임.(《儀禮》 喪服,《通典》禮), ‘齊衰’는 손자, 남편은 1년간, 증손은 5개월, 고손은 3개월을 입음.(《儀禮》 喪服,《淸 會典》禮部)
【大功·小功】역시 ‘五服’의 구분으로 9개월 상복을 입는 것을 ‘大功’, 5개월 상복을 입는 것을 ‘小功’이라 함. 각기 죽은 자와의 혈연 친소 관계에 따라 여러 가지로 다름.(《儀禮》 상복 및 《淸會典》禮部 등 참조)

962

석 달 상복을 입는 것을 ‘시마’緦麻라 하고, 3년을 채워 장차 만기에 이름을 일러 ‘담례’禫禮라 한다.

「三月之服曰緦麻, 三年將滿曰禫禮.」

【緦麻】역시 五服의 구분. ‘시마’는 3개월 상복을 입는 것.
【禫禮】3년 만기가 되어 상복을 벗는 제례.《儀禮》士虞禮에 “朞而小祥, 又朞 而大祥, 中月而禫”이라 하고, 정현의 주에 “中, 猶間也. 禫. 祭名也, 與大祥間 一月. 自喪至此, 凡二十七月”이라 함. 초상으로부터 이 때까지 총 27개월이 걸린다 하였음.

963

　손자가 할아버지의 상에 상복을 입을 때 적손嫡孫은 애장哀杖을 일년 짚는다.
　장자長子가 이미 죽었을 때는 적손이 아버지 대신 3년의 상기를 지킨다.

「孫承祖服, 嫡孫杖朞;
　長子已死, 嫡孫承重.」

【杖朞·承重】'장기'는 조부모의 상에 적손 장자의 경우 만 1년 喪杖을 짚음. '승중'은 장자(죽은 자의 아들, 즉 적자)가 이미 죽고 없을 경우는 적손자가 아버지 대신 조부모를 위하여 3년 상복을 입되 그 중 첫해 1년은 '기장'을 함께 함. 《儀禮》 喪服 嫡孫 疏에 "嫡子死, 其嫡孫承重者, 祖爲之朞"라 함.

964

　죽은 자에게 보내는 그릇을 '명기'明器라 하여 저승 세계에서 사용함을 상징하며,
　효자孝子의 지팡이를 '애장'哀杖이라 하며 애통하여 힘든 몸을 부축함의 뜻이다.

「死者之器曰明器, 待以神明之道;
　孝子之杖曰哀杖, 爲扶哀痛之軀.」

【明器】'冥器'와 같음. 죽은 이에게 저승 세계에서 사용하도록 그릇(도기, 목기,
토기)을 함께 넣음.《儀禮》旣夕禮에 "陳明器于乘車之西"라 함. '孝子'는
상주를 뜻함.
【哀杖】살아 있는 자손이 울고 지친 자신을 부축하기 위하여 쓰는 지팡이.
(《白虎通》喪服)

965

아버지의 일은 밖을 담당하므로 대나무로 지팡이를 만들어 쓰고,
어머니의 일은 안을 담당하므로 오동나무로 지팡이를 만들어 쓴다.

「父之節在外, 故杖取乎竹;
　母之節在內, 故杖取乎桐.」

【竹·桐】부친상에는 대나무를, 모친상에는 오동나무를 哀杖으로 만들어 씀.
한편 이를 세분하여 '苴杖'(대나무를 대강 잘라 쓰는 것, 부친상)과 '削杖'
(오동나무를 대강 가지를 치고 깎아 사용함, 모친상)이라 함.(《儀禮》喪服傳,
胡培翬《儀禮正義》권21)

966

재물財物로 치상을 돕는 것을 일러 '부'賻라 하고,
거마車馬를 보내어 치상을 돕는 것을 '봉'賵이라 하며,
옷으로 죽은 이를 염斂하는 것을 '수'襚라 하고,
옥이나 보물로 죽은 이의 입에 물리는 것을 '함'琀이라 한다.

「以財物助喪家, 謂之賻;
　以車馬助喪家, 謂之賵;
　以衣斂死者之身, 謂之襚;
　以玉寶死者之口, 謂之琀.」

【賻·賵·襚】상을 돕기 위해 보내는 물품. 수레와 말(賵), 돈이나 물건(賻), 옷과 이불(襚)을 가리킴.《公羊傳》은공 원년에 "賵者何? 喪事有賵. 賵者蓋以馬, 以乘馬束帛. 車馬曰賵, 貨財曰賻, 衣被曰襚"라 함.《禮記》檀弓에 "柳莊死, 獻公當祭時聞之, 不釋服而往以襚之"라 함.
【琀】죽은 사람의 입에 물리는 구슬.《說文解字》에 "琀, 送死口中玉也"라 함.

967

상여를 보내는 것을 '집불'執紼이라 하고, 영구를 출발시키는 것을 '가이'駕輀라 한다.

「送喪曰執紼, 出柩曰駕輴.」

【執紼】 하관할 때 관에 묶은 끈. 《禮記》 曲禮(上)에 "助葬必執紼"이라 함.
【駕輴】 집을 나서서 수레(상여)로 장지까지 옮기는 과정과 그 수레. 《釋名》
　釋喪制에 "興棺之車曰輴"라 하였으며 《白虎通》에는 "始載柩於庭, 乘輴而辭
　祖禰, 曰祖載"라 함.

968

길한 묘지를 일러 '우면지'牛眠地라 하고, 무덤을 쌓는 것을 '마렵봉'馬鬣封
이라 한다.

「吉地曰牛眠地, 築墳曰馬鬣封.」

【牛眠地】 진나라 도간이 모친상을 당했을 때 마침 집의 소가 뛰쳐나갔다.
　이 소를 찾으러 나섰더니 어떤 노인이 앞산을 가리키며 그곳에 소가 누어
　있을 것이며 그곳이 명당이라 일러주었다. 이에 그곳에 모친을 모신 후 과연
　도간은 재상에까지 올랐다. 사람들은 이를 '길지'라 하였다.(《晉書》 陶侃傳)
【馬鬣封】 봉분을 말갈기처럼 만듦. 禮記 檀弓(上)에 공자가 어머니를 묻고
　"從若斧者焉, 馬鬣封之謂也"라 함.

969

묘 앞의 석상을 원래는 '옹중'翁仲이라 했으며,
영구 앞에 나가는 깃발을 '명정'銘旌이라 한다.

「墓前石人, 原名翁仲;
　柩前功布, 今日銘旌.」

【翁仲】銅像을 대신하는 말. 진나라 때 阮翁仲이라는 사람이 진시황의 명령으로 흉노 토벌에 큰 공을 세우고 죽자 시황이 그의 동상을 만들어 함양궁 司馬門 앞에 세웠다 함. 《史記》 陳涉世家에 "鑄以爲金人十二"라 하고, 司馬貞의 색은에 "各重千石, 坐高二丈, 號曰翁仲"이라 함.
【功布·銘旌】'공포'는 상여 앞에서 길을 인도하는 깃발. 상복에 사용하는 같은 흰 색 베로 긴 장대에 달아 앞서 나감. 《禮記》 喪大記에 "御棺用功布"라 하였고, 《儀禮》 旣夕禮에 "商祝執功布以御棺"이라 함. '명정'은 喪柩 앞에 죽은 자의 성명을 적은 깃발. 붉은 천으로 만들며 신분에 따라 차이가 있음. 상례 용구는 모두 흰색이지만 이 명정만은 붉은 색을 씀. 《儀禮》 士喪禮에 "爲銘各以其物"이라 하고, 鄭玄 주에 "銘, 明旌也. 雜帛爲物, 大夫, 士之所建也. 以死者爲不可別, 故以其旗識識之"라 함.

970

만가輓歌는 전횡田橫의 장례에서 처음 시작되었고, 묘지墓誌는 부혁傅奕이 처음 쓰기 시작하였다.

「輓歌始於田橫, 墓誌創於傅奕.」

【田橫】秦나라 말기 齊나라 귀족(?~B.C. 202)으로 진시황이 제나라를 멸하자
형 田儋과 군사를 일으켜 재건을 꾀하여 초한전 때 자립하여 齊王이 되었다.
그러나 한나라가 들어서자 다시 5백여 명을 이끌고 바다의 섬으로 들어가
버티다가 한 고조가 즉위하여 부르자 장안 궁문에 이르러 그의 신하가 될
수 없다고 자결하였다. 따르던 자들이 차마 울지 못하고 대신 노래를 불렀
는데 이것이 뒤에 만가의 근원이 되었다고 한다.《搜神記》(16)에 "挽歌者,
喪家之樂, 執紼者相和之聲也. 挽歌辭有〈薤露〉·〈蒿里〉二章, 漢田橫門人作.
橫自殺, 門人傷之, 悲歌. 言人如薤上露, 易晞滅. 亦謂人死精魂歸於蒿里. 故有
二章"라 하였으며,《古今注》(中),《樂府詩集》(27),《酉陽雜俎》(續四),《初學
記》(14),《北堂書鈔》(29),《文選》(陸士衡〈挽歌詩〉注) 등에 널리 실려 있다.
【傅奕】당나라 초기 인물(555~639)로 천문역법에 밝았으며, 생사수요는 자연
에 달린 것(生死壽夭, 本諸自然)이라 주장하였다. 그는 만년에 술에 취하여
임종이 가까워오자 갑자기 일어나 "傅奕 靑山白雲人也, 因醉死, 嗚呼哀哉"
라고 자신의 묘지명을 썼다고 한다. 이것이 묘지명의 시초라 한다.(《舊唐書》
傅奕傳)

971

살아 있을 때 미리 마련한 분묘를 '수장'壽藏이라 하고, 죽고 나서 알게 된
무덤을 '가성'佳城이라 한다.

「生墳爲壽藏, 死墓曰佳城.」

【壽藏】생전에 미리 마련한 무덤. '壽塚'이라고도 함. 《後漢書》趙岐傳에 "年
九十餘, 建安六年卒, 先自爲壽藏"이라 하였다. 唐나라 姚崇도 스스로 萬安山
에 자신의 壽藏을 마련하였다 함.
【佳城】한나라 夏侯嬰의 장례에 앞서 인도하는 말이 한 곳에 이르러 더 이상
가지 않아 땅을 파보았더니 '佳城'이라 쓰인 돌이 나와 그곳에 묻었다 함.
《博物志》異聞에 "漢滕公薨, 求葬東都門外. 公卿送喪, 駟馬不行, 踣地悲鳴,
以足跑地. 掘馬蹄下地, 得石槨, 有銘, 曰: '佳城鬱鬱, 三千年見白日, 吁嗟滕
公居此室.' 遂葬焉"이라 하였고, 《西京雜記》(4), 《北堂書鈔》(94), 《藝文類聚》
(40), 《初學記》(14), 《太平御覽》(556)에도 널리 실려 있다.

972

분묘를 '야대'夜臺라 하고, 무덤 안을 '둔석'㡧㝗이라 한다.

「墳曰夜臺, 壙曰㡧㝗.」

【夜臺】묘혈. 무덤 안. '長夜臺'라고도 하며 한 번 닫고 나면 영원히 어두움을
뜻함. 《문선》陸機의 〈輓歌〉에 "送子長夜臺"라 하고, 주에 "墳墓一閉, 無復
見明, 故云長夜臺"라 함.
【㡧㝗】역시 묘혈. '屯夕'이라고도 표기함. 《좌전》襄公 13년에 "以大夫之威靈,
獲保首領以歿於地. 惟是春秋㡧㝗之事, 所以從先君於禰廟"의 杜預 주에 "㡧,
厚也, 㝗, 夜也. 厚夜, 猶長夜也"라 함.

973

이미 장례를 치러 묻었음을 '예옥'瘞玉이라 하고, 남의 상사에 조문하여 제사 지냄을 '속추'束芻라 한다.

「已葬曰瘞玉, 致祭曰束芻.」

【瘞玉】옥을 땅에 묻는 것과 같음.《세설신어》傷逝에 庾亮(文康)의 장례에 何充(揚州)이 한 말. "庾文康亡, 何揚州臨葬云: '埋玉樹箸土中, 使人情何能已已!'"라 함. '瘞'는 '埋'와 같음. 한편《시경》大雅 雲漢 "上下奠瘞"의 孔穎達 疏에 "奠謂置之於地, 瘞謂埋之於土"라 함.
【束芻】원래 꼴 한 묶음을 뜻함. 후한 郭泰(林宗)의 모친상에 徐穉(孺子)가 조문을 와서 영구 앞에 꼴 한 묶음을 놓고 가버렸다. 사람들이 의아해하자 곽태는 "이는 틀림없이 서치가 놓고 간 것일 것이다. 시경에 '생추일속, 기인 여옥'이라 하였으니 내 어찌 그 덕에 비기리오"(此必南州高士徐孺子也. 詩不 云乎? '生芻一束, 其人如玉.' 吾德得焉. 足以當之)라 풀이하였다. 즉 서치가 자신을 옥에 비유하여 놓고 간 것이라 하였다.(《後漢書》徐穉傳) 이에 '束芻'는 조문을 대신하는 말로 쓰임.

974

봄 제사를 '약'禴이라 하고, 여름 제사를 '체'禘라 하며, 가을 제사를 '상'嘗이라 하고, 겨울 제사를 '증'烝이라 한다.

「春祭曰祠, 夏祭曰禘, 秋祭曰嘗, 冬祭曰烝.」

【祠·禘·嘗·烝】천자와 제후들의 네 계절별로 종묘에 지내는 제사의 이름.
《禮記》 王制에 "天子, 諸侯宗廟之祭, 春曰礿, 夏曰禘, 秋曰嘗, 冬曰烝"이라
하였고, 《詩經》 小雅 天保에 "禴祠烝嘗"의 毛傳에 "春曰祠, 夏曰礿, 秋曰嘗,
冬曰烝"이라 함. '礿'은 '禴'과 같으며 이는 夏殷 시대의 이름. 周나라 때는
秋祭를 祠, 夏祭를 礿이라 함.(《公羊傳》桓公 8년)

975

어머니가 쓰시던 그릇으로 물을 마시다가 애통함에 가슴을 움켜쥐는
것은 어머니의 말소리와 손때가 여전히 그대로 있기 때문이요,
　아버지가 읽으시던 책을 보다가 애통함이 더한 것은 아버지의 손때가
아직 사라지지 않은 채 남아 있기 때문이다.

「飲桮棬而抱痛, 母之口澤如存;
　讀父書以增傷, 父之手澤未泯.」

【桮棬·父書】어머니가 쓰시던 잔(桮圈)과 아버지가 생전에 읽던 책.《禮記》
玉藻에 "父歿而不能讀父之書, 手澤存焉爾; 母歿而杯圈不能飲焉, 口澤之氣
存焉爾"라 함.

976

자고子皐는 아버지의 죽음을 비통해하다가 피눈물을 쏟았고, 자하子夏는 아들의 죽음을 곡哭하다가 눈이 멀었다.

「子皐悲親而泣血, 子夏哭子而喪明.」

【子皐泣血】《禮記》檀弓(上)에 "高子皐之執親之喪也, 泣血三年, 未嘗見齒, 君子以爲難"이라 함.
【子夏喪明】역시 《禮記》檀弓(上)에 "子夏喪其子而喪其明. 曾子弔之曰: '吾聞之也: 朋友喪明則哭之.'"라 함.

977

왕부王裒가 아버지의 죽음을 너무 애도하자 문인들이 《시》의 요아蓼莪 편을 없애버렸고,
왕수王修가 어머니 상에 너무 곡을 하자 이웃 사람들이 마을의 동제桑柘社를 중지해버렸다.

「王裒哀父之死, 門人因廢蓼莪詩;
　王修哭母之亡, 鄰里遂停桑柘社.」

【王裒】진나라 때 王修의 손자로 그 아버지가 돌아가시고 나서 매번 《시경》〈蓼莪〉편 "哀哀父母, 生我劬勞. 欲報之德, 昊天罔極"을 읊으며 통곡하자 제자들이 책에서 이 장을 뽑아 없앴다 함.(《晉書》 王裒傳)

【王修】삼국시대 왕수가 일곱 살 때 어머니가 社日(봄가을로 토지신에게 제를 올리는 마을 제사)에 돌아가시자 매년 그 날이 되면 그가 너무 애통하게 울어 그 마을에서 사일 제를 취소했다 함.(《三國志》 魏書 王修傳) 한편 '桑柘社'는 춘제 사일을 말하는데 '桑柘'는 '桑梓'로도 표기하며, 집 둘레에 심은 뽕나무류. 흔히 '고향', '마을'을 뜻함.(055 참조)

978

'나무가 고요하고자 하나 바람이 멎지 않고, 자식이 어버이를 봉양하고자 하나 어버이가 기다려주지 않는구나'라 한 것은 고어臯魚가 그리움을 더한 말이며,

'소를 잡아 그 무덤에 큰 제사를 올리는 것은 살아 계실 때 닭이나 돼지로 봉양해 드리는 것만 못하다'고 한 것은 증자가 어버이를 그리워하며 한 말이다.

「樹欲靜而風不息, 子欲養而親不在, 臯魚增感;
　與其椎牛而祭墓, 不如鷄豚之逮存, 曾子興思.」

【臯魚】《韓詩外傳》(9)에 공자가 길에서 만난 고어의 말. "孔子行, 聞哭聲甚悲. 孔子曰: '驅! 驅! 前有賢者.' 至, 則臯魚也. 被褐擁鎌, 哭於道傍. 孔子辟車與之言, 曰: '子非有喪, 何哭之悲也?' 臯魚曰: '吾失之三矣: 少而學, 游諸侯,

以後吾親, 失之一也; 高尙吾志, 間吾事君, 失之二也; 與友厚而小絶之, 失之
三矣. 樹欲靜而風不止, 子欲養而親不待也. 往而不可追者, 年也; 去以不可得
見者, 親也. 吾請從此辭矣.’ 立槁而死. 孔子曰: ‘弟子誡之, 足以識矣.’ 於是
門人辭歸而養親者十有三人”이라 함.
【曾子】 역시 《韓詩外傳》(7)에 曾子가 한 말. “曾子曰: ‘往而不可還者, 親也;
至而不可加者, 年也. 是故孝子欲養而親不待也, 木欲直而時不使也. 是故椎牛
而祭墓, 不如雞豚逮親存也. 故吾嘗仕齊爲吏, 祿不過鐘釜, 尙猶欣欣而喜者,
非以爲多也, 樂其逮親也; 旣沒之後, 吾嘗南遊於楚, 得尊官焉, 當高九仞, 榱題
三圍, 轉轂百乘, 猶北鄉而泣者, 非爲賤也, 悲不逮吾親也. 故家貧親老, 不擇
官而仕; 若夫信其志, 約其親者, 非孝也.”라 함.

979

그러므로 사람의 아들로 태어나 의당 나무라면 줄기가 있고 물이라면
근원이 있음을 생각해야 하고,
모름지기 돌아가신 분에게는 삼감을 중히 하고 먼 조상에게는 추모의
뜻을 바르게 가져야 한다.

「故爲人子者, 當思木本水源;
　須重愼終追遠.」

【木本水源】 나무는 근본이 있고 물은 근원이 있음. 조상을 뜻함. 《左傳》昭公
　9년에 “我在伯父, 猶衣服之有冠冕也. 木水之有本原, 民人之有謀主也”라 함.
【愼終追遠】 喪事와 祭祀를 잘 받듦을 뜻함. 《論語》學而篇에 “愼終追遠, 民德
　歸厚矣”라 함.

▶ 增文

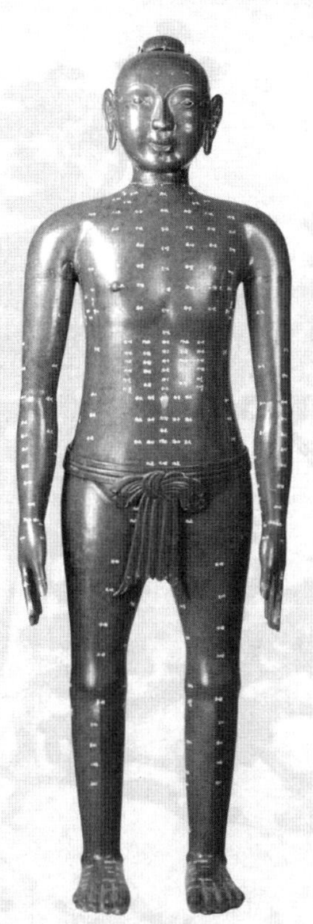

980

그 해의 띠가 용이요 뱀임을 알고 정현鄭玄은 자신의 수명을 계산해 알았고,

집에 복조鵩鳥가 날아듦을 보고 가의賈誼은 수명이 기울었음을 알았다.

「歲在龍蛇, 鄭玄算促;
　舍來鵩鳥, 賈誼命傾.」

【鄭玄】 한대의 유명한 학자(127~200). 자는 康成. 그의 꿈에 공자가 나타나 "일어나라, 일어나라. 금년은 용띠요, 내년은 뱀띠이다"(起起, 今年歲在辰, 明年歲在巳)라 함. 이에 일어나 점괘를 뽑아보고 자신의 생애가 다하였음을 알았다 함. (《後漢書》 鄭玄傳) 술수가들의 이야기로 자신이 죽을 해를 점으로 알고 있었다 함.

【賈誼】 한나라 유명한 辭賦 작가(B.C.200~B.C.168). 그가 長沙에 있을 때 어느 날 그의 집에 복조라는 흉조가 나타나자 〈鵩鳥賦〉라는 글을 지은 다음 죽음.(《漢書》 賈誼傳) 《文選》 〈복조부〉 序에 "鵩似鴞, 不祥鳥也"라 하였으며, 당시 장사의 속담에 "鵩鳥至, 主人死"라 함. 한편 《西京雜記》(5)에 "賈誼在長沙, 鵩鳥集其承塵. 長沙俗以鵩鳥至人家, 主人死. 誼作鵩鳥賦, 齊死生, 等榮辱, 以遣憂累焉"이라 함.(《史記》 屈原賈生列傳, 《搜神記》(9) 등에도 실려 있음)

981

왕령王令이 세상을 떠날 때 하늘에서 옥으로 된 관을 내려주었고,
심군沈君이 무덤을 파보았더니 땅 속에 꺼지지 않은 등불이 나타났다.

「王令出塵寰, 天上俄垂玉櫬;
 沈君開窀穸, 地中曾現漆燈.」

【王令】후한의 王喬를 가리킴. 현령을 지냈음. 그가 어느 날 하늘이 玉櫬
(玉棺)을 내려뜨려 주는 것을 보고 자신의 삶이 끝났음을 알고 즉시 목욕
한 후 옷을 갈아입고 그 관 속에 들어가 죽었다 함.(《後漢書》 王喬傳, 617,
1176 참조) '塵寰'은 속세를 뜻함.
【沈君】沈彬을 가리킴. 그가 죽은 후 그의 집 옆 큰 나무에 묘혈을 만들고자
팠더니 옛 무덤이 있어 옻칠한 등잔과 銅版이 나왔다. 그 동판에 "佳城今
已開, 雖開不葬埋. 漆燈猶未滅, 留待沈彬來"라 쓰여 있어 바로 그가 묻힐
무덤이었다 함.(《江南野史》 沈彬傳)

982

상자 속에 남아 있던 원고는 상여가 올리려던 봉선封禪에 관한 글이었고,
창문 아래 관을 움직이지 않고 두었으니 이는 사어史魚가 시신으로
간언함을 보여준 것이다.

「篋中存稿, 相如上封禪之書;
　牖下停棺, 史魚表陳屍之諫.」

【相如】司馬相如가 임종에 가까워오자 황제가 사람을 보내어 조문하도록
하였으나 그가 도착했을 때는 이미 상여는 죽었으며 그 아내가 많은 문서를
건네주었다. 그 문서 상자(篋)에 봉선에 관한 글이 있었다 함. '封禪'은 천자가
五嶽에 올라 하늘에 제사를 지내는 것.
【史魚】춘추시대 위나라 현신 史鰌(史鰍). 그는 자신이 衛 靈公에게 제대로
간언을 하지 못한 채 죽게 되자 아들에게 正堂에 시신을 안치하지 말도록 함.
이를 '屍諫'이라 함. 《韓詩外傳》(7)에 "衛大夫史魚病且死, 謂其子曰: '我數言
蘧伯玉之賢, 而不能進; 彌子瑕不肖, 而不能退. 爲人臣, 生不能進賢而退不肖,
死不當治喪正堂, 殯我於室, 足矣.' 衛君問其故, 子以父言聞. 君造然召蘧伯玉
而貴之, 而退彌子瑕, 徒殯於正堂, 成禮而後去. 生以身諫, 死以尸諫, 可謂直矣."
라 함. 그밖에 《新序》(雜事一), 《孔子家語》(困誓篇)에도 실려 있으며, 《論語》
衛靈公篇에도 "子曰: 直哉! 史魚, 邦有道知矣, 邦無道知矣"라 함.

983

양홍梁鴻을 요리要離의 무덤 곁에 묻었으니 죽은 후에 꽃다운 이웃이
된 것이요,
　정천鄭泉은 도자기 굽는 집 곁에 묻어달라 했으니 이는 생전의 숙원을
실현시키고자 함이었다.

「梁鴻葬要離冢側, 死後芳鄰;
　鄭泉殯陶宅舍傍, 生前宿願.」

【梁鴻】 동한 시대 인물로 孟光의 남편이기도 함. 그는 매우 반골 기질이 있어 洛陽에 이르러 궁실이 지나치게 화려하다고 여겨 〈五噫之歌〉를 지어 풍자했으며, 뒤에 齊魯 지역을 거쳐 吳 땅에 이르러 皐伯通의 처마 밑에 살면서 남의 쌀방아 일을 돕는 것으로 생계를 유지하였으며, 그 때 아내가 '擧案齊眉'한 일로 유명함.(328) 그가 죽자 고백통이 要離의 무덤 근처에 묻어 줌. (《後漢書》梁鴻傳, 316, 328, 441, 444 참조)

【要離】 춘추 때 자객. 伍子胥의 추천으로 오왕 闔閭를 위해 衛나라에 있던 公子 慶忌를 죽이도록 부탁을 받음. 이에 그는 오왕에게 자신의 처를 죽이도록 하고 그 오른팔을 자른 후 거짓으로 죄를 짓고 도망간 것처럼 위장하여 위나라에 감. 그리고 경기를 가까이 한 후 배를 함께 타고 가게 되었을 때 경기를 죽이고 자신은 자살함.(《呂氏春秋》忠廉)

【鄭泉】 삼국시대 鄭泉은 술을 좋아하여 임종 때 친구에게 "내 죽거든 도자기 만드는 집 그 근처에 묻어달라. 나중에 흙으로 변하여 술병이 되어 술 좋아하는 사람의 환영을 받도록 말이다"(必葬我陶家之側, 庶百年之後化而成土, 幸見取酒壺, 實獲我心矣)라 함.(《三國志》吳書 吳主傳)

【殯】 염만 해 놓고 아직 묻지 않은 상태.《北史》高麗傳에 "死者殯在屋內, 經三年, 擇吉日而葬"이라 함.

984

운명이 이미 모두 정해진 것이니 진관秦觀의 시는 참언이 영험하기도 하였고,
　일을 두고 미리 알 수 있었으니 원효숙袁孝淑의 점괘도 두루 영험이 있었다.

「數皆前定, 少遊之詩讖何靈;
　事可先知, 袁淑之卦占偏驗.」

【少遊】秦觀(1049~1200)의 자. 북송의 婉約詞派의 대표 작가. 그가 〈好事近〉이라는 작품에서 "술 취하여 묵은 등나무 아래에 누우니 아득히 남북을 모르겠도다"(醉臥古藤樹下, 杳不知南北)라는 글을 지었다. 그가 藤州에서 죽자 사람들이 '詩讖'이라 하였음.(《冷齋夜話》)

【袁淑】당나라 원숙(元孝淑)이 어떤 이인을 만났는데 그가 주머니를 하나 주면서 운명에 대한 것이 다 들어 있으니 잘 간직하되 한꺼번에 다 보지 말고 매번 일이 있을 때마다 열어보도록 하였다. 그런데 일마다 영험하여 신비롭게 여기던 중, 어느 날 자신의 거울 상자에 뱀이 보여 열어보았더니 역시 뱀이 그려져 있어 그 날 죽었다 함. 아내가 꺼내어 보았더니 아직 두루마리 서류가 반이나 남아 속인 것으로 여겼으나 그 뒤 나머지에는 아무것도 기록되지 않은 빈 종이였다 함.(《太平廣記》 152)

985

고옹顧雍은 사랑하는 아들이 죽자 손바닥을 눌러 피가 나오면서도 태연함을 지켜냈으며,

순찬荀粲은 사랑하는 아내를 잃자 눈물을 뿌리며 정신을 잃고 죽었으니 가히 애석하다 할 것이다.

「顧雍失愛子, 掐掌而流血堪矜;
　奉倩殞佳人, 擱淚而傷神可惜.」

【顧雍】삼국시대 오나라 사람.(163~243). 강남 사족으로 승상을 지냈음. 그의 아들 顧邵가 豫章 태수로서 임지에서 죽어 부고가 집으로 왔을 때 그는 바둑을 두고 있었다. 그 소식을 듣고 태연한 듯이 있었지만 손톱으로 손바닥을

눌러 피가 흥건히 흘렀다 함.《世說新語》雅量에 "豫章太守顧劭, 是雍之子; 劭在郡卒, 雍盛集僚屬自圍棊. 外啓信至, 而無兒書, 雖神色不變, 而心了其故; 以爪掐掌, 血流沾襟. 賓客旣散, 方歎曰: '已無延陵之高, 豈可有喪明之責!' 於是豁情散哀, 顔色自若"이라 함.
【奉倩】삼국 魏나라 荀粲(자는 봉천). 그는 曹洪의 딸을 아내로 맞았는데 아주 미인이었다 함. 그 아내가 죽자 "佳人難再得"이라 가슴을 치다가 죽음. 이 때 나이 29세로 너무 가깝다고 여겼음.(何劭《荀粲別傳》)

986

공자는 돌아가시기 전에 태산이 무너진다는 노래를 하였고, 한기韓琦가 죽을 때는 나무에 눈이 녹아 가지에 얼음이 달렸다.

「仲尼殞而泰山頹, 韓相亡而樹木稼.」

【仲尼】공자가 죽기 전에 한 노래를 듣고 子貢이 돌아가실 것임을 미리 알았으며 이레 만에 운명했다 함.《禮記》檀弓(下)에 "孔子蚤作, 負手曳杖, 消搖於門, 歌曰: '泰山其頹乎, 梁木其壞乎, 哲人其萎乎', 旣歌而入, 當戶而坐. 子貢聞之曰: '泰山其頹, 則吾將安仰? 梁木其壞·哲人其萎, 則吾將安放? 夫子殆將病也.' 遂趨而入. 夫子曰: '賜! 爾來何遲也? 夏后氏殯於東階之上, 則猶在阼也; 殷人殯於兩楹之間, 則與賓主夾之也; 周人殯於西階之上, 則猶賓之也. 而丘也殷人也. 予疇昔之夜, 夢坐奠於兩楹之間. 夫明王不興, 而天下其孰能宗予, 予殆將死也.' 蓋寢疾七日而沒"이라 함.
【韓相】북송의 재상 韓琦(1008~1075). 范仲淹과 西域을 잘 다스려 '韓范'이라 불렸으며 재상을 거쳐 魏國公에 봉해짐. '稼'는 '木介', '木稼'라고도 하며

나무에 눈이 덮여 녹은 다음 다시 얼음이 되는 현상. 이러한 경우 나라의
고관이 죽는다는 속설이 있었음. 당시 한기가 죽기 전에 이러한 현상이 나타
나자 자신일 것이라 탄식했다 함. 王安石의 〈忠獻韓公輓辭〉에 "木稼曾聞
達官怕, 山頹果見哲人萎"라 함.《東軒筆錄》

987

술을 솜에 적셔 떨어뜨려 조문하니 이는 아름다운 선비의 고풍스러운
애도였고,
죽은 이에게 짚으로 만든 순장품을 만들어 넣은 것은 옛사람의 질박한
예의였다.

「酹之絮酒, 實爲佳士高風;
　殉以芻靈, 乃是先人樸典.」

【絮酒】후한의 徐稺(孺子)가 어느 집에 초상이 나자 닭 한 마리를 굽고 솜
　으로 술을 적신 후 그 빈소에 가서 술을 짜서 떨어뜨리고 닭을 그 영전에
　놓고는 아무런 말도 없이 되돌아나왔다 함. 이에 적은 제수품을 일컬을
　때 흔히 '絮酒', 혹은 '隻鷄絮酒'라 함.《後漢書》徐稺傳)
【芻靈】짚으로 사람과 말의 형상을 만들어 순장함.《禮記》檀弓(下)에 "塗車
　芻靈, 自古有之, 明器之道也"라 함.

988

진식陳寔의 아름다운 덕은 족히 기록할 만하여 그의 장례에는 조문객이
3만이나 되었고,

치초郗超의 평소 행동은 아름답기 그지없어 그가 죽어 애도문을 쓴
사람이 40명이나 되었다.

「陳寔之徽猷足錄, 行弔禮者三萬人;

　郗超之素行可嘉, 作誄文者四十輩.」

【陳寔】 동한 시대 덕행으로 이름난 인물(104~187). 자는 仲弓, 太丘長을
　　지냄. 黨錮之禍에 모두 도망갔으나 그는 "吾不就獄, 衆無所恃"라 하며, 스
　　스로 옥에 들기를 자청한 일로 유명함. 그의 장례에 3만여 명이 모였다
　　함.(《後漢書》陳寔傳) '徽猷'는 미덕을 뜻함.
【郗超】 동진 시절 인물(336~377)로 태위 郗鑒의 손자. 그가 죽었을 때
　　誄文(애도문)을 쓴 사람이 40여 명이나 되었다 함.(《晉書》郗超傳)

989

소를 잡고 술을 준비하여 근본父母에게 보답하기에 경건함을 다하고,
짚 자리와 칼 등을 갖추어 어버이 세사를 받들도다.

「牲牢酒醴, 用昭報本之虔;
　藁鞂鸞刀, 還備寧親之具.」

【牲牢酒醴】 소를 잡고 좋은 술을 준비하여 부모의 제사를 모심. 이는 당시
효성이 지극한 것으로 여겼음. 李商隱의 〈代李玄爲京兆祭蕭侍郎文〉에 "牲牢
麗潔, 酒醴非多"라 함.
【藁鞂鸞刀】 '고갈'은 짚으로 짠 자리. '난도'는 방울을 단 칼로 제수용품을
자르는데 사용함. 모두 상례 및 제례 때 쓰는 도구.《禮記》禮器에 "割刀
之用, 鸞刀之貴. 莞簟之安, 而藁鞂之設. 是故先王之制禮也, 必有主也"라 함.

990

　서리와 이슬 내리는 계절을 당해 옷이 다 젖어도 춘추의 예절을 빠뜨릴
수 없는 것이며,
　돌아가신 부모가 앞에 모습을 들어낸 듯하니 그 정이 틀림없이 깊고
또 깊도다.

「值旣降旣濡之候, 禮毋缺於春秋;
　呈則存則著之形, 情必由乎愛慤.」

【旣降旣濡】 봄가을로 서리와 이슬에 맨발을 적시며 제를 올리는 것은 돌아
가신 분을 생각하여 뜻을 경건히 받들고자 함.《禮記》祭義에 "春禘秋嘗.
秋, 霜露旣降, 君子履之, 必有悽愴之心, 非其寒之謂也. 春, 雨露旣濡, 君子履之, 必有怵惕之心, 如將見之. 樂以迎來, 哀以送往, 故禘有樂而嘗無樂”
이라 함.
【則存則著】돌아가신 부모가 살아 계시고 나타날 듯이 여김.《禮記》祭義에
“致愛則存, 致慤則著. 著存不忘乎心, 夫安得不敬乎?”라 함.

991

집안에서 제사를 모시고 다시 사당에서 교체하며, 사흘을 재계하고
제사가 끝난 후 다시 사흘 후에야 재계를 해제한다.

「室事交乎堂事, 致齋繼以散齋.」

【室事堂事】제사를 지낼 때 집에 먼저 신주를 모시고 다시 이를 正堂으로
교체하여 모심.《禮記》禮器에 “室事交乎戶, 堂事交戶階”라 함.
【致齋散齋】제사 전에는 ‘치재’(3일간 경건히 齋戒함)를 하고, 제사 후에는
‘산재’(7일간 재계함)를 실시함.《禮記》祭統에 “致齊(齋)於內, 散齊於外. 齊之日:
思其居處, 思其笑語, 思其志意, 思其所樂, 思其所嗜. 齊三日, 乃見其所爲
齊者”라 함.

✵ 참고

〈疾病死喪〉편 '續增' 12聯

○ 「諺謂病從口入, 古云死而爲靈.」

○ 「節嗜欲, 定心氣, 疾病自少;
　　積汚穢, 釀疫癘, 死喪必多.」

○ 「疾或生於內臟, 或緣於外感;
　　死或重於泰山, 或輕於鴻毛.」

○ 「攻之不可, 達之不入, 醫緩亦無能爲;
　　死欲速朽, 喪欲速貧, 宣尼特以示戒.」

○ 「親有疾, 行不翔; 鄰有喪, 春不相.」

○ 「曰寒疾, 曰熱疾, 曰末疾, 曰腹疾,
　　曰惑疾, 曰心疾, 天札之菑以起;
　　曰視殮, 曰成服, 曰停柩, 曰治喪,
　　曰發引, 曰告窆, 喪葬之禮以終.」

○ 「喪親謂之棄養, 喪妻謂之斷弦.」

○ 「哭子曰西河抱痛, 哭弟曰人琴俱亡.」

○ 「輓男喪曰神歸太素, 輓女喪曰駕返四池.」

○ 「李長吉赴召玉樓, 不愧修文之士;
　　汪魏美臨終僧舍, 猶留別世之詩.」

○ 「可畏者無過鼠疫, 可嫉者莫如蠱疾.」

○ 「要之疾, 足傷身, 無疾先宜加愼;
　　死亦常事, 已死貴在留名.」

26. 문사 文事

✹ 본 장은 문자 기록과 문학 작품 등에 관한 내용으로
학문 활동과 창작에 관한 역대 일화와 고사 등을 모아
설명하고 있다.(총 53연)

〈雪窗讀書圖〉(宋) 작자 미상

992

재주 많은 선비는 그 재주를 여덟 말이나 가지고 있는 것이요,
널리 학식이 많은 학자는 그 학문이 다섯 수레는 된다고 표현한다.

「多才之士, 才儲八斗;
　博學之儒, 學富五車.」

【八斗】남조 謝靈運이 曹植을 칭찬하여 "天下才共有一石, 曹子建獨得八斗,
　我得一斗, 自古及今同用一斗. 奇才敏捷, 安有繼之?"라 함.(《南史》謝靈運傳)
【五車】《莊子》天下에 "惠施多方, 其書五車"라 하여 박학함을 뜻함.

993

'삼분'三墳, '오전'五典은 삼황오제 때의 책이며,
'팔삭'八索, '구구'九丘는 팔택八澤과 구주九州애 대한 내용을 적은 책이다.

「三墳·五典, 乃三皇五帝之書;
　八索·九丘, 是八澤九州之志.」

【三墳·五典·八索·九丘】삼황오제 때의 책이라 함.《左傳》昭公 12년에 "是能
  讀三墳, 五典, 八索, 九丘"라 하고, 孔安國의《상서》序에 "伏羲, 神農, 黃帝之
  書謂之三墳, 言大道也; 少昊, 顓頊, 高辛, 唐, 虞之書謂之五典, 言常道也"라 함.
【八澤九州】《淮南子》에 "八澤之志爲八索, 九州之志爲九丘"라 함.

994

  《서경書經》은 상고 시대 당우唐虞 삼대三代의 일을 적은 것이므로 이를
《상서尙書》라 하고,
  《역경易經》은 희씨 성의 주 문왕과 주공이 지은 것이므로 이를《주역
周易》이라고 한다.

  「書經載上古唐虞三代之事, 故曰尙書;
　　易經乃姬周文王·周公所繫, 故曰周易.」

【尙書】《書經》은 《尙書》라고도 하며 고대 唐堯, 虞舜, 삼대(하은주)의 정치에
  대한 왕의 포고문과 법령을 모은 것임.
【周易】《易》은 고대 《連山易》(복희 때), 《歸藏易》(신농) 《周易》(주나라 때)이
  있었으며 64괘로 천지만물의 이치를 설명한 책. 문왕, 주공, 공자가 이를
  정리하여 '十翼'이 됨.

995

'이대'二戴가 일찍이 《예기禮記》를 덜고 정리하였으므로 《대례戴禮》라
하고,
'이모'二毛가 일찍이 《시경詩經》에 주석을 달아 그 때문에 《모시毛詩》라
한다.

「二戴曾刪禮記, 故曰戴禮;
　二毛曾注詩經, 故曰毛詩.」

【二戴】 한나라 때 戴德(大戴)과 戴聖(小戴)이 이를 정리하여 지금 《禮記》는
소대의 것이 근간이 된 것이며 《大戴禮記》는 따로 전함.
【二毛】 毛亨(大毛公)과 毛萇(小毛公). 역시 두 사람이 《詩》를 연구하여 모형의
《毛詩故訓傳》이 모장에게 전수되어 오늘날의 《詩經》(毛詩)이 됨.

996

공자가 《춘추春秋》를 지음에 '획린'獲麟에서 붓을 그치고 말았다. 그래서
이를 《인경麟經》이라 한다.

「孔子作春秋, 因獲麟而絶筆, 故曰麟經.」

【春秋】 공자가 노나라 紀年을 중심으로 隱公 원년(B.C.272)부터 哀公 14년
(B.C.481년)까지 242년의 역사를 포폄으로 기술한 역사책. 그 마지막 구절이
"春, 西狩獲麟"이라 하여 끝을 맺었음. '獲麟'은 애공 14년에 叔孫氏의 마부
鉏商이 서쪽으로 사냥 나가 麟이라는 상서로운 짐승을 잡았다. 이를 들은
공자가 가서 보고 눈물을 흘리며 "予之爲人, 猶麟於獸也. 麟出而死, 吾道窮焉"
이라 하여 절필했다 함. 范寧의 〈穀梁傳序〉에 "因事備而終篇, 故絶筆於斯年"
이라 함. 麟이 나타나면 聖人이 나타난다고 여겼는데 이것이 나타나서 죽음을
자신의 학문의 궁함에 비유한 것임.

997

　귀족의 예복보다 영화로우니 이는 《춘추春秋》에서 한 글자가 포상함의
뜻이 있는 것이요,
　엄하기가 부월斧鉞보다 무서우니 이는 《춘추》에서 한 글자가 그렇게
폄훼할 수 있음을 말한다.

「榮於華袞, 乃春秋一字之褒;
　嚴於斧鉞, 乃春秋一字之貶.」

【華袞】 고대 왕공 귀족의 예복. 范寧의 〈穀梁傳序〉에 "一字之褒, 寵踰華袞
　之贈; 片言之貶, 辱過市朝之撻"이라 함. 《春秋》의 褒貶大義를 말한 것임.
【斧鉞】 고대의 형구. 《春秋》의 엄함이 이보다 무섭다는 뜻.

998

'겸상'縑緗, '황권'黃卷은 경서經書를 총칭하는 말이요,
'안백'雁帛, '난전'鸞箋은 편지簡札의 통칭이다.

「縑緗·黃卷, 總謂經書;
　雁帛·鸞箋, 通稱簡札.」

【縑緗】 고대에 책을 싸던 비단. 駱賓王의 〈上兗州刺史啓〉에 "頗有簡素, 少閱
　縑緗"이라 함.
【黃卷】 고대 신맛과 쓴맛이 나는 염료로 종이를 물들여 좀이 쏠지 않도록
　하였으며 다시 글씨를 쓴 뒤에는 雌黃(누런 색이 나는 광물질)을 발랐음.
　따라서 '황권'은 책을 대신하는 말로 쓰임.
【雁帛】 편지. 서신. 蘇武가 흉노에 19년간 잡혔을
　때 흉노와 화친이 이루어진 다음 그를 돌려보낼
　것을 요구했지만 흉노에서는 그가 이미 죽었다고
　거짓말을 함. 이에 한나라 사신이 "천자가 上林園
　에서 기러기를 쏘아 잡았는데 그 발에 비단 편지
　가 묶여 있더라"라 하여 구해냄.(《漢書》 蘇武傳)
【鸞箋】 편지. 唐 韓浦(溥)가 蜀에 있는 동생 한계
　(韓洎)에게 보낸 편지에 "十樣鸞箋出益州, 新來寄
　自浣溪"라 함.

〈蘇武(子卿)〉《晚笑堂畫傳》

999

‘금심수구’錦心繡口란 이태백李太白의 문장을 두고 하는 말이요,
‘철획은구’鐵畫銀鉤란 왕희지王羲之의 서법을 두고 하는 말이다.

「錦心繡口, 李太白之文章;
　鐵畫銀鉤, 王羲之之字法.」

【錦心繡口】문장이 아름다움을 뜻함. 비단 같은 마음으로 수놓은 것 같은
　아름다운 글을 입으로 읊어냄. 李白의 〈冬日於龍門送從弟靈問之淮南序〉에
　“兄心肝五臟皆錦繡耶? 不然, 何開口成文, 揮翰散霧?”라 함.
【鐵畫銀鉤】철로 쓰고 은으로 그린 듯 글씨가 힘이 있음. 왕희지의 글씨를
　칭찬한 말. 貢師泰의 〈送國字張教授〉에 “鐵畫銀鉤謾摹錄”이라 함.

1000

‘조충소기’雕蟲小技는 자신의 문장을 겸손히 표현하는 것이요,
‘의마가대’倚馬可待란 남이 글을 빨리 지어냄을 부러워할 때 쓰는 말이다.

「雕蟲小技, 自謙文學之卑;
　倚馬可待, 羨人作文之速.」

【雕蟲小技】‘字句를 공교하게 다듬다’(雕章琢句)의 뜻. 그러나 원래는 벌레가 나뭇잎을 갉듯이 공교하게 꾸며냄을 뜻하여 자신의 글을 낮출 때 쓰는 말. 篆刻書法八體의 하나로 小技라는 뜻으로 바뀌었으며 다시 문장기교로 바뀜. 揚雄의 《法言》吾子篇에 “或問: ‘吾子少而好賦?’ 曰: ‘然, 童子雕蟲篆刻.’ 俄而 曰: ‘壯夫不爲也.’”라 함.(《詩品》上卷 참조)

【倚馬可待】말을 세워 놓은 짧은 시간에 글을 완성함. 즉시 문장을 지어내는 재능을 말함.《世說新語》文學에 “桓宣武北征, 袁虎時從, 被責免官. 會須露 布文, 喚袁倚馬前會作; 手不輟筆, 俄得七紙, 絶可觀. 東亭在側, 極歎其才. 袁虎云: ‘當令齒舌間得利.’”라 함.

1001

남이 근래 학문의 진전이 대단함을 칭찬할 때 “선비는 사흘만 보지 않아도 괄목상간刮目相看해야 한다”라 하고,
　타인의 학문의 정통함을 부러워할 때는 “벽을 마주한 지 9년 만에 비로소 이 신기한 깨달음을 얻었구나”라 한다.

「稱人近來進德, 曰士別三日, 當刮目相看;
　羨人學業精通, 曰面壁九年, 始有此神悟.」

【刮目相看】‘刮目相待’(刮目相對)와 같음. 삼국시대 吳나라 呂蒙이 처음에는 학식이 없었으나 뒤에 魯肅이 우연히 그를 만나 대화를 나누어 보고 그가 매우 진보했음을 느껴 “今學識英略, 非復吳下阿蒙”이라 하자, 여몽이 “士別 三日, 卽當刮目相待, 兄何見事之晚也?”라 함.(《三國志》吳志 呂蒙傳)

【面壁九年】남북조 때 천축(인도)에서 온 達摩가 嵩山 少林寺에서 9년을 벽을 향해 묵언으로 앉아 도를 터득한 후 惠可에게 전수해줌.(《五燈會元》東土祖師)

1002

'오봉루수'五鳳樓手란 문자가 정밀하고 기이함을 칭찬하는 말이요,
'칠보기재'七步奇才란 천재의 민첩함을 부러워할 때 쓰는 말이다.

「五鳳樓手, 稱文字之精奇;
　七步奇才, 羨天才之敏捷.」

【五鳳樓手】'오봉루'는 매우 멋지고 높은 누각. 宋 韓溥(浦)와 韓洎 형제는 모두가 고문에 뛰어났지만 한계는 항상 형 한부의 문장을 깔보아 "형의 문장은 마치 새끼줄로 대강 엮어 풀로 이는 초가집 같아 그저 비바람을 피할 정도요. 나의 문장은 오봉루를 지을 손재주와 같소"(吾兄爲文, 如繩樞草合, 聊庇風雨而已. 余之文造五鳳樓手)라 함.(《談苑》,《事文類聚》권14)
【七步】위 문제(曹丕)가 아우 조식(東阿王)에게 칠보 안에 시를 짓도록 한 사건(298, 510, 786, 1002, 1308 참조).

1003

재주 높음을 자랑할 때 '오늘의 반마班馬로다'라 하고,
시의 공교함을 부러워할 때 '원백元白을 압도하도다'라 한다.

「譽才高, 曰今之班馬;
　羨詩工, 曰壓倒元白.」

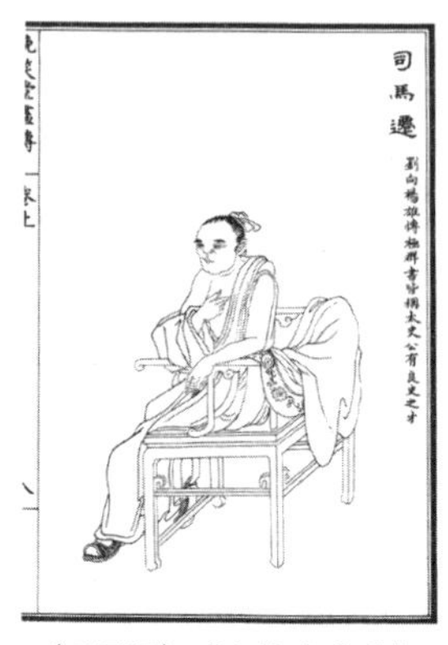

〈司馬遷〉《晚笑堂畫傳》

【班馬】 班固(32~92)와 司馬遷(B.C.145, 혹 135~?). 모두 사학가로 이름이 함께 드날림. 반고는 아버지 班彪의 《한서》 저술작업을 이어 이를 계속하였고, 사마천 역시 아버지 司馬談의 뒤를 이어 《사기》를 완성함. 《晉書》 陳壽傳 論에 "丘明旣沒, 班馬迭興, 奮鴻筆於西京, 騁直詞於東觀"이라 함. 〈복단본〉 주에는 '班固'와 '馬融'을 들었으나 이는 오류로 보임.

【元白】 元稹과 白居易. 당대 모두 뛰어났던 문학가. 백거이의 〈長恨歌〉와 원진의 〈長恨歌傳〉은 동시대 동일 주제로 시와 전기소설을 이루어 함께 병칭됨. 한편 王定保의 《唐摭言》〈慈恩寺題名遊賞賦咏雜記〉에 의하면 寶曆 연간에 재상 楊嗣復이 집에 원진, 백거이, 楊汝士 등을 불러 함께 연회를 베풀고 시부를 지을 때 오히려 양여사의 시가 제일 좋다고 평을 받자 양여사는 집에 돌아와 식구들에게 "오늘 내가 원진과 백거이를 압도했다"(我今日壓倒元白)라 자랑하였다 함.

1004

한漢나라 조착晁錯은 지모가 뛰어나 경제景帝가 그를 '꾀주머니'智囊라 불렀다.
　왕인유王仁裕는 시가 많아 당시 사람들이 '시교자'詩窖子라 불렀다.

「漢晁錯多智, 景帝號爲智囊;
　王仁裕多詩, 時人號爲詩窖.」

【晁錯】한나라 때 인물(B.C.200~B.C.154)로 법가 사상을 실현하여 태자를 가르쳤으며, 태자가 제위에 오르자 중앙집권을 확립하였다. 그러나 그 일로 七國之亂을 유발하는 계기가 되었으며 이로 인해 피살되고 말았다. 景帝는 文帝의 아들로 난을 평정하고 국가의 안정을 이루었다. 이 시대를 소위 ‘文景之治’라 하여 한대 중흥기로 평가받고 있다.
【王仁裕】왕인유는 시가 무려 1만 편이나 되어 사람들이 ‘詩窖子’라 불렀다 함. (《五代史補》)〈복단본〉에는 ‘高仁裕’로 잘못되어 있으며, 출처를 《唐撫言》이라 하였다.

1005

‘소객’騷客이란 곧 시인詩人을 말하며, 예모譽髦란 멋진 선비를 말한다.

「騷客卽是詩人, 譽髦乃稱美士.」

【騷客】‘騷人’이라고도 하며, 굴원의 〈離騷〉에 근원하여 시인을 대신하는 말로 쓰임. 주로 근심과 음유의 시인을 말함. 范仲淹의 〈岳陽樓記〉에 “遷客騷人, 多會於此”라 하였으며, 梅堯臣의 〈凌霄花賦〉에 “或製裳于騷客, 或登歌於樂章”이라 함. 한편 李栗谷의 〈花石亭〉 시에 “林亭秋已晚, 騷客意無窮. 遠水連天碧, 霜楓向日紅”이라 하였다.
【譽髦】이름과 명예가 널리 알려진 선비. 《詩經》大雅 思齊에 “肆成人有德, 小子有造. 古之人無斁, 譽髦斯士”라 하였으며, 《爾雅》에 “髦, 選也”라 하여 선발된 俊士를 뜻하는 말이라 한다.

1006

자고로 시詩라면 '이두'李杜를 칭하고, 글씨라면 지금까지도 '종왕'鍾王을
우러러본다.

「自古詩稱李杜, 至今字仰鍾王.」

【李杜】 이백(詩仙)과 두보(詩聖). 盛唐 최고 시인이며 동시에 여러 가지로 대비
되는 중국 최고 두 사람. 韓愈의 〈調張籍〉에 "李杜文章在, 光焰萬丈長"이라
하였다. 한편 이에 빗대어 '晩唐李杜'로 李商隱과 杜牧을 들기도 한다.
【鍾王】 鍾繇(151~230)와 王羲之(303~361, 혹 321~379). 종요는 삼국 시대 최고의
서예가이며 왕희지는 동진 때 최고의 서예가로 '書聖'으로 불림.《晉書》
王羲之傳 論에 "逮乎鍾王以降, 略可言焉"이라 함.

1007

'백설'白雪과 '양춘'陽春 두 노래는 알기도 어렵고 따라 부르기도 어려운
곡조요,
'청전만선'靑錢萬選이란 여러 차례의 시험에도 언제나 일등으로 뽑히는
문장을 말한다.

「白雪陽春, 是難知難賡之韻;
　青錢萬選, 乃屢試屢中之文.」

【白雪·陽春】楚나라 곡명. '下里'와 '巴人'이라는 노래는 누구나 다 따라 부를
 수 있지만 '백설'과 '양춘'은 그저 수십 인이 겨우 부를 수 있을 정도임.
 예술의 높은 경지와 이를 능히 할 수 있는 사람은 적다는 뜻.《文選》〈宋玉
 對楚王問〉에 "客有歌於郢中者, 其始曰下里巴人, 國中屬而和者數千人; 其爲
 陽阿薤露, 國中屬而和者數百人; 其爲陽春白雪, 國中屬而和者數十人"이라 함.
【靑錢萬選】푸른 동전으로 만 사람이 골라내어도 만 번 다 가려냄. 당나라
 장작(張鷟)이라는 사람은 과거를 볼 때마다 언제나 채점위원이 뽑아놓고
 보면 그의 문장이어서 "그의 문장은 마치 누런 동전에 파란 색 동전이 섞여
 있어 수만 사람이 뽑아도 가려내는 것과 같다"(其文如靑銅錢, 萬選萬中)라
 하여 '靑錢學士'라 불렀다 함.(《新唐書》張薦傳)

1008

 '귀신을 놀라게 하고 귀신을 울린다'驚神泣鬼는 것은 모두가 사부詞賦의
웅호雄豪함을 두고 표현하는 말이요,
 '가는 구름을 멈추게 하고 대들보를 휘감고 있다'遏雲繞梁라는 것은 그
원래의 노래가 여운을 청량하게 남기고 있음을 말하는 것이다.

　「驚神泣鬼, 皆言詞賦之雄豪;
　遏雲·繞梁, 原是歌音之嘹亮.」

【驚神泣鬼】귀신도 그 문장에 놀라 울음을 터뜨릴 정도라는 뜻. 杜甫가 李白
 의 문장을 두고 한 말. 그의 〈贈李白〉에 "昔年有狂客, 號爾謫仙人, 筆落驚
 風雨, 詩成泣鬼神"이라 함.

【遏雲繞梁】고대 韓娥라는 가수의 노래 소리는 구름을 멈추게 하고 대들보 위에 그 여음이 오래 남아 있을 정도로 대단하였다 함. 《列子》湯問篇에 "昔韓娥東之齊, 匱糧, 過雍門, 鬻歌假食. 旣去而餘音繞梁欐, 三日不絶, 左右以其人弗去. 過逆旅, 逆旅人辱之. 韓娥因曼聲哀哭, 一里老幼悲愁, 垂涕相對, 三日不食. 遽而追之. 娥還, 復爲曼聲長歌.一里老幼喜躍抃舞, 弗能自禁, 忘向之悲也. 乃厚賂發之. 故雍門之人至今善歌哭, 放娥之遺聲"이라 함. 그 외에 《博物志》(8), 《淮南子》(氾論訓), 《金樓子》(志怪篇), 《太平廣記》(204), 《北堂書鈔》(106) 등에도 널리 전재되어 있음.

1009

'섭렵함이 정밀하지 못하다'涉獵不精는 것은 여러 가지 학문을 두루 하는 폐단을 말한 것이요,
'중얼중얼 책 읽는 소리'란 모두가 독서할 때의 소리를 말한다.

「涉獵不精, 是多學之弊;
 咿唔佔畢, 皆讀書之聲」

【涉獵】많은 책을 널리 봄.《漢書》賈山傳에 "所言涉獵瑞氣, 不能爲醇儒"라 함.
【咿唔】책을 읽는 소리.
【佔畢】책을 봄.《禮記》學記에 "今之敎者, 呻其占畢"이라 하고, 鄭玄의 주에 "呻, 吟也. 占, 視也. 簡謂之畢"이라 함. 그러나 占畢은 원래 '笘篳'로 冊簡을 뜻하는 말이 아닌가 함.(王引之《經義述聞》)

1010

'연편루독'連篇累牘이란 모두가 책이 많음을 말하는 것이요,
'촌저'寸楮, '척서'尺素란 편지글簡札을 통칭하는 말이다.

「連篇累牘, 總說多文;
　寸楮·尺素, 通稱簡札.」

【連篇累牘】책과 簡牘이 많음. 장서가 많음을 뜻함. 《隋書》李諤傳에 "連篇
　累牘, 不出月露之形; 積案盈箱, 唯是風雲之狀"이라 함.
【寸楮·尺素】'寸楮'는 간단한 서신. '楮'는 닥나무로 종이를 만듦으로 종이를
　대신하는 말로 흔히 쓰임. 《蒿庵閒話》(1)에 "寸楮往來, 始於崇禎年"이라
　하였고, 尺素는 고대 종이가 없을 때 흰 천(비단)에 글을 써서 역시 편지라는
　뜻으로 쓰임. 고시 〈飮馬長城窟行〉에 "客從遠方來, 遺我雙鯉魚. 呼童剖鯉魚,
　中有尺素書"라 함.

1011

예물을 주어 글을 써달라고 할 때 '윤필지자潤筆之資입니다'라 하고,
글의 뜻을 일러 그 값을 받을 때 '계고지력稽古之力입니다'라 한다.

「以物求文, 謂之潤筆之資;
　因文得錢, 乃曰稽古之力.」

【潤筆之資】남에게 글이나 그림을 부탁할 때 드리는 값.《隋書》鄭譯傳에
“不得一錢, 何以潤筆?”이라 함.
【稽古之力】옛 어려운 문장을 잘 연구한 값으로 돈을 받음. 문장을 해석해준
값을 뜻함. 동한 光武帝가 많은 박사를 불러 경전을 토론토록 하였는데
그 중 太子少傅 桓榮이 가장 뛰어났음. 이에 그에게 거마를 하사하자 그는
“今日蒙上所賜, 稽古之力也”라 함.《後漢書》桓榮傳)

1012

문장이 아주 완전할 때 '글에 점을 더 보탤 데가 없다'_{文不加點}라 하고,
문장이 기이할 때 '베틀과 북이 한 집안이군요_{機杼一家}'라 한다.

「文章全美, 曰文不加點;
　文章奇異, 曰機杼一家.」

【文不加點】漢나라 黃祖가 잔치를 열었을 때 어떤 사람이 앵무를 바치자
예형(禰衡)이 그 자리에서 즉시 〈鸚鵡賦〉를 지었는데 전혀 붓을 그치지
않았고 더 고칠 글자도 없었다 함.《文選》禰衡〈鸚鵡賦序〉)
【機杼一家】베틀과 북(梭, 杼). 베로 옷감을 짜듯 각기 자신이 원하는 무늬를
만들어 내어야 하며 남과 똑같아서는 안됨을 뜻함.《魏書》祖瑩傳에 조영이
친구에게 “文章須自出機杼, 成一家之風骨, 何能共人同生活也?”라 말함.

1013

시험에 응하여 아무 답을 쓰지 못하는 것을 일러 '예백'曳白이라 하고,
글을 완성하여 책으로 꾸미기 시작함을 일러 '살청'殺靑이라 한다.

「應試無文, 謂之曳白;
　書成繡梓, 謂之殺靑.」

【曳白】'白'은 과거시험의 답안지용 흰 종이. 당나라 張倚가 玄宗에게 총애를
받고 있음을 안 시험관 宋遙와 苗晉卿이 장의의 아들 張奭을 일등으로 합격
시키자 여론이 비등하였음. 이에 현종이 그를 직접 불러 면전에서 시험을
보게 했더니 하루 종일 답안용 흰 종이만 내려다볼 뿐 한 글자도 쓰지
못하였다 함. 이에 사람들이 그를 '曳白'이라 불렀다 함.(《新唐書》苗晉卿傳)
【殺靑】고대에는 대나무를 잘라 다듬어 글씨를 썼는데 이를 竹簡이라 함.
그 제작과정에서 먼저 대나무를 불로 쪼여 수분을 빼는 것을 '汗出'이라
하고 다시 그 대나무 푸른색을 없애는 것을 '殺靑'이라 함. 여기에 글씨를
써서 편지로도 사용하였으니 이를 '書簡'이라 하며, 이를 끈으로 꿰어 차례를
맞춘 것을 '冊', 하나씩의 알맞은 양으로 묶음을 만드는 작업을 '編', 그 묶음의
구분을 '篇', 이를 말아(捲) 보관함을 '卷'이라 함. 그리고 이에 따라 죽간을
'汗簡'이라 하고, 역사를 기록한 것을 '靑史'라 하며, 글씨를 써서 새기기 시작
함을 '上梓', 혹 '付梓', '繡梓'라 함.《後漢書》吳祐傳에 "恢(오우의 아버지)欲殺
靑簡以寫經書"라 하고 李賢의 주에 "古無紙, 以火炙竹簡, 令汗出, 去其靑以
書字"라 함.

1014

‘버선이나 꿰맬 줄 아는 재주’襪線之才란 자신의 재능이 짧음을 겸손히 말하는 것이요,
‘기억하고 묻기만 하는 학문’記問之學이란 자신의 학문이 아주 낮음을 부끄러워하는 말이다.

「襪線之才, 自謙才短;
　記問之學, 自愧學膚.」

【襪線】 버선 실이나 뜯을 줄 아는 정도, 혹 좋은 옷을 만들 줄 모르고 버선 정도나 만들 줄 아는 하찮은 능력. 재주가 없음을 뜻함. 五代의 韓昭는 蜀의 禮部尙書와 文思殿大學士의 벼슬을 지내면서 琴, 棋, 書, 算, 射, 法 등에 어느 하나 관심을 두지 않은 부분이 없이 고루 섭렵하였지만 조금씩만 알 뿐 정밀하지는 못하였음. 이에 당시 李臺嘏가 “韓八座(한소)之才, 如拆襪線, 無一長者”라 평함.
【記問】 자신의 학문이 얕음에 대한 겸사이며 동시에 자괴감을 표현하는 말. 《禮記》 學記에 “記問之學, 不足以爲人師. 必也其聽語乎!”라 함. ‘膚’는 아주 얇고 작음. 원래 고대에 소량의 단위를 나타내는 표현으로 쓰임.

1015

시를 재단하여 정함을 ‘퇴고’推敲라 하고, 학문을 대강 하다가 그만둠을 ‘작철’作輟이라 한다.

「裁詩曰推敲, 曠學曰作輟.」

【推敲】 당 賈島가 승려로 있을 때 李凝의 초막을 찾아가면서 〈題李凝幽居〉
라는 시를 짓고 있었다. "閑居少隣竝, 草徑入荒園. 鳥宿池邊樹, 僧敲月下門.
過橋分野色, 移石動雲根. 暫去還來此, 幽期不復言"이다. 그런데 '스님이
달 아래 문을 두드리다(僧敲月下門)'의 '敲'(두드리다)를 '推'(밀고 들어가다)로
바꿀까를 결정하지 못하여 나귀에 오른 채 손짓으로 미는 것과 두드리는
시늉을 하며 가다가 마침 당시 京兆尹의 높은 벼슬이며 당시 대문호 韓愈의
행렬이 마주 오는 것도 모른 채 그만 가로막는 꼴이 되고 말았다. 이에
호위병들이 이를 잡아 한유에게 데려가자 자초지종을 설명하였다. 그러자
가상히 여긴 한유가 "고자가 낫겠다"(敲字佳矣)라 결정해 주었고, 두 사람은
포의지교를 맺게 되었다.(胡仔《苕溪漁隱叢話前集》19에 인용된《劉公嘉話》,
《緗素雜記》) 이에 따라 문장을 고치는 것을 '퇴고'(推敲)라 함.
【曠學·作輟】 '광학'은 학문을 대강대강 하는 것. 학문을 황폐하게 하는 것.
'작철'은 중단하는 것을 말함.(《法言》孝至)

1016

문장이 부박하다면 월로풍운月露風雲과 무엇이 다르겠으며,
전적典籍을 저장儲藏해 두던 곳은 모두 난대蘭臺와 석실石室이었다.

「文章浮薄, 何殊月露風雲;
 典籍儲藏, 皆在蘭臺石室.」

【月露風雲】 글이 천박함을 뜻함.《隋書》 李諤傳에 "連篇累牘, 不出月露之形; 積案盈箱, 唯是風雲之狀"이라 함.

【蘭臺石室】 고대에 책이나 자료를 보관하여 소장하던 장소를 말함.《後漢書》 班彪傳에 "召詣校書部, 除蘭臺令史"라 하였으며,《漢書》 高帝紀(下)에는 "丹書鐵契, 金匱石室"의 顔師古 주에 "以石爲室, 重緘封之, 保愼之義"라 함.

1017

진시황秦始皇은 무도하여 분서갱유焚書坑儒를 저질렀고,
당唐 태종太宗은 문장을 좋아하여 과거를 열어 선비를 뽑아썼다.

「秦始皇無道, 焚書坑儒;
 唐太宗好文, 開科取士.」

【焚書坑儒】 秦始皇 34년 승상 李斯가 秦나라 역사와 의약, 농업, 점술 등에 관한 책 이외에는 모두 태워 없앨 것을 건의하여 이에 동의함. 그리고 이 일로 유생들이 비방하자 460여 명의 선비들을 산 채로 묻어버림.(《史記》 秦始皇本紀)

【開科取士】 당 태종이 천하의 인재를 발탁하기 위해 과거제도를 설치할 것을 명함. 이 때 진사 魚貫이 나타나자 "天下英雄盡入吾彀中矣"라 함.(《唐摭言》 述進士, 1057 참조)

1018

문장의 형식이란 서로 다른 것이니 이 때문에 문장의 차이가 있는
것이요,
'요초'潦草와 '색책'塞責이란 쓰는 말을 정밀하게 하고자 노력하지 않음을
말한다.

「花樣不同, 乃謂文章之異;
　潦草·塞責, 不求辭語之精.」

【花樣不同】 문장의 형식, 풍격, 종류 등이 모두 각기 다름을 말함.《盧氏雜說》
에 당나라 盧소이 과거에 계속 낙방하자 "如今花樣不同, 且東歸也"라 함.
【潦草·塞責】 '료초'는 마구 휘갈겨 쓴 글이나 글씨를 뜻하는 첩운연면어.
《朱子語類》訓門人四에 "今人事無大小, 皆潦草過了"라 함. '색책'은 자신의
책임이 드러남을 막아버림. 진실한 문장을 쓰지 않음을 말함.《明史》張逵傳
에 "毛擧纖微以塞責"이라 함.

1019

사악한 학설을 '이단'異端, 또는 '좌도'左道라 하고,
독서를 달리 '이업'肄業, 또는 '장수'藏修라고도 한다.

「邪說曰異端, 又曰左道;
　讀書曰肄業, 又曰藏修.」

【異端】 비정통적인 학문.《論語》爲政篇에 "攻乎異端, 斯害也已"라 함.
【左道】 사도. 잘못된 주장이나 학문.《左傳》王制에 "執左道以亂政, 殺"이라 함.
【肄業】 학문에 힘쓰고 있음.《左傳》文公 4년에 "臣以爲肄業及之也"라 하고
　두예 주에 "肄, 習也"라 함.
【藏修】《禮記》學記에 "故君子之於學也, 藏焉, 修焉, 息焉, 遊焉"이라 하고,
　孫希旦의 集解에 "藏, 謂入學就業也; 修, 修正業也"라 함.

1020

문장을 짓는 것을 '염한'染翰, 또는 '조고'操觚라 하고, 스승을 따라
배우는 것을 '집경문난'執經問難이라 한다.

「作文曰染翰・操觚, 從師曰執經問難.」

【染翰】 붓에 먹을 묻힘. 글을 쓰기 시작함.《文選》潘岳〈秋興賦〉에 "染翰
　操紙, 慨然而賦"라 함.
【操觚】 역시 글을 쓰기 시작함. 觚는 죽간을 뜻함. 陸機〈文賦〉에 "或操觚
　而率爾"라 함.
【執經問難】 책을 들고 남에게 찾아가 어려운 부분을 가르쳐 줄 것을 청함.
　《東觀漢記》賈宗傳에 "每宴會, 令與當世大儒司徒丁鴻問難經傳"이라 함.

1021

남에게 글을 부탁할 때는 '연필椽筆을 휘젓듯 해 주시기를 바랍니다'라
하고,
좋은 글을 부러워할 때는 '재능이 바로 대방가大方家이십니다'라 한다.

「求作文, 曰乞揮如椽筆;
　羨高文, 曰才是大方家.」

【如椽筆】 晉나라 王珣의 꿈에 어떤 사람이 그에게 붓을 주었는데 크기가
　서까래(椽)만하였음. 이에 해몽자가 "큰 글을 쓰게 될 것"(當任大手筆事)
　이라 함. 과연 황후가 죽어 그의 시책(諡冊)과 애도문을 모두 그가 쓰게
　되었음.(《晉書》王珣傳) '椽筆', 혹 '如椽筆'은 이에 '남에게 글을 부탁하다'의
　뜻으로 쓰임.
【大方家】 河伯(하수의 신)이 스스로 대단하다고 여겼으나 바다를 보고 나서
　海神에게 "吾非至於子之門則殆矣, 吾長見笑於大方之家"라 함.(《莊子》秋水)
　이에 '대방가'는 도술이 깊고 뛰어난 사람을 뜻함.

1022

좋은 문장을 다투어 베끼는 풍조風潮을 두고 '낙양지귀'洛陽紙貴라 하고,
어려운 것을 물어오는 것을 싫어하지 않음을 '명경불피'明鏡不疲라 한다.

「競尙佳章, 曰洛陽紙貴;
　不嫌問難, 曰明鏡不疲.」

【洛陽紙貴】진나라 左思가 10년을 고생한 끝에 〈三都賦〉라는 글을 지어 당시
문호 皇甫謐에게 보여주자 크게 칭찬하여 서문까지 써주었다. 이것이 알려지자
洛陽의 문인과 부호들이 다투어 이를 베끼는 풍조가 일어 낙양의 종이 값이
치솟았다 한다.(《晉書》文苑傳)
【明鏡不疲】晉나라 車胤(武子)이 모르는 부분을 謝安과 謝石에게 물으려
하면서 머뭇거리자 袁羊(袁虎)이 "거울이 어찌 자꾸 자신에게 얼굴을 비춘
다고 귀찮아하랴"라 하였다 함.《세설신어》言語에 "孝武將講孝經, 謝公兄弟
與諸人私庭講習, 車武子難苦問謝, 謂袁羊(袁虎)曰: '不問, 則德音有遺; 多問,
則重勞二謝.' 袁曰: '必無此嫌.' 車曰: '何以知爾?' 袁曰: '何嘗見明鏡疲於屢照,
淸流憚於惠風?'"라 함.

1023

　남의 서가를 칭찬할 때 '업가'鄴架라 하고, 남의 학문 좋아함을 칭찬할
때는 '서음'書淫이라 한다.

「稱人書架曰鄴架, 稱人嗜學曰書淫.」

【鄴架】남의 많은 장서를 칭찬하는 말. 당나라 鄴侯(封號 이름) 李泌은 집에
장서가 수만 권이어서 사람들이 그의 서가를 '鄴架'라 불렀다 함.(《鄴侯家傳》)
【書淫】'書癡'와 같음.《晉書》皇甫謐傳에 "耽玩典籍, 忘寢與食, 時人謂之
書淫"이라 함.

1024

백거이白居易는 일곱 달 만에 '之'와 '無' 두 글자를 알았으며,
당唐나라 이하李賀는 일곱 살에 〈고헌과〉高軒過라는 글 한 편을 지었다.

「白居易生七月, 便識之·無二字;
　唐李賀才七歲, 作高軒過一篇.」

【白居易】 당나라 백거이는 7개월 때 '之', '無' 두
글자를 알기 시작하여 유모가 백 번 시험해도
모두 알아맞혔다 함.(《舊唐書》白居易傳)
【李賀】 당나라 錦囊詩人이라 불렸던 이하는 일곱
살 때 이미 신동으로 알려져 皇甫湜과 韓愈가 만
나보기를 청하자 이들을 만나 그 자리에서 〈高
軒過〉라는 글을 지었다 함.(《舊唐書》李賀傳)

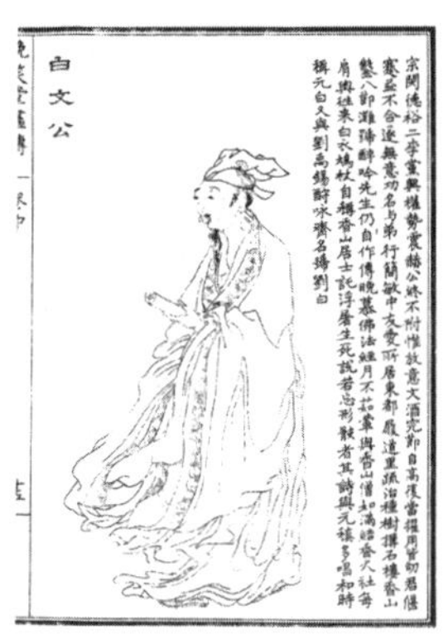

〈白居易〉《晩笑堂畫傳》

1025

'책을 펴면 유익함이 있다'開卷有益란 송宋 태조太宗가 중시한 말이며,
'배우지 못해 기술이 없다'不學無術란 한漢나라 곽광霍光의 사람됨을
말한 것이다.

「開卷有益, 宋太宗之要語;
　不學無術, 漢霍光之爲人.」

【開卷有益】송 太宗(태조 趙匡胤의 아우 趙匡義)이 매일 巳時(아침 10시)부터 申時(오후 4시)까지 거르지 않고 책을 보며《太平御覽》1천 권을 수찬하도록 하였다. 이에 宋琪가 쉬기를 권하자 "開卷有益, 不爲勞也"라 대답함.(《澠水燕談錄》文儒)

【不學無術】한나라 霍光(?~B.C.68)은 霍去病의 배다른 아우로서 武帝 때 총애를 입어 정권에 발을 들여놓은 다음 어린 昭帝를 끼고 정권을 농단했으며 다시 소제가 죽자 宣帝를 옹립하여 20여 년 간 정치 권세를 부렸음. 이에 班固가《漢書》에서 霍光을 "不學亡術, 暗於大理"라 평함.(《漢書》霍光傳)

1026

한漢나라 유향劉向이 천록각天祿閣에서 책을 교정할 때 태을太乙이 지팡이에 불을 붙여 비춰주었으며,
　조광윤趙匡胤이 후주後周를 이어 제위에 오르자 도곡陶穀이 미리 준비한 조문詔文을 내놓았다.

「漢劉向校書於天祿, 太乙燃藜;
　趙匡胤代位於後周, 陶穀出詔.」

【劉向】한나라 최고의 목록학자(대략 B.C.77~B.C.6). 당시 秘府(天祿閣)에 있던 《戰國策》,《列女傳》,《新序》,《說苑》 등 많은 책을 정리하여 중국 학술에

큰 도움을 주었으며 그 아들 劉歆과 함께 《七略》을 남김. 그가 成帝의 명을
받아 天祿閣에서 五經을 교열할 때 마침 原宵節(정월대보름) 날을 맞아
모두들 등불 구경을 나갔지만 그만은 책을 정리하고 있었음. 이 때 黃衣
老人이 靑藜杖을 짚고 나타나 문을 두드리고 들어와서는 자신의 지팡이에
불을 붙여 책 읽는 데 비춰주었다 함. 이에 성명을 물었더니 '태을의 정기'
(我乃太乙之精也)라 대답하더라 함.(《劉向別傳》) '太乙'은 도교, 도가에서
말하는 天神.(867 참조)

【趙匡胤】송나라를 건국한 태조.(157, 300, 567, 739 참조) 그가 陳橋兵變을 거쳐
후주를 이어 송을 건립할 때 미처 禪文(제위를 선양하는 글)을 작성하지 못한
상태였다. 이 때 陶穀이 품에서 미리 준비해 두었던 글을 꺼내어 올렸다
한다. 도곡(903~970)은 五代末 後晋, 後漢, 後周를 거쳐 송나라를 섬긴
인물로 송초의 禮制는 거의 그가 참여하여 이루었다.(《宋史》陶穀傳)

1027

강엄江淹의 꿈에 붓에 꽃이 피어나 그 문사文思가 크게 진보하였고,
　양웅揚雄은 꿈에 흰 봉황을 토해내고 나서 사부詞賦가 갈수록 기이해
졌다.

　「江淹夢筆生花, 文思大進;
　　揚雄夢吐白鳳, 詞賦愈奇.」

【江淹】남조 江淹(444~504, 자는 文通)의 꿈에 어떤 사람이 그에게 五色筆을
주고 나서부터 그의 문장이 날로 새로워져 蕭道成을 위해 많은 表, 章을
지었음. 그런데 만년에 다시 꿈에 어떤 사람이 나타나 "내 붓을 그대에게

너무 오랫동안 빌려주었군. 이제 돌려받을 때가 되었소”(吾有筆在卿處多年, 可以見還)라 한 후 더이상 좋은 문장이 나오지 않았다 함.(《南史》江淹傳) 이를 ‘江郞才盡’이라 함. 따라서 본문의 ‘夢筆生花’는 오류임. ‘몽필생화’는 李白의 고사로 王仁裕의 《開元天寶遺事》夢筆頭生花에 “李太白少時, 夢所 用之筆頭上生花, 後天才贍逸, 名聞天下”라 함.

【揚雄】양웅(B.C.53~A.D.18)이 〈太玄經〉을 짓고 나자 꿈에 입에서 白鳳이 나와 책 위에 앉았다가 사라졌다 함.《西京雜記》(2)에 “揚雄讀書, 有人語之曰: ‘無爲自苦, 玄故難傳.’ 忽然不見. 雄著太玄經, 夢吐鳳凰, 集玄之上, 頃之而滅” 이라 함.(《太平廣記》(161)에도 실려 있음)

1028

이수소李守素는 족보학에 뛰어나 허경종許敬宗이 그에게 ‘인물지’人物誌라 호를 붙여주었고,

우세남虞世南은 고금의 이치에 명석하여 태종太宗이 그에게 ‘걸어다니는 비서’行秘書라 호를 붙여주었다.

「李守素通姓氏之學, 敬宗名爲人物誌;
　虞世南晰古今之理, 太宗號爲行秘書.」

【李守素】당대 이수소는 族譜學과 姓名學에 밝아 ‘肉譜’라 불릴 정도였다. 이에 許敬宗이 虞世南에게 “昔任彦升(任昉)通經術, 號‘五經笥’. 今以守素改倉 曹爲‘人物志’, 可乎?”라 하여 그를 ‘人物志’라 불렀다 함.(《舊唐書》李守素傳)

【虞世南】당대 학자이며 서예가(558~638)로 秘書監을 지냄. 어느 날 태종이 외출할 때 신하가 책을 실으며 필요할 때 전고를 찾을 수 있도록 하기 위함 이라고 하자 태종이 “지금 우세남은 걸어다니는 비서감이니 실을 필요가 없다”(世南行秘書監也, 不用載)라 함.

1029

‘여고함금’茹古涵今이란 모두 박학함을 두고 하는 말이요,
‘저영작화’咀英嚼華란 모두가 문장에 신선함을 두고 하는 말이다.

「茹古涵今, 皆言學博;
　咀英嚼華, 總曰文新.」

【茹古涵今】古今의 학술에 대하여 박통함. 韓愈를 두고 한 말. 皇甫湜의
〈韓愈墓誌〉에 “茹古涵今, 無有端涯”라 함.
【咀英嚼華】좋은 문자를 열심히 씹어보고 음미하여 학습함. 韓愈의 〈進學解〉
에 “沈酣醲郁, 咀英嚼華, 作爲文章, 其書滿家”라 함.

1030

문학에 대한 명망이 높았던 한유韓退之는 마치
태산북두泰山北斗와 같았고,
　학문의 함양이 순수했던 정호程明道는 양옥
정금良玉精金과 같았다.

「文望尊隆, 韓退之若泰山北斗;
　涵養純粹, 程明道如良玉精金.」

〈程顥〉《晩笑堂畫傳》

【韓退之】韓愈. 자는 退之. 그를 학자들이 '泰山北斗'로 추앙함.(《新唐書》韓愈傳贊, 648 참조)

【程明道】程顥. 송나라 성리학자로 明道先生이라 불림.(1032~1085) 그의 아우 程頤(伊川先生)와 함께 '二程'이라 불리며 洛學派의 영수로 받들어짐. 정호가 죽자 정이가 〈明道行狀〉에서 "純粹如精金, 溫潤如良玉"이라 표현하였음.

1031

이백李白은 재능이 높아 기침으로 튀기는 침도 바람을 따라 주옥을 만들어낸다 하였고,

손작孫綽이 짓는 문장의 아름다움은 시부詩賦를 땅에 던지면 쇳소리가 난다고 하였다.

「李白才高, 咳唾隨風生珠玉;
　孫綽詞麗, 詩賦擲地作金聲.」

【李白】그의 재주는 너무 뛰어나 기침을 하여 침을 튀겨도 그것이 바로 좋은 詩句로 바뀜. 그의 〈妾薄命〉 시에 "咳唾落九天, 隨風生珠玉"이라 함.

【孫綽】동진 때 인물로 자는 興公(314~371). 시문에 뛰어나 당시 문장의 영수로 추앙받아 '金石聲'이라 불렸음. 《世說新語》 文學에 "孫興公作天台山賦成, 以示范榮期云: '卿試擲地, 要作金石聲!' 范曰: '恐子之金石, 非宮商中聲?' 然每至佳句, 輒云: '應是我輩語.'"라 함.

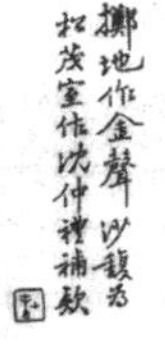

〈擲地作金聲〉清, 沙山春

▶ 增文

1032

‘형휘’螢輝, ‘죽소’竹素는 공부를 뜻하고, 좀벌레를 쫓아내기 위한 운초芸草
를 함께 넣었으므로 책을 운편芸編이라 부른다.

「螢輝·竹素, 蠹走芸編.」

【螢輝】‘螢雪之功’을 뜻함. 진나라 車胤이 가난하여 반딧불을 잡아 이를 얇은
주머니에 넣어 책을 보았다 함.(《晉書》車胤傳)
【竹素】‘竹帛’의 다른 말. 책을 뜻함. 고대 竹簡이나 素帛(白絹)에 기록하여
이른 말.《삼국지》吳志, 陸凱傳에 “名流竹素”라 함.
【蠹走芸編】‘芸’은 香草의 일종으로 책에 좀(蠹)이 쏠지 않도록 이를 함께
보관함.(813 참조) 陸游의 〈夏日雜題〉에 “辟蠹芸編細細香”이라 함.

1033

‘동관’東觀, ‘봉래’蓬萊는 모두가 책을 갈무리하는 장소를 말하고,
‘석거’石渠, ‘천록’天祿도 역시 역사책을 보관하는 장소를 뜻한다.

「東觀·蓬萊, 盡藏簡編之所;
　石渠·天祿, 悉貯史籍之場.」

【東觀·蓬萊】'東觀'은 한대 洛陽의 궁전 이름. 당시 이 궁궐에 책을 보관
하였음. 明帝 때 班固에게 《漢記》를 짓도록 하여 그 책이름을 《東觀漢記》라
하였으며 章帝와 和帝 때 도서관으로 굳어짐. '蓬萊'는 원래 삼신산의 하나.
(056 참조) 그러나 《後漢書》竇章傳에 "東觀乃藏書之所, 學者或稱爲老氏藏室,
道觀蓬萊"라 하여 역시 도서관으로 불렸음.
【石渠·天祿】石渠閣과 天祿閣. 미앙궁에 있는 장서 건물.(《三輔黃圖》閣)
《漢書》에 "石渠閣與天祿閣相對, 在未央宮中, 藏書之所也"라 함.

1034

'魯'(노)자를 '魚'(어)자와 구별하지 못하는 것은 정확히 대조하지 않아
오류를 범한 것이요,
'帝'(제)자를 '虎'(호)로 잘못 쓰는 것은 고증에 힘써 오류가 없어야 함을
말한 것이다.

「魯爲魚, 參明不謬;
　帝作虎, 考正無訛.」

【魯爲魚·帝作虎】'魯'자를 '魚'자와 혼동하고, '帝'자를 '虎'와 혼동함. 비슷한
글자를 틀리게 쓰지 않도록 해야 함을 말함. 흔히 '魯魚帝虎', '魯魚亥豕'라 함.
《意林》(4)에 인용된 《抱朴子》에 "諺云: 書三寫, 魚成魯, 帝成虎"라 함. 지금의
《포박자》退覽에는 "虛成虎"로 되어 있음.

1035

‘장사생마’長蛇生馬의 문장은 가장 써내기 어려운 문장이요,
‘경노고등’硬弩枯藤의 글씨는 쉽게 써낼 수 있는 글씨가 아니다.

「長蛇生馬之文, 最難措手;
　硬弩枯藤之字, 未易揮毫.」

【長蛇生馬】맨손으로 뱀을 잡듯, 안장 없이 말을 타듯 생동감이 있음. 唐 孫樵
　의 〈孫可之集與王林秀才書〉 “玉天子(盧仝)〈月蝕歌〉, 韓吏部(韓愈)〈進學解〉,
　拔地倚天, 句句欲活, 讀之如赤手捉長蛇, 不施鞍勒騎生馬”라 함.
【硬弩枯藤】글씨의 독특함을 뜻함. 강한 노나 마른 등나무 같은 글씨체. 진나라
　鍾繇의 제자 宋翼(冀)은 매 획을 一波三折로 썼는데 一戈는 百鈞硬弩
　같고, 一點은 高峰墜石과 같으며, 一牽은 百歲枯藤과 같으며 一放은 驚蛇入
　草(驚蛇投水)와 같았다 함.(韋續《書訣墨藪》)

1036

책을 빌리거나 갚을 때 쌍치雙甒에 담아 답례를 하고, 책을 수집하여
문장별로 나누어 이를 사고四庫에 보관하였다.

「借還書籍用雙甒, 收貯文章分四庫.」

【雙瓵】 ‘瓵’는 ‘鴟夷’(가죽 자루)의 합음자이며 뜻도 같음. 고대 가죽 자루에
술을 담았으며 《廣雅》六脂에 “瓵, 酒器, 大者一石, 所者五斗, 古之借書盛
酒瓶”이라 하여 상당히 많은 양의 술을 담을 수 있는 것으로 책을 빌렸을 때
술을 이 자루에 담아 답례로 보내고 다시 책을 되돌려 줄 때도 이와 같이 함.
邵博의 《聞見後錄》(권27)에 “借書一瓵, 還書一瓵”라 하여 이를 ‘雙瓵’라 함.
한편 黃山谷은 “不辭借我千卷, 他日還君一瓵”라 함.
【四庫】 고대 중국의 도서 분류법에 ‘甲乙丙丁’으로 하였으며 이것이 뒤에 經
史子集으로 나뉨. 이에 따라 창고를 넷으로 나누어 해당되는 곳에 책을 모
아 분류함. 《新唐書》藝文志에 “兩都各聚書四部, 以甲乙丙丁爲次, 列經史子
集四庫”라 함. 淸 乾隆 때 이 책을 모두 출간한 것이 《四庫全書》이며 민
국 초에도 《四部叢刊》을 출간하였음.

1037

호방한 시를 읊기로 보면 정계鄭綮 같은 사람은 나귀 등에서도 시를
지어냈고,
　학문이 풍부하기로 보면 설수薛收 같은 사람은 전투 중에 말머리에서도
격문을 초안하였다.

「豪吟如鄭綮, 還從驢背成詩;
　富學如薛收, 偏向馬頭草檄.」

【鄭綮】 당나라 시인(?~899)으로 풍자시가 많았으며 그의 독특한 시체를 ‘鄭五
歇後體’라 함. 당 昭宗이 그의 재주를 높이 보아 억지로 禮部侍郎으로 임명
하였으나 얼마 후 사직함. 그에게 어떤 이가 묻자 “나는 파교의 풍설 속에

나귀를 타고 가는 사이에도 시를 떠올린다"(在灞橋風雪中, 驢子背上)라 하여
각고의 노력으로 좋은 시를 쓴다는 뜻을 말하였다.(《全唐詩話》鄭綮)
【薛收】당나라 초기의 문인(591~624). 薛道衡의 아들로 아버지가 隋 煬帝
에게 피살되자 벼슬에 나서지 않았으며 당나라가 들어서자 房玄齡의 추천
으로 李世民에게 발탁되어 그의 檄文 등 일체를 초안하였다. 그는 전투
중에도 말을 세우고 격문을 초안하곤 하였다고 한다.(《舊唐書》薛收傳)

1038

여덟 줄밖에 안 되는 편지지이지만 말마다 간절하고,
석 자尺밖에 안 되는 법 조문이지만 글자마다 위엄이 넘친다.

「八行書, 言言委曲;
　三尺法, 字字森嚴.」

【八行書】옛날 편지지는 모두 8줄의 붉은 줄이 그어져 있으며 매 행은 7자씩
쓰도록 되어 있음. 따라서 '팔행서'는 편지라는 뜻으로 쓰임.《後漢書》寶章傳
李賢 주에 馬融의 〈與寶章書〉를 인용하여 "孟陵奴來, 賜書, 見手跡, 歡喜何量,
見於面也. 書雖兩紙, 紙八行, 行七字"라 함.
【委曲】내용이 아주 간절함. 간곡함.
【三尺法】법률이 매우 엄격함을 뜻함. 옛날 법조문은 석 자 죽간에 썼음.
《사기》酷吏列傳에 "客有讓周(杜周)曰: '君爲天子決平, 不循三尺法.'"이라 함.
　(1139 참조)
【森嚴】〈三民本〉에는 '威嚴'으로 되어 있음.

1039

‘기침이나 침도 곧 문장이 된다’ 하였으니 싸움터의 말이나 돛대 위의 바람처럼 민첩한 문장이요,

‘정신이 뱃속에 가득 찼다’ 하였으니 눈썰매나 고드름 같은 하찮은 것을 시재詩材로 삼아도 맑고 높았다.

> 「咳唾成篇, 陣馬風檣敏捷;
>   精神滿腹, 雪車氷柱淸高.」

【咳唾成篇】 기침으로 튀는 침도 아름다운 시 구절이 됨.(1031 참조)
【陣馬風檣】 싸움터의 말이나 바람을 마주한 돛대(배)처럼 신속함. 杜牧의 〈李長吉歌詩序〉에 “風檣陣馬, 不足爲其勇也”라 함.
【精神滿腹】 당나라 劉叉가 〈雪車〉와 〈冰柱〉라는 시를 지어 韓愈에게 보여 주었더니 한유가 孟郊나 盧仝에 못지않다고 칭찬함.(《全唐詩話》 劉叉)《唐才子傳》(5)에 “劉叉, 河朔間人, 一節士也. ⋯⋯酷好盧仝·孟交之體, 造語幽蹇, 議論多出於正. 〈冰柱〉·〈雪車〉二篇, 含畜風刺, 出二公之右矣”라 함.

1040

시단詞場에서 뛰어난 자들로 유우석劉禹錫은 시호詩豪로 불렸고, 황산곡黃山谷은 시백詩伯으로 칭찬을 받았으며,

서단藝圃의 뛰어난 인물로 장지張芝는 초성草聖으로, 최원崔瑗은 초현草賢이라 칭송되었다.

「擅美譽於詞場, 禹錫詩豪, 山谷詩伯;
　稱耆英於藝圃, 伯英草聖, 子玉草賢.」

【禹錫·山谷】 당나라 劉禹錫(772~842)은 자는 夢得. 柳宗元과 사귀어 '劉柳'라 불렸고, 다시 白居易와 화답한 시가 많아 '劉白'으로도 불렸으며 시인 중의 영웅호걸과 같다 하여 '詩豪'라고도 칭해짐. (《新唐書》 劉禹錫傳). 한편 송나라 黃山谷 (1045~1105)은 이름이 庭堅이며 자는 魯直. 蘇의 문인으로 '蘇門四學士'의 한 사람. 그 때문에 '蘇黃'으로 불렸으며 《江西詩社宗派圖》에 그를 '宗伯'으로 모셔 '江西詩伯', 혹은 '詩祖'로 추앙됨.

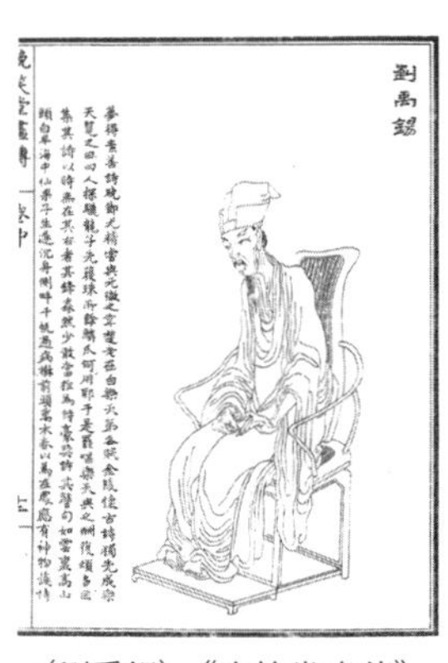

〈劉禹錫〉《晩笑堂畫傳》

【伯英草聖, 子玉草賢】 동한의 張芝(?~약192)는 자가 伯英이며, 草書에 뛰어나 이를 '今草'라 함. 삼국시대 韋誕은 그를 '草聖'으로 추앙하여 불렸으며 동진 王獻之, 王羲之 부자의 초서는 이의 영향을 받았음.(《三國志》 魏志 劉邵傳 注) 한편 동한 崔瑗(78~143)은 자가 子玉으로 천문과 지리, 역수에 밝았고 역시 초서에 뛰어나 그를 '草賢'으로 불렸음.(《太平廣記》 書 崔瑗)

1041

사안謝安은 쇄금碎金이라 불렸으니 모두가 기이한 인물이요,
육기陸機는 적옥積玉이라 불렸으니 과연 진기한 보물이었다.

「謝安石之碎金, 悉爲異物;
　陸士衡之積玉, 總屬奇珍.」

【謝安石】동진 謝安은 자가 安石이며《晉書》謝安傳에 桓溫이 그의 〈簡文帝 諡議〉를 보고 좌우에게 "此安石碎金也"라 칭찬함.

【陸士衡】陸機는 자가 士衡이며《晉書》陸機傳에 "陸機文猶玄圃之種玉, 無非 夜光"이라 함.

1042

소실산少室山의 집구集句가 가장 아름다워 '편전편옥'片箋片玉이라 하였고,
복선사福先寺의 비문은 외울 만하니 한 글자가 비단 한 필 값이로다.

「少室山集句最佳, 片箋片玉;
　福先寺碑文可誦, 一字一縑.」

【少室山】원래 嵩山의 한 봉우리. 당대 李嶠가 〈少室山記〉를 짓자 사람들이
그 글은 '종이마다 옥과 같다'(片箋片玉)라 평함.(《唐詩紀事》)

【福先寺】당나라 재상 裴度가 福先寺라는 절을 중수하고 白居易에게 비문을
부탁하려고 하였다. 그러자 皇甫湜이 곁에 "황보식을 두고 어찌 멀리 백거이를
찾고 있소?"(何近舍皇甫湜, 而遠取居易)라 하면서 술 한 말을 마시고는 붓을
들어 그 자리에서 완성하였다. 그러고는 "삼천 자 글자에, 한 글자에 비단
한 필이요, 그 아래는 안되오"(碑三千字, 一字一縑, 更少不得)라 하였다 한다.
(《新唐書》皇甫湜傳) '縑'은 비단의 단위. '匹'.

1043

진림陳琳이 지은 격문檄文은 조조의 두통을 낫게 했으니 과연 '신침법구'
神鍼法灸에 해당할 만하고,

두보杜甫의 시는 학질 귀신을 쫓아낼 정도였으니 어찌 병 치료에 묘하게
제조한 단금金丹이어야만 하겠는가?

「陳琳作檄愈頭風, 定當神鍼法灸;

子美吟詩除瘧鬼, 何須妙劑金丹.」

【陳琳】'建安七子'의 하나로 자는 孔璋(?~217). 曹操 부자를 위해 많은 글을
지었으며 조조는 그의 글을 보면 곧 두통이 사라졌다 함.(《三國志》魏志
王粲傳)

【子美】杜甫(자는 子美)의 시는 학질을 낫게 하였다 함. 어떤 사람이 학질이
걸리자 두보가 "吾詩可以療之"라 하였다. 그 사람이 의아해하자 "子璋髑髏
血模糊, 手持擲還崔大夫"라 하고, 다시 "昔日太宗拳毛騧, 近日郭家獅子花"라
읊어주어 이를 외우도록 하였더니 나았다고 한다.(〈복단본〉에 《詩話》라 하였
으나 구체적인 출처와 전고, 내용 등을 알 수 없음)

1044

진덕수眞德秀의 훌륭한 대련을 보고 주자는 삼사三舍쯤 물러서리라 하였고,
소식蘇軾이 문단에 뛰어남에 구양수歐陽修도 오히려 일등 자리를 내주겠
다고 하였다.

「眞老藝林英, 朱夫子且退還三舍;
　蘇仙文苑雋, 歐陽公尙放出一頭.」

【眞老·朱夫子】 ‘眞老’는 眞德秀(1178~1235)를 가
리킴. 南宋의 학자로 자는 景元, 西山先生이라
불렸음. 그가 越山에 學易齋를 짓고 대문에
“坐看吳越兩山秀, 黙契羲文千古心”이란 對聯
을 붙여놓았다. 뒤에 朱熹(1130~1200)가 이를
보고 “吾且當避此老三舍”라 하였다.(《名賢集》)
‘三舍’란 군대가 후퇴함을 뜻함.(《左傳》 僖公
23년) ‘舍’는 30리, 혹은 옛날 군대의 하루
행군 거리라 함. 뒤에 남에게 양보함을 가리
킴. ‘藝林’은 學界를 뜻함.

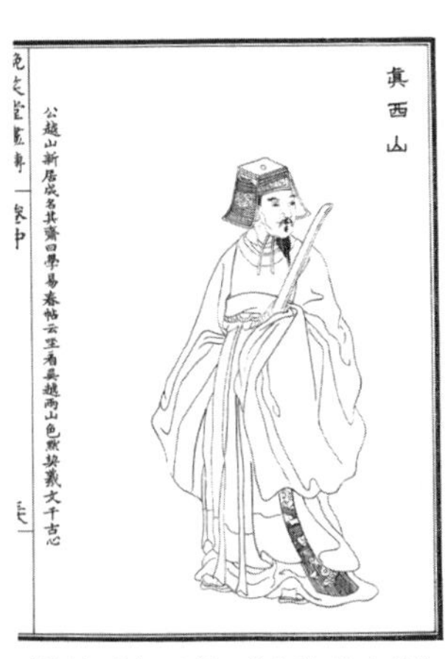

〈眞德秀(西山)〉《晚笑堂畫傳》

【蘇仙文苑雋, 歐陽公】 ‘蘇仙’은 蘇軾을 가리킴. 宋 嘉祐 2년(1057)에 歐陽修가
과거를 주관할 때 시험관 梅聖兪가 소식의 답안지 〈刑賞忠厚之至論〉을
구양수에게 가지고 오자 읽어보고는 대단히 놀라면서도 혹시 자신의 문인
曾鞏의 문장이 아닌가 여겨 소식을 2등으로 합격시켰음. 그러나 다시 春秋
對策의 시험에서는 역시 소식이 일등을 하자 매성유에게 “내 이 사람을
위해 제 일등 자리를 피해주어야겠소”(吾當避此人出一頭地)라 함.(《宋史》 蘇軾傳,
1049 참조)

〈文事〉편 '續增' 9聯

○「伏羲畫八卦而文籍生, 劉歆陳七略而文藝備.」

○「五經皆治世之言, 六書爲造字之本.」

○「許叔重著說文, 稱小學之泰斗;
　　司馬遷作史記, 開歷世之先河.」

○「諸子百家, 學說互異; 九流三敎, 派衍不同.」

○「經學以說經爲歸, 向分漢宋;
　　理學以窮理爲主, 亦別朱王.」

○「作文當學司馬遷, 作詩當學杜子美.」

○「和聲鳴盛, 王漁洋雅擅詩才;
　　績學參微, 梅文鼎允精曆算.」

○「大學敎人, 格致獨闕; 西法輸入, 理化乃明.」

○「文字則中西有別, 習中文兼及西文;
　　學術則中外互殊, 通西學毋忘中學.」

27. 과제 科第

❋ 본 장은 과거제도를 통한 인재 등용과 개인에 있어서의 급제와 낙제, 그리고 과거 시험에 얽힌 많은 일화와 고사를 모아 설명하고 있다.(총 28연)

〈校書圖〉 閻立本(그림)

1045

선비가 학관에 입학하는 것을 '유반'游泮, 또는 '채근'采芹이라 하며,
선비가 과거에 급제함을 '석갈'釋褐, 또는 '득준'得儁이라 한다.

「士人入學曰游泮, 又曰采芹;
　士人登科曰釋褐, 又曰得儁.」

【游泮】 학관에 들어가 생원이 됨을 뜻함.《詩經》魯頌 泮水에 "思樂泮水,
薄采其芹"이라 함. 주나라 때 대학을 '泮宮'이라 하였음.
【釋褐】 진사에 급제함을 말함. 布衣를 벗고 관리의 복장으로 바꾸어 입음.
《事物紀原》學校貢擧部 釋褐에 의하면 宋 太平興國 2년(977) 呂蒙正이 등제
후에 정례화되었다 함.
【得儁】 준수한 인물의 명예를 얻음.

1046

'빈흥'賓興은 이미 대비大比를 치른 자에게 베풀어주는 잔치요, '현서'
賢書는 과거에 녹취된 자들의 문장을 묶어 책으로 펴낼 때의 명단이다.

「賓興旣大比之年, 賢書乃試錄之號.」

【賓興】지방관이 과거에 응하는 자를 위해 열어주는 잔치.(《周禮》地官 大司徒) 주나라 때는 매번 3년에 한 번씩 관리를 선발하였으며 이를 '大比'라 함. (《周禮》地官 鄕大夫)

【賢書】합격자 명단을 말함. 이 명단을 나라에 바쳐 추천함.(《周禮》鄕大夫)

【試錄】鄕試와 會試를 치른 후 좋은 답안지를 묶어 책으로 만드는 것을 말하며 明初에 시작되었다 함. 혹 '程文'이라고도 함.(《通俗編》仕進) 청나라 때도 계속 이어져 이를 '闈墨'이라 함.(《淸會典事例》禮部 貢擧)

1047

'녹명연'鹿鳴宴은 문과에 급제한 자들을 위로하는 잔치요,
'응양연'鷹揚宴은 무과에 급제한 자들을 대접하는 잔치이다.

「鹿鳴宴, 款文榜之賢;
　鷹揚宴, 待武科之士.」

【鹿鳴宴】文科고시 합격자와 考官을 위하여 여는 잔치. '鹿鳴'은 《詩經》 소아의 편명으로 천자가 빈객을 모셔 여는 잔치를 노래한 것으로 이에 비유하여 붙여진 이름.(《新唐書》選擧志 上)

【鷹揚宴】무과 향시에 급제한 자와 고관을 위하여 여는 잔치. '鷹揚'은 역시 《詩經》 대아 大明에 "維師尙父, 時維鷹揚"에서 유래된 것으로 威武를 뜻함.

1048

구양수가 답안지를 채점할 때 붉은 옷을 입은 자가 나타나 고개를
끄덕였고,
　경학이 이미 밝혀짐을 청자 옷을 입은 자가 땅에 떨어진 겨자를 줍는
것과 같다 하였다.

「文章入式, 有朱衣以點頭;
　經術旣明, 取靑紫如拾芥.」

【朱衣】歐陽修가 시험을 주관할 때 매번 채점 중에 뒤에 붉은 옷을 입은
　자가 나타나 합격될 자에게 고개를 끄덕였는데 뒤를 돌아보면 보이지
　않았다 함. 이에 그의 시에 “唯願朱衣一點頭”라 하였으며, ‘朱衣使者’는
　합격을 점쳐주는 신으로 여겼음.(《天中記》 38에 인용된 《侯靖錄》)
【經術】경학을 뜻함.《後漢書》 儒林傳序에 “及光武中興, 愛好經術, 未及下車,
　而先訪儒雅, 采求闕文, 補綴漏逸”이라 함.
【靑紫】고대 公卿의 복장 색깔. 漢나라 夏侯勝이 “士病經術不明, 苟明之, 取靑
　紫如俯拾地芥耳”라 함.

1049

그 집안에서 첫 합격자가 나왔을 때 이를 일러 ‘파천황’破天荒이라 하고,
선비가 여러 사람 중에 선발됨을 일러 ‘출두지’出頭地라 한다.

「其家初中, 謂之破天荒;
　士人超拔, 謂之出頭地.」

【破天荒】당대 荊州에서는 매번 향시 수석합격자를 중앙으로 보냈으나 한 번도 급제생을 내지 못하였다. 그래서 그곳에서 온 자를 '天荒解'라 불렀다. ('천황'은 천지가 아직 분화되지 아니한 상태, '解'는 解元, 즉 향시 수석합격자) 그런데 劉蛻란 자가 형주의 해원으로 처음 합격하여 이를 '파천황'이라 불렀다 함. 孫光憲《北夢瑣言》(4)에 "荊州每歲解送擧人, 多不成名, 號曰 天荒解, 至劉蛻舍人, 以荊解及第, 謂破天荒"이라 하였고, 蘇軾 시에 "滄海何 曾斷地脈, 朱崖從此破天荒"이라 함.
【出頭地】과거에서 답안지가 일등으로 평가받음을 뜻함.(1044 참조)

1050

　장원狀元에 합격함을 일러 '독점오두'獨占鰲頭라 하고, 해원解元에 합격함을 '명괴호방'名魁虎榜이라 한다.

「中狀元曰獨占鰲頭, 中解元曰名魁虎榜.」

【鰲頭】오두는 궁궐에 조각해놓은 昇龍과 巨鰲(자라 모양)의 돌. 장원으로 합격한 자를 뜻함. 천자가 狀元(1등)과 榜眼(2등)을 접견할 때 장원은 한 발 앞으로 나가 궁전 정중앙의 鰲頭에 서서 만남. 이에 '獨占鰲頭'라 함.(《北江 詩話》3)
【解元】鄕試를 '解試'라고도 하며 이에 수석한 자를 '해원'이라 하고 이를 중앙으로 보내는 것을 '解送'이라 함.(《明史》選擧志 1)

【虎榜】 '龍虎榜'의 줄인 말. 같은 시험에 여러 뛰어난 자가 함께 합격함. 唐代
　歐陽詹, 韓愈, 李觀 등 명사들이 동년에 진사에 함께 합격함.(《新唐書》歐陽
　詹傳)

1051

　경림원瓊林苑에서 직접 잔치를 내려 준 것은 송宋 태조太宗가 처음 시작한
것이요,
　황제가 직접 시험장에 나와 책策을 질문한 것은 송宋 신종神宗 때 시작
되었다.

「瓊林賜宴, 宋太宗之伊始;
　臨軒問策, 宋神宗之開端.」

【瓊林賜宴】 송 태종(趙匡義)이 瓊林苑(궁궐 花苑 이름)에서 진사 합격자들을
　불러 잔치를 열어주었음. 徽宗 때는 '辟雍'으로 옮겨 열었으며 瓊林宴은 폐지
　되었다 함.(《澠水燕談錄》)
【臨軒問策】 황제가 직접 고사장에 와서 策文을 질문하는 것. 송 神宗(趙頊)이
　처음 실시했다 함.(《名臣言行錄》呂公著) '臨軒'은 임금이 직접 나섬을 뜻함.

1052

같은 해 같은 시험에 합격한 사람끼리 동년同年이라 하고,
고시를 주관하는 최고 책임자를 '좌주'座主라 한다.

「同榜之人, 皆是同年;
　取中之官, 謂之座主.」

【同年】같은 해에 함께 합격한 사람끼리 부르는 말. '동방'과 같음.(《唐國
　史補》下)
【座主】고시를 주관하는 최고 책임자. 主試官, 혹 主考官을 가리킴. '座師'
　라고도 함.

1053

시험에 응시하였다가 낙방함을 일러 '용문점액'龍門點額이라 하고,
진사進士에 급제함을 일러 '안탑제명'雁塔題名이라 한다.

「應試見遺, 謂之龍門點額;
　進士及第, 謂之雁塔題名.」

【見遺】 과거에 낙방함을 뜻함.
【龍門點額】 ‘龍門’은 지명, 잉어가 용이 된다는 급류.(《水經注》河水) ‘點額’은
잉어가 이마만 점을 찍고 오르지 못하고 물러섬.(梁 元帝〈東宮薦石門侯啓〉)
【雁塔】 唐나라 韋肇가 급제하자 慈恩寺로 가서 그곳 雁塔에 자신의 이름을
써서 붙였다 함. 그 뒤 中宗 때 이것이 관례가 되어 진사에 오른 자들이
조정 연회가 끝난 후 함께 안탑으로 가서 글씨를 제일 잘 쓰는 자가 이름을
모두 써서 붙였다 함.(王定保《唐撫言》慈恩寺題名游賞賦詠雜記)

1054

과거에 등제함을 축하할 때 ‘영응악천’榮膺鶚薦이라 하고,
향시나 회시의 시험장에 들어가는 것을 ‘오전극위’鏖戰棘圍라 한다.

「賀登科, 曰榮膺鶚薦;
　入貢院, 曰鏖戰棘圍.」

【榮膺鶚薦】 ‘膺’은 ‘受’와 같음. ‘鶚’은 물수리. ‘鷙(수리) 백 마리가 악 한 마리만
못하다’의 뜻. 漢代 孔融이 어린 禰衡을 추천하면서〈薦禰衡表〉에서 “鷙鳥
累百, 不如一鶚. 使衡立朝, 必有可觀”이라 함.(《後漢書》文苑傳)
【貢院】 鄕試나 會試를 실시하는 장소.
【鏖戰棘圍】 고시장이 전쟁터와 같음을 비유한 것. ‘鏖’(오)는 무기, ‘棘’은 가시
나무. 무기로 싸우고 가시나무로 에워쌈.(《通典》選擧 3)

1055

　궁전에서 합격자 이름을 부르는 것을 '전려'傳臚라 하고, 향시와 회시를 끝내고 울타리를 치우는 것을 '철극'撤棘이라 한다.

「金殿唱名曰傳臚, 鄕會放榜曰撤棘.」

【金殿】 궁전을 뜻함.
【傳臚】 황제가 친히 참가한 가운데 진사 급제의 이름을 부르는 의식.(趙昇 《朝野類要》 唱名)
【鄕會】 '鄕試'는 명청대에 3년 1회씩(子, 午, 卯, 酉) 省별로 거행되던 고시이며, '會試'는 역시 3년 1회(진, 술, 축, 미) 서울에서 거행되던 고시.
【撤棘】 과거 시험장(공원)의 보안을 위하여 둘레에 가시나무를 둘러쳤으며 시험이 끝나고 이를 제거함. 이를 '철극'이라 함.

1056

　'반선계'攀仙桂, '보청운'步靑雲이란 모두가 영광스러운 합격을 말하는 것이요,
　'손산외'孫山外, '홍륵백'紅勒帛이란 무도가 방에 이름이 없어 낙방했음을 뜻하는 말이다.

「攀仙桂·步靑雲, 皆言榮發;
　孫山外·紅勒帛, 總是無名.」

【攀仙桂】 진사에 합격함. '折桂'라고도 함.《晉書》郤詵傳에 극선이 賢良科에
급제하고 나서 晉 武帝가 축하하자 극선은 "臣擧賢良對策, 爲天下第一, 猶桂
林之一枝, 崑山之片玉"이라 함.
【步靑雲】 청운의 뜻을 펼치게 됨. '청운'은 관직에 올라 현달하여 꿈을 이룸을
뜻함.《史記》范雎蔡澤列傳에 "賈不意君能自致於靑雲之上"이라 함.
【孫山外】 과거에 낙방함을 뜻함. 唐나라 때 吳 땅의 孫山이 같은 마을 周生
과 함께 응시하고 나서 합격자 명단을 보았더니 손산은 꼴찌였고 주생은
이름이 없었음. 주생의 아버지가 손산에게 자신의 아들의 합격여부를 묻자
손산은 "解名(합격자의 이름)이 끝나는 곳에 손산이 있었고, 그대 아드님의
이름은 손산 밖에 있더이다"(解名盡處是孫山, 賢郎更在孫山外)라 대답했다 함.
(范公偁《過庭錄》)
【紅勒帛】 붉은 색으로 칠해버린 답안지. 불합격을 뜻함. 송대 劉幾라는 사람은
글을 짓되 險怪한 용어를 많이 써서 歐陽修가 몹시 혐오하고 있었는데 그가
과거에 응시했을 때 마침 시험주재관이 되자 채점에 이 답안지를 발견
하고는 붉은 먹으로 횡으로 전체를 그어 불합격시켜 버림.(《夢溪筆談》人事)

1057

'영웅이 내 활 시위 사정권에 들어왔다' 함은 당唐 태종太宗이 훌륭한
선비를 얻어 기뻐서 한 말이요,
　'도화꽃 이화꽃이 춘관에 속한다'라 한 것은 유우석劉禹錫이 제자들의
합격을 축하한 말이다.

「英雄入吾彀, 唐太宗喜得佳士;
　桃李屬春官, 劉禹錫賀得門生.」

【吾彀】당 태종이 과거시험 제도를 부활시키면서 인재를 얻자 즐거워하여
　한 말. 彀는 활을 당겨 사정거리 안에 있음을 말함.(1017 참조)
【桃李】후배나 새로운 합격생을 뜻함. 과거시험은 禮部(春官)에서 관장하였
　으며 그 봄날에 도리가 만발하듯 禮部에서 훌륭한 인재를 많이 배출하거나
　합격시킴을 뜻함. 劉禹錫의 〈答王侍郎放榜〉에 "禮闈新榜動長安, 九陌人人
　走馬看. 一日姓名遍天下, 滿城桃李屬春官"이라 하여 축하함. 한편 《韓詩
　外傳》(7)에 "夫春樹桃李者, 夏得蔭其下, 秋得其實; 春樹蒺藜者, 夏不可採
　其葉, 秋得其刺焉"이라 함.

1058

'신'薪은 땔나무를 하는 것이요, '유'樆는 나무를 쌓아둠이니 문왕文王이
인재를 육성함을 찬미한 것이다. 그러므로 시험보는 선비를 일러 '신유지전'
薪樆之典이라 한다.
　'휘'彙는 같은 무리요, '정'征은 나아감이니 이는 계속 선발하여 함께
나가게 함을 상징한 것이다. 그러므로 어진 이를 추천하는 것을 '휘정
지도'彙征之途라 한다.

「薪, 採也, 樆, 積也, 美文王作人之詩,
　故考士謂之薪樆之典;
　彙, 類也, 征, 進也, 是連類同進之象,
　故進賢謂之彙征之途.」

【薪·槱】 ‘薪’은 ‘땔나무를 하다’, 유(槱)는 ‘나무를 쌓아놓다’의 뜻. 周 文王이
인재를 많이 육성하였음을 찬미한 것.《시경》大雅 棫樸에 “芃芃棫樸, 薪之
槱之. 濟濟辟王, 左右趣之”라 함. ‘作人’은 ‘인재를 키우다’의 뜻.《시경》같은
곳에 “遐不作人”이라 함.
【彙·征】 ‘彙’는 같은 종류끼리 모임을, ‘征’은 멀리 나감을 뜻함.《周易》泰卦
에 “拔茅茹, 以其彙, 徵吉”이라 하여 띠 풀은 계속 뽑아도 연달아 나는 것
처럼 인재가 끊임없이 배출됨을 뜻함.(1297 참조)
【進賢】 어질고 똑똑한 자를 추천함.《國語》晉語(9)에 “獻能而進賢”이라 함.
《禮記》大運 大同의 “選賢與能”과 같음.

1059

‘영웅을 속였도다’賺了英雄란 낙제한 사람을 위로하는 말이요,
 ‘남의 문에 붙어산다’傍人門戶 함은 선비로 기댈 데가 없음을 불쌍히 여겨
하는 말이다.

「賺了英雄, 慰人下第;
 傍人門戶, 憐士無依.」

【賺了英雄】 남의 불합격을 위로하는 말. ‘잠’(賺)은 ‘속이다’의 뜻. 영웅을 속여
白頭가 되도록 과거에 매달리게 함을 뜻함.《唐摭言》述進士에 “太宗黃帝
眞長策, 賺得英雄盡白頭”라 함.
【傍人門戶】 낙방생의 안타까움을 뜻함. 남의 문에 붙어사는 주제라는 뜻.
원래 설날 문 양쪽에 桃符와 艾人(091 참조)을 걸어 귀신을 쫓는 풍습이
있었는데 어느 날 이 둘이 서로 자신의 氣가 세다고 말다툼을 벌이자

門神이 말리면서 "우리는 모두 불초하기 그지없는 자이다. 남의 문에 붙어
살면서 어찌 한가하게 잘났느니 하고 다툴 겨를이 있겠는가?"(吾輩不肖, 方傍
人門戶, 何暇爭閑氣耶)라 하였다 함.(蘇軾《東坡志林》권12)

1060

비록 그렇기는 하나 뜻을 가진 자는 끝내 성공을 이루는 법이니, 영화의
날이 오고야 말 것임을 멍청한 듯이 기다린 것이다.
단약을 만드는 자는 불길이 그만큼 오르기를 기다려야 하니, 어찌 불을
지피고 애써 노력한 공을 아깝다 하겠는가?

「雖然, 有志者事竟成, 佇看榮華之日;
　成丹者火候到, 何惜烹煉之功.」

【有志者事竟成】뜻 있는 자는 끝내 성공함. 이는 한 光武帝가 耿弇에게 한 말.
(《後漢書》耿弇傳)
【成丹者火候到】煉丹(고대 五石을 제련하여 丹藥을 만드는 일)은 높은 화력과
긴 시간이 필요하여 반드시 오랜 시간에 높은 온도를 기다려야 함. 黃宗羲의
〈錢退山詩文序〉에 "以才識涵濡蘊蓄, 更當俟之以火候"라 하여 학문도 이와
같음을 비유한 것.

▶ 增文

1061

합격자의 명부를 '옥순'玉筍이라 하고, 그들에게 내린 축하의 떡을
'홍릉'紅綾이라 한다.

「班名玉筍, 餠是紅綾.」

【玉筍】 옥 죽순. 훌륭한 합격자를 적은 명부를 말함. 唐 李宗閔이 고시관이
었을 때 당시 명사가 거의 모두 합격하여 이들을 "玉筍班"이라 불렀음.
(《新唐書》李宗閔傳) '班'은 班列, 즉 합격자들의 명단을 말함.
【紅綾】 붉은 비단. 이 비단으로 싼 떡을 '紅綾餠'이라 하였다. 唐 僖宗이
興慶池에서 배를 띄워 뱃놀이를 하면서 떡을 먹고 있을 때 마침 그 옆 曲江
(지명)에서 새로 합격한 진사들이 역시 연회를 하고 있음을 듣고 먹던 떡을
준비시켜 매 사람마다 하나씩 붉은 비단에 싸서 하사하였음. 뒤에 徐濱이
"莫欺老殘缺牙齒, 曾吃紅綾餠餤來"라는 시를 남김.(《洛中記異》)

1062

'공수분향'貢樹分香이란 합격자 중에 앞으로 경상卿相이 될 자가 있을
것임을 말하는 것이요,
'천가연수'天街軟繡는 합격한 젊은이를 보기 위해 사람들이 거리로 몰려
나옴을 말한다.

「貢樹分香, 預卜他年卿相;
　天街軟繡, 爭看此日郎君.」

【貢樹分香】합격한 젊은이들 중에는 뒤에 卿相이 될 자가 분명히 있다는 뜻. 이들을 우선 '白衣卿相'으로 불렀음.(《書言故事》 8에 인용된 《通典》) '공수 분향'은 과거(공거)에 합격하여 그 영광(향)을 나누어 가진 자들. 殷文圭의 〈啓〉에 "貢樹分香, 折枝分艶"이라 함.
【天街軟繡】'天街'는 서울의 거리. 천자가 사는 거리라는 뜻. '軟繡'는 번화한 서울의 부드럽고 좋은 비단 옷을 입은 많은 사람들. 이들이 이날 진사과에 합격한 젊은이(郎君)를 遊街시키는 행렬을 보기 위해 거리로 몰려나옴.

1063

강동江東의 나은羅隱 같은 자가 얼마나 많겠으며, 회우淮右의 온기溫岐 같은 경우도 적지는 않으리라.

「江東之羅隱何多, 淮右之溫岐不少.」

【羅隱】당말 인물(833~909)로 江東(杭州) 출신. 본래 이름이 '羅橫'이었으나 열 번이나 낙방하자 이름을 '羅隱'으로 바꾸고 '江東生'이라 自號하며 시와 글로 이름을 날렸음. 서울에서 이곳에 사신이 오면 사람들이 "江東生을 만나 보지 않겠습니까?"라고 물었으며, 그 때는 당연히 그 이름을 알면서도 "알지 못합니다. 이름도 듣지 못했습니다. 합격자 명단에 이름이 없었으니까요" (爲金榜上無名耳)라 대답했다 함.(《唐詩紀事》 羅隱, 《唐才子傳》)

【溫岐】溫庭均(약 812~870). 원래 이름이 '溫岐'였으며 자는 飛卿, 당말 시인
이며 詞人으로 李商隱과 병칭됨. 淮右는 淮西. 지금의 안휘성 부근 淮水의
서쪽 지역. 이곳에 온정균이 당시 중신 令狐綯에게 큰 죄를 지어 이곳에 귀양
와서 평생 과거에 급제하지 못한 채 살았다 함.(《唐才子傳》)

1064

개가 구멍에서 튀어나오니, 과거에 등제할 좋은 징조가 아님이 없고,
쥐가 경서를 물고 있으니, 도리어 그 책에서 문제가 출제될 길조로다.

「狗從竇出, 莫非登第休徵;
　鼠以經銜, 却是命題吉兆.」

【狗從竇出】裴元質이 진사 시험을 보기 전날 밤에 개가 구멍에서 나오기에
활을 당겨 쏘았으나 빗나가는 꿈을 꾸어 불길하다고 여겼다. 그러자 해몽하는
자가 "第(及第의 第)자는 머리는 竹이요, 몸은 弓자이며 내리긋는 획(丨)은
화살(箭)이요, 거기에 화살이 빗나갔다(撇) 획(丿)이 있으니 합격할 것이다"
(筍(狗)者, 第字頭; 弓者, 第字身; 箭者, 第字堅; 有撇爲第)라 풀이하였다.
과연 그는 합격하였다.(《朝野僉載》)
【鼠以經銜】杜稿라는 사람이 시험을 보기 전에 큰 쥐 한 마리가 《孝經
正義》를 물고 있어 이 책을 더 보았더니 다음 날 시험에 그 책에서 3 문제가
출제되었다 함.(宋 曾敏行 《獨醒雜誌》)

1065

‘속이지 말라’不欺는 한 마디를 허리띠에 써서 평생을 지켰고,
‘충효를 실천할 자’忠孝를 구한다 했으니 진실로 그에 부응하기 어렵도다.

「不欺之語, 有可書紳;
　忠孝之求, 眞難副上.」

【不欺】宋代 賈黯이 장원으로 급제하고 鄧州로 돌아가서 당시 등주를 다스
리고 있던 范仲淹에게 평생 간직할 말을 달라고 하자 “현달하지 못함을
걱정하지 말고, 오직 ‘속이지 않음이라는 두 글자만’을 실천하라”(“君不憂不顯,
惟不欺二字, 可終身行之”라 하였다.(《聞見錄》) ‘書紳’은 허리띠에 글씨를 써서
잊지 않을 것을 기약함. 《論語》 衛靈公篇에 “子張問行. 子曰:‘言忠信, 行篤敬,
雖蠻貊之邦, 行矣. 言不忠信, 行不篤敬, 雖州里, 行乎哉? 立, 則見其參於前也,
在輿, 則見其倚於衡也, 夫然後行.’ 子張書諸紳”이라 함.
【忠孝】宋 仁宗은 인재 선발에 매우 신중하여 皇祐 5년(1053) 시험에서 이름을
발표하기 전날 향불을 피우며 “충효를 실천할 자가 합격되게 해 주소서”
(願得忠孝狀元)라 빌었음. 이튿날 그 장원은 鄭獬였는데 이를 알고 나서 정해는
〈謝及第啓〉라는 글에서 “何以副上心, 忠孝之求是也”라 함. ‘副上’은 임금의
마음에 부응함. 딱 들어맞음을 뜻함.

1066

손씨孫氏와 송씨宋氏는 형제가 나란히 장원에 급제하였고, 양씨梁氏와
장씨張氏 부자는 모두가 영광스러운 급제를 하였다.

「孫宋則弟兄俱貴, 梁張則喬梓皆榮.」

【孫】孫何, 孫僅 형제. 이들은 모두 宋 咸平 원년(998)과 이듬해 차례로 장원
  으로 합격하여 당시 大狀元, 小狀元으로 불렸음.(《澠水燕談錄》)
【宋】宋郊와 宋祁 형제. 동시에 합격하였지만 그 중 아우 송기가 장원을
  하자 章憲太后가 아우가 앞설 수 없다 하여 둘 모두에게 장원을 주었으며
  大宋, 小宋으로 불림.(《宋史》 宋祁傳, 295 참조)
【梁張】송나라 梁灝와 그 아들 梁固 父子, 그리고 張去華와 아들 張思德
  부자가 모두 차례로 장원으로 급제하여 사람들의 칭송을 들음.(《夢溪筆談》)
【喬梓】'父子'의 다른 말. '橋梓'로도 쓰며 아버지와 아들을 뜻함.(213, 259 참조)

1067

구름을 만나 지느러미를 드날리니 어찌 못 속에 머물고 있을 용이겠으며,
풍우를 끼고 꼬리를 태우니 이는 바다 밑에서 생을 마칠 물고기가
아니로다.

「得雲雨而揚鬐, 豈是池中之物;
  挾風雷而燒尾, 非終海底之魚.」

【池中之物】연못에 그대로 머물 사람이 아님. 雲雨를 만나면 용으로 승천할
  사람임을 말함.《三國志》 蜀志 龐德傳에 "劉備非久屈於人下者, 恐蛟龍得雲雨,
  終非池中物也. 備聞之曰: 天下智謀之士, 所見略同"이라 함.(687, 1259 참조)

【海底之魚】바다 밑에 그대로 있을 물고기가 아님. 용문을 올라 용이 될 인물을 말함.(孔平仲 《孔氏談苑》) '燒尾'는 용이 龍門을 넘어설 때 번개가 그 꼬리를 태워 힘을 보태주어야 뛰어넘는다 함.(魚躍龍門, 化爲龍時, 必雷 爲燒尾, 乃得化龍) 한편 封演의 《封氏聞見記》(5)에 "士子初登榮進及遷除, 朋僚慰賀, 必盛置酒饌音樂, 以展歡宴, 謂之燒尾"라 함.

1068

명원名園을 돌아다니며 누가 탐화探花의 임무를 맡을까?
함께 용주 경주를 구경하면서 누가 금표를 빼앗아 돌아왔는가?

「遍歷名園, 孰作探花之使;
　同觀競渡, 誰爲奪錦之人.」

【探花之使】당나라 때 진사에 합격한 자들이 杏園에 모여 '探花宴'이라는 잔치를 벌였다. 그 때 최연소자 두 사람을 뽑아 그 꽃밭에서 먼저 좋은 꽃을 꺾어오는 놀이를 하여 이것이 풍속이 되었음.(《秦中歲時記》)
【奪錦之人】盧肇와 黃頗 둘은 모두 宜春 사람이었다. 함께 과거를 보러 떠날 때 군수가 부잣집인 황파만 전별식을 해주었음. 그러나 이듬해 노조가 장원급제를 하고 돌아와 마침 단오의 龍舟大會가 벌어져 군수와 함께 이를 구경하게 된 노조가 "용군은 믿을 수 없다고 알려졌지만, 과연 그래도 금표를 빼앗아 돌아오도다"(報道是龍君不信, 果然奪得錦標歸)라는 글을 지어 군수에게 보이자 군수가 아주 부끄러워했다 함.(《古今詩話》) 여기서 '용군'은 용주 대회의 水神, 의춘 군수를 빗댄 것. 그리고 '금표'는 용주대회 우승한 자에게 주는 비단, 동시에 자신의 장원급제를 重義로 표현한 것임.

1069

오늘의 하찮은 우모羽毛이지만 언젠가는 육핵六翮을 펄럭일 날을 기다리도다.

지난 날의 고생을 생각하면 처음의 각오를 저버릴 수 없도다.

「此日羽毛, 佇看振翮;

　昔年辛苦, 莫負初心.」

【振翮】六翮을 펄럭임. '육핵'은 고니 같은 큰 새의 옆구리 근육으로 큰 물체를 움직이는 대단한 힘을 비유함. 《說苑》尊賢篇, 《韓詩外傳》(6), 《新序》(1) 등에 "鴻鵠高飛遠翔, 其所恃者六翮也, 背上之毛, 腹下之毳, 無尺寸之數, 去之滿把, 飛不能爲之益卑; 益之滿把, 飛不能爲之益高. 不知門下左右客千人者, 有六翮之用乎? 將盡毛毳也"라 함.

【莫負初心】처음 품었던 의지를 저버리지 않음. 당대 어떤 이가 시험장의 감회를 "梧桐葉落井停蔭, 鎖閉朱門試院深. 曾是昔年辛苦地, 不將今日負初心"이라 읊음.(《中嵐齋記》)

1070

따뜻이 입고 배부르게 살겠다고 급제한 것이 아니니, 귀한 집안 청혼도 사양하였다.

「莫存溫飽之志, 還辭貴戚之婚.」

【溫飽】안락하게 편히 삶을 뜻함. 北宋 王曾이 省試와 廷試에 모두 일등으로 합격하자 한림학사 劉子儀가 "장원을 세 번 하면 일생은 먹고 입는 것은 보장되지"(狀元試三場, 一生吃著不盡)라고 하자, 대뜸 "曾平生之志, 不在溫飽"라 쏘아 붙였다 함.(《宋名臣言行錄》,《東軒筆錄》) 한편 '溫飽'는 《論語》學而篇에 "子曰: '君子食無求飽, 居無求安, 敏於事而愼於言, 就有道而正焉, 可謂好學也已.'"라 하였으며,《孟子》滕文公(上)에 "人之有道也, 飽食煖衣, 逸居而無敎, 則近於禽獸. 聖人有憂之; 使契爲司徒, 敎以人倫: 父子有親, 君臣有義, 夫婦有別, 長幼有序, 朋友有信"이라 함.
【貴戚】北宋 馮京이 鄕試부터 殿試까지 모두 장원을 계속하자 당시 외척 張堯佐가 이를 사위로 삼고자 강제로 납치하여 주안상을 차려놓고 자신의 딸을 보여주었지만 끝까지 거절하였다 함.(《宋史》馮京傳)

1071

추양鄒陽의 상서에 명월주를 밤에 던지면 칼을 만지며 경계하는 일이 벌어진다 하였고,
당나라 고섬高蟾은 급제하기 전 '가을 강물의 부용아, 봄바람 원망하지 말라' 하였다.

「鄒子爲書, 明月空遭按劍;
　高公未第, 秋江自怨芙蓉.」

【鄒子】한초의 鄒陽. 처음 吳王(劉濞)을 섬겨 그에게 반란을 권유했으나 거절하자 梁孝王에게 찾아감. 그러나 그에게 죄를 얻고 옥에 갇히자 〈獄中上梁王書〉를 지어바침. 그의 이 글에 "明月之珠, 夜光之璧, 以暗投於道, 莫不按劍相眄者, 何也? 無因而至前也"라 함.(《史記》魯仲連鄒陽列傳, 685 참조)

【高公】당나라 高蟾. 그는 급제하기 전에 "天上碧桃和露種, 日邊紅杏倚雲栽. 芙蓉生在秋江上, 莫向春風怨未開"라 하여 때가 되지 않았음을 자위함.(《全唐詩話》高蟾,《唐才子傳》)

1072

낙방한 자는 해마다 가련함을 참아야 하고, 떨어져도 용기를 잃지 않는 자는 해마다 웃음으로 자위하도다.

「青衫則歲歲堪憐, 金線則年年自笑.」

【青衫】계속 낙방하여 푸른 적삼을 입고 있어 '釋褐'하지 못한 학자의 신분으로 있음. '청삼'은 '青襟', '青衿'으로도 쓰며 학생을 뜻함.《詩經》鄭風子衿에 "青青子衿"의 毛傳에 "青衿, 青領也, 學生之所服"이라 함.

【金線】과거에 떨어져도 다시 활달한 기상으로 바꾸어 생활을 영위함. '金線'은 바느질을 뜻함. 秦韜玉의 〈貧女〉 시에 "苦恨年年壓金線, 爲他人作嫁衣裳"이라 하자 石曼卿은 이 시를 바꾸어 "年去年來來去忙, 爲他人作嫁衣裳. 仰天大笑出門去, 獨對同風舞一場"이라 하여 낙제의 비통함을 풀 것을 읊었다 함.

〈科制〉편 '續增' 6聯

○ 「選擧之法, 備於周; 科第之名, 興於漢.」

○ 「魏晋重門資, 官皆望族; 隋唐尙詩賦, 士盡浮華.」

○ 「宋以經義取士, 弊在廢古而求新;
　 明以制藝取才, 弊在騖虛而忘實.」

○ 「淸初試博學宏儒, 徒飾承平;
　 淸季開經濟特科, 虛談實學.」

○ 「曾胡以詞林平亂, 科目中, 亦有人才;
　 龔魏以會試落名, 文字緣, 寧關司命.」

○ 「潘文恭再宴瓊林, 祖孫重及第;
　 太平國亦開蕊榜, 男女兩狀元.」

28. 제작製作

❋ 본 장은 인간이 발명한 각종 유형, 무형의 기구에 대한 유래, 그리고 그에 관한 일화와 고사 등을 모아 설명하고 있다.(총 27연)

〈鼓車〉 모형 (晉)

1073

상고시대에는 결승結繩으로 사건을 기록하였으나, 창힐蒼頡이 글자를
만든 다음 결승을 대신하였다.

「上古結繩記事, 蒼頡制字代繩.」

【結繩】 문자가 생기기 이전 끈을 묶어 기억을 대신함.《주역》繫辭(下)에
"上古結繩而治"라 하였고《說文解字》序에 "古結繩而治,後世聖人易之以書契"
라 함.
【蒼頡】 한자를 처음 발명한 사람으로 알려짐.《說文解字》序에 "皇帝之史倉頡,
見鳥獸蹏迒之跡,知分理之可相別異也,初造書契"라 함.

1074

용마龍馬가 하수에서 그림을 지고 나오자 복희伏羲가 그림을 근거로
팔괘八卦를 그렸고,
거북이 낙수洛水에서 상서의 징표를 보여주자 대우大禹가 이를 근거로
땅을 구주九疇로 나누었다.

「龍馬負圖, 伏羲因畫八卦;
　洛龜呈瑞, 大禹因列九疇.」

【龍馬負圖】 전설에 용마가 '河圖'를 짊어지고 황하에 나타났으며 그 하도에는 55개의 음양을 나타내는 점이 있었음. 복희씨가 이를 근거로 팔괘를 그렸다 함.(《竹書紀年》 太昊庖義氏) '복희'는 고대 씨족이름으로 '宓犧', '庖羲', '庖犧', '伏戲' 등 여러 가지 표기가 있음.

【洛龜呈瑞】 大禹가 홍수를 다스린 후 거북이 洛水에 '洛書'를 등에 지고 출현하였으며 우임금이 이를 근거로 '洪範九疇'를 그에 맞추었다 함.(《竹書紀年》 帝禹夏禹氏) '구주'는 '홍범구주'를 가리킴.(《尙書》 洪範)

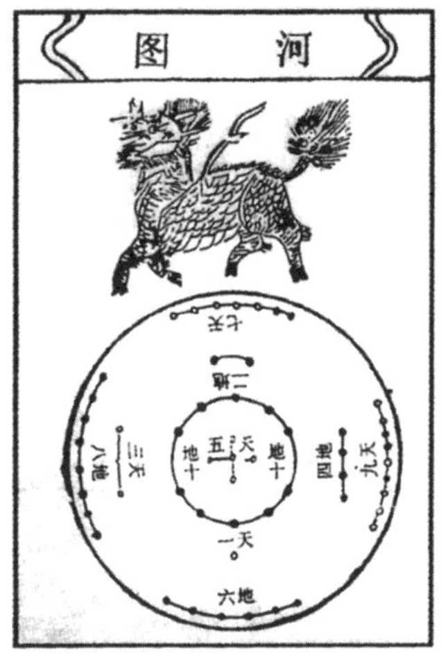
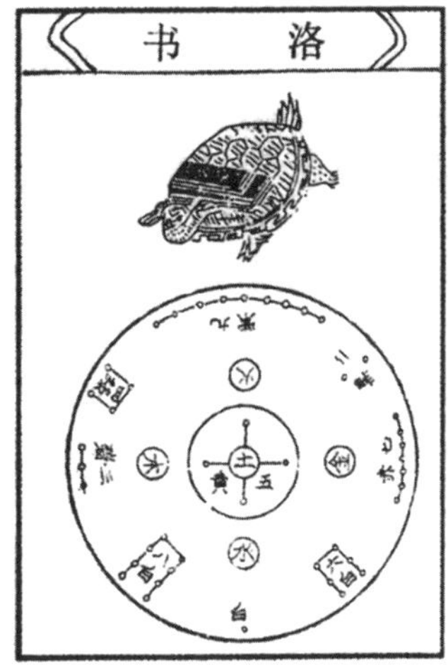

〈河圖洛書〉

1075

달력은 신농神農이 만든 것이요, 갑자甲子는 대요大撓가 처음 지은 것이다.

「曆日是神農所爲, 甲子乃大撓所作.」

【曆日】날짜 계산과 달력은 신농씨(염제)가 처음 제정했다 함.(《晉書》律曆志, 《史記》三皇本紀 補)

【大撓】'大橈'로도 쓰며 黃帝(軒轅氏) 시대의 史官. 十干(甲乙丙丁戊己庚辛壬癸) 十二支(子丑寅卯辰巳午未申酉戌亥) 십이지의 조합배수로 60갑자를 처음 만들었다 함.(《世本》作篇)

1076

셈법은 예수隸首가 만들었고, 율려律呂는 영륜伶倫이 지었다.

「算數作於隸首, 律呂造自伶倫.」

【隸首】황제 軒轅氏 시대의 관리, 혹은 노예의 수령이었다 함. 그가 처음으로 셈법을 만들었다 함.《後漢書》律曆志에 "黃帝命隸首作算數, 而律度量衡, 由是成焉"이라 함.

【律呂】음율, 고대 음악에 六律과 六呂가 있었음.(《呂氏春秋》仲夏記 古樂)

【伶倫】고대 黃帝 때의 樂官 이름.《漢書》에 "黃帝命伶倫取竹於昆侖之嶰谷, 而內孔厚薄均者, 斷其節而吹之, 以爲黃鐘之宮, 制十二管, 以聽鳳凰之鳴, 其雄鳴爲六律, 雌鳴爲六呂"라 함.(〈복단본〉 주)《十八史略》(1)에 "作舟車以濟不通, 得風后爲相, 力牧爲將. 受河圖. 見日月星辰之象, 始有星官之書. 師大撓占斗建作甲子, 容成造曆, 隸首作算數. 伶倫取嶰谷之竹, 制十二律簫, 以聽鳳鳴. 雄鳴六, 雌鳴六. 以黃鐘之宮生六律六呂, 以候氣應, 鑄十二鐘, 以和五音"이라 함.

1077

감주甲胄와 주거舟車는 헌원軒轅이 처음 창조한 것이요,
권량權量과 형도衡度도 역시 헌원씨가 처음 규약을 정하였다.

「甲胄舟車, 係軒轅之創始;
　權量衡度, 亦軒轅之立規.」

【軒轅】황제 헌원씨가 蚩尤와 涿鹿에서 싸울 때 갑옷과 투구 등 전투 무기와
배 수레 등 장비를 처음으로 만들어 썼다 함. 중국은 황제 때 문자, 율려,
의학, 산수, 갑자, 주거, 궁시, 저울, 도량형의 표준 등 일체 물건을 창작하고
창조한 것으로 널리 알려짐.(《淮南子》)《十八史略》(1)에 "蚩尤作亂, 其人銅
鐵額, 能作大霧, 軒轅作指南車, 與蚩尤戰於涿鹿之野禽之, 遂代炎帝爲天子.
土德王, 以雲紀官, 爲雲師"라 함.

1078

복희씨伏羲氏는 그물을 만들어 고기잡는 법을 가르쳐 백성의 삶이 풍부
하게 하였고,
　당唐 태종太宗은 호적冊籍을 만들어 마을 단위로 편성하여 세금과 부역을
부과할 수 있게 하였다.

「伏羲氏造網罟, 敎佃漁以贍民用;
　唐太宗造冊籍, 編里甲以稅田糧.」

【伏羲氏】 복희씨는 그물을 처음 만들어 사람들이 물고기를 잡는 법을 가르
쳤다 함.《周易》繫辭(下)에 "以佃以漁"라 함.
【唐太宗】 冊籍은 호적과 토지문서. 그리고 장정의 부역, 병역 등을 부과할 수
있도록 당 태종이 처음 제정했다 함.(《黃冊》) 그러나 이미 周代에 이 제도가
완성되었음.(《孟子》 井田法, 및 《周禮》,《左傳》 등 참조)

1079

무역貿易을 일으키고, 농기구를 만든 것은 모두가 염제炎帝가 한 일이며,
금슬琴瑟을 만들고, 결혼의 의식을 가르친 것은 바로 복희伏羲가 한
것이다.

「興貿易, 制耒耜, 皆由炎帝;
　造琴瑟, 敎嫁娶, 乃是伏羲.」

【炎帝】 신농씨는 농사와 식물(의약)에 관한 일체의 창조를 한 것으로 널리
알려졌으며 특히 야금과 목제 기구 제작 등에도 그가 처음 시작한 것으로
되어 있음. '貿易'은 물건의 교환과 시장 개념을 뜻하며, '耒耜'(뢰사)는 쟁기와
보습을 말함.《十八史略》(1)에 "炎帝神農氏: 姜姓人身牛首, 繼風姓而立,
火德王. 斲木爲耜, 揉木爲耒, 始敎耕, 作蜡祭. 以赭鞭鞭草木, 嘗百草, 始有
醫藥. 敎人日中爲市, 交易以退. 都於陳, 徙曲阜"라 함.

【伏羲】금슬의 악기를 만들었으며 혼인제도를 처음 제정함.(《竹書紀年》太昊 庖羲氏)《十八史略》(1)에 "太昊伏羲氏: 風姓, 代燧人氏而王. 蛇身人首, 始畫 八卦, 造書契, 以代結繩之政, 制嫁娶, 以儷皮爲禮, 結網罟敎佃漁, 養犧牲以 庖廚, 故曰庖犧. 有龍瑞, 以龍紀官, 號龍師. 木德王, 都於陳"이라 함.

1080

관면冠冕과 의상衣裳은 황제黃帝 때 이르러 비로소 완비되었고,
상마桑麻와 잠직蠶織은 원비元妃로부터 시작되어 널리 퍼졌다.

「冠冕衣裳, 至黃帝而始備;
　桑麻蠶織, 自元妃而始興.」

【黃帝】의복 제조를 처음 정비하였다 함.
【元妃】황제의 正妃 '嫘祖'를 뜻함. 그가 처음으로
누에의 실을 뽑아 옷감을 짜는 법을 발명하여 '蠶祖',
'先蠶'으로 불림.(《綱鑑易知錄》)

〈蠶姑嫘祖〉

1081

신농神農은 온갖 풀을 맛보고 의약醫藥의 방법을 찾아냈고,
후직后稷은 온갖 곡식을 뿌려보아 곡식을 먹고 살 수 있게 되었다.

「神農嘗百草, 醫藥有方;
　后稷播百穀, 粒食有賴.」

【神農】 의약을 처음 발명함.(《竹書紀年》 炎帝神農氏) 《搜神記》(1)에 "神農以
　赭鞭鞭百草, 盡知其平·毒·寒·溫之性, 臭味所主. 以播百穀. 故天下號神農也"
　라 함.(《太平御覽》 984에 인용된 《本草經》,《神農經》,《養生要略》, 司馬貞 補
　《三皇本紀》)
【后稷】 주나라의 시조이며 농사짓는 법을 처음으로 발명하였다 함.(《史記》
　周本紀)

1082

　수인씨燧人氏는 나무를 뚫어 불을 취하는 법을 발명하여 처음으로 음식을
익혀먹기 시작하게 되었으며,
　유소씨有巢氏가 나무를 얽어 집을 짓기 시작하여 궁실宮室이 비로소 마련
되기 시작하였다.

「燧人氏鑽木取火, 烹飪初興;
　有巢氏構木爲巢, 宮室始創.」

【燧人氏】 나무를 비벼 불을 얻는 방법을 처음으로 발명한 사람, 집단, 씨족.
　(《太平御覽》 869에 인용된 《王子年拾遺記》)
【有巢氏】 처음으로 나무를 얽어 집을 만들어 살기 시작한 사람, 집단, 씨족.
　(《韓非子》 五蠹) 한편 《十八史略》(1)에는 "人皇以後, 有曰有巢氏, 構木爲巢,

食木實. 至燧人氏, 始鑽燧, 敎人火食”이라 함. 고대에는 일반 사람의 집도
모두 ‘宮室’이라 하였음.

1083

하우夏禹가 귀신과 소통하기 위하여 종을 주조하여 교묘郊廟에 설치
하였으며,
한漢 명제明帝가 불교佛敎를 존숭하여 처음으로 중국에 사관寺觀을
세우게 되었다.

「夏禹欲通神祇, 因鑄鏞鐘於郊廟;
　漢明尊崇佛敎, 始立寺觀於中朝.」

【夏禹】 종을 만들어 처음 종묘에 설치했다 함.(《左傳》宣公 3년)
【漢明】 동한 明帝(28~75) 때 처음으로 불교가 들어왔음. 《後漢書》 西域傳에
“明帝夢金人長丈餘, 飛空而下, 訪之群臣. 傅毅曰: ‘西域有神, 其名曰佛, 陛下
所夢, 得毋是乎!’ 乃使蔡愔等往天竺國, 求得其書, 由是化流中國”이라 함. 이를
‘夢感求法’이라 함.(1158 참조) ‘中朝’는 중국을 가리키며, ‘寺觀’은 절을 뜻함.

1084

주공周公이 지남거指南車를 만들었으며, 나침반羅盤은 이를 근거로 제작한
것이다.

전악錢樂이 혼천의渾天儀를 처음 만들었으며, 역법가曆家들이 비로소 종주宗主로 삼게 되었다.

「周公作指南車, 羅盤是其遺制;
　錢樂作渾天儀, 曆家始有所宗.」

【指南車】 주공이 처음 指南車를 만들었으며 나침반(羅盤)은 이를 근거로 제작한 것이라 함.(《宋書》 禮志 五, 1077 주 참조) 《十八史略》(1)에 "交趾南有越裳氏, 重三譯而來, 獻白雉, ……周公歸之王, 薦于宗廟, 使者迷歸路, 周公錫以軿車五乘, 皆爲指南之制. 使者載之, 由扶南林邑海際, 朞年而至國. 故指南車常爲先導, 示服遠人而正四方"이라 함.

【渾天儀】 남조 송나라 錢樂이라는 사람이 처음 '혼천의'(천구의)를 만들어 역법의 계산에 활용했다 함. 孔穎達《尙書正義》에 "南宋元嘉中, 太史丞錢樂鑄銅作渾天儀"라 하였으며, 朱子는 "渾天儀, 古必有其法, 遭秦而滅, 至劉宋錢樂, 爲鑄銅作天儀, 曆家憑此以算躔度次舍, 卽璇璣玉衡之遺法也"라 함. (복단본 주)

1085

아소카 왕이 병이 들자 이로 인해 무량보탑無量寶塔을 만들기 시작하였고, 진秦나라 영정嬴政이 북쪽 흉노를 막기 위해 특명으로 만리장성萬里長城을 쌓도록 하였다.

「育王得疾, 因造無量寶塔;
　秦政防胡, 特築萬里長城.」

【育王】인도 고대의 아소카왕(Asoka. ?~B.C.232)을 가리킴. ‘阿育王’, ‘阿恕迦’ 등으로 표기하며, ‘無憂王’, ‘天愛喜見王’ 등으로 의역함. 인도 摩揭陀國 孔雀王朝 전타라굽다(旃陀羅芨多)의 손자이며 즉위 후 인도 전체를 통일함. 그 뒤 그는 늙어 병이 들자 각 지역(시리아, 이집트, 희랍)에 불교를 전파하기 위하여 힘썼으며 8만 4천 寺에 탑을 세웠다 함.(《水經注》)

【秦政】진시황. 이름은 嬴政이었음. 그가 처음으로 흉노를 막기 위해 만리장성을 쌓기 시작하였다 함. 진시황이 방사 盧生에게 자신이 죽은 후 “세상이 어떻게 될 것인가?”(秦後世興廢何如)라 묻자 “진나라를 망칠 자는 호입니다”(亡秦者, 胡也)라 하자 그것이 자신의 아들 胡亥인 줄 모르고 匈奴로 착각, 蒙恬으로 하여금 흉노를 정벌토록 하면서 동시에 黃河 아래 40縣에 만리장성을 쌓아 방비토록 하였다 함.(《史記》蒙恬傳)

1086

숙손통叔孫通이 조정에서 군신간의 예의를 처음 만들었고, 위魏나라 조비曹丕가 관직의 질서와 품계를 제정하였다.

「叔孫通制立朝儀, 魏曹丕秩序官品.」

【叔孫通】한나라 건립 초기에 장군들이 서로 자신의 공을 다투며 술과 싸움으로 조정의 질서가 무너지자 숙손통의 건의에 의해 고조(유방)가 魯나라(儒家 홍성지역)에서 많은 유생을 불러 長樂宮을 지은 후 조정에서의 예와 의식 등을 가르쳐 이를 본받게 함. 유방이 그제야 “내 금일에야 황제가 이렇게 귀한 줄 알았다”(吾今日乃知皇帝之貴也)라 하였다 함.(《史記》劉敬叔孫通列傳)

【魏曹丕】위 문제(조비, 187~226)가 위나라를 건립한 후 延康 원년(220)에 九品之官의 관리 선발 제도를 확립하였다 함. '九品'은 上中下를 다시 각기 上中下로 나누어 아홉 가지의 품등을 제정한 것. 《晉書》 劉毅傳에 "上品無寒門, 下品無世族"이라 하여 신분과 가문을 기준으로 한 것.

1087

주공周公이 예악禮樂 제도를 처음 만들었고, 소하蕭何가 법률 조항을 처음 만들었다.

「周公獨制禮樂, 蕭何造立律條.」

【周公】주공이 成王을 보필하면서 예악제도를 정비하여 실시함.(《史記》魯周公世家)
【蕭何】한나라 소하가 고조(유방)을 보좌하면서 한나라 법을 정비하여 완정하게 만들었다 함.(《史記》 蕭相國世家, 《漢書》 刑法志)

1088

요堯임금이 바둑을 처음 만들어 아들 단주丹朱를 가르쳤으며,
무왕武王이 장기를 처음 만들어 전투의 작전을 상징하였다.

「堯帝作圍棋, 以教丹朱;
　武王作象棋, 以象戰鬪.」

【圍棋】바둑은 요임금이 아들 丹朱가 不肖하여 이를 가르치기 위해 처음 만들었다 함. 《藝文類聚》(74)에 《博物志》를 引用하여 "堯造圍棊. 而丹朱善 圍棊. 孔子曰: '不有博弈者乎, 爲之猶賢乎.' 案彈棊始自魏宮, 文帝好之, 每用 手巾拂之, 無不中者"라 함.
【象棋】장기는 무왕이 처음 만들었으며 전투의 형세를 상징한 것이라 함. 혹은 象牙로 만들었다 하여 '상기'라 한다 함. 그러나 《事物紀原》에 "象戲, (北朝)周武王所造"라 하여 이에 맞지 않음.

1089

문장으로 선비를 뽑기 시작한 것은 조씨趙氏의 송宋나라 때의 일이었고, 시부詩賦의 응제應制는 이씨李氏의 당唐나라 때 시작되었다.

「文章取士, 興於趙宋;
　應制以詩, 起於李唐.」

【趙宋】송나라 건국자가 趙光胤이므로 흔히 남조 송나라(劉裕)를 '劉宋'이라 하고, 조씨의 송대를 '趙宋'으로 불러 구분함. 과거제도는 송나라 신종 때 왕안석의 건의에 의해 처음 실시되었음.(《續資治通鑑》宋紀 神宗)
【李唐】詩賦를 과거제도에 도입한 것은 당나라 文宗 때 처음 시작되었다 함. '應制'는 황제의 명에 의해 시문을 짓는 것을 말하며 이는 進士科를 가리킴. (顧炎武 《音學五書》序)

1090

이원梨園의 자제子弟에게 궁중 음악과 예술을 가르친 것은 당唐 명황
明皇때 시작되었고,
《자치통감資治通鑑》은 사마광司馬光이 편찬한 역사책이다.

「梨園子弟, 乃唐明皇作始;
　資治通鑑, 乃司馬光所編.」

【梨園】음악과 연극 등 연예인을 양성하던 기관으로 원래 당나라 禁苑의
園名. 玄宗(明皇)이 楊貴妃와의 연회를 위하여 적극 양성하였다 함.《新唐書》
禮樂志에 "明皇旣知音律, 又酷愛法曲, 選坐部伎子弟三百, 敎於梨園, 號皇帝
梨園弟子; 宮女數百, 亦稱梨園弟子"라 함. 白居易의 〈長恨歌〉에 "梨園弟子
白髮新, 椒房阿監靑蛾老"라 함.
【資治通鑑】司馬光이 편찬한 책으로 모두 294권, 〈目錄〉과 〈考異〉 각 30권
으로 역대 사서를 모아 편년체로 재구성한 것. 처음《通志》8권을 편찬하여
英宗에게 바치고 다시 20여 년에 걸쳐 이를 완성(1084)하여 神宗에게 바치자
신종이 서문에서 "鑑於往事, 有資於道"라 하여 이름을《資治通鑑》으로 함.
(神宗《資治通鑑》序)

1091

붓은 몽염蒙恬이 만든 것이며, 종이는 채륜蔡倫이 만든 것이다.

「筆乃蒙恬所造, 紙乃蔡倫所爲.」

【蒙恬】진나라 말기 蒙恬이 처음 붓을 만들었다 함.(831 참조)
【蔡倫】동한 때 채륜(?~121)은 자가 仲敬이고 환관이었다. 和帝 때 기물을 만들어 바치던 尙方令으로, 뒤에 龍亭侯에 봉해짐. 그가 처음으로 삼(麻)의 섬유질을 두드려 이를 다시 풀과 함께 끓인 다음 얇게 말려 종이를 만드는 제조법을 창안(興元 원년, 105년)하였다. 이를 조정에 바치자 그 종이를 '蔡侯紙'라 불렀다 함.(《後漢書》宦者 蔡倫傳)

1092

무릇 사람들로 하여금 이롭게 쓸 수 있도록 한 것은 모두 고대 성인들이 살던 옛날 사람들이 만든 것이다.

「凡令人之利用, 皆古聖之前民.」

【前民】옛사람들, 특히 성인들의 노고로 만들어 옛사람들이 쓰기 시작하였다는 뜻. 《周易》繫辭(上)에 "興神物以前民用"이라 함.

1093

자물쇠가 물고기 모양인 것은 물고기는 눈을 뜨고 있음을 상징한 것이며,

지팡이가 비둘기 모양과 연관이 있는 것은 비둘기의 목이 막히지 않음을 중시한 것이다.

「鑰同魚樣, 取魚目常醒;
　杖以鳩成, 重鳩喉不噎.」

【鑰同魚樣】 고대 쇳대(자물쇠)가 물고기 형상인 것은 물고기는 밤에도 눈을 감지 않으므로 잘 지켜낸다는 뜻을 담고 있음.(丁用晦《芝田錄》, 844 참조)

【杖以鳩成】 노인의 지팡이는, 비둘기는 먹이가 목에 메지 않는다는 속설에 따라 비둘기 형상을 조각함.(《後漢書》禮儀志, 844 참조)

1094

'비령'飛軨은 가볍고 날랜 수레의 별명이며, '환삽'紈箑은 비단 부채의 아름다운 이름이다.

「飛軨是輕車別號, 紈箑爲素扇佳名.」

【飛輪】 옛날의 戰車로 나는 듯이 빠르고 가벼웠다
함. 枚乘의 〈七發〉에 "將爲太子馴騏驥之馬, 駕飛
輪之輿"라 함.
【紈箑】 흰 비단으로 만들어 아무런 글씨나 수식
을 하지 않은 부채. '紈扇'이라고도 함.(班婕妤의
〈紈扇詩〉 참조) '箑'도 역시 부채.《淮南子》精神
訓에 "知冬日之箑, 夏日之裘, 無用於己"라 함.(837
참조)

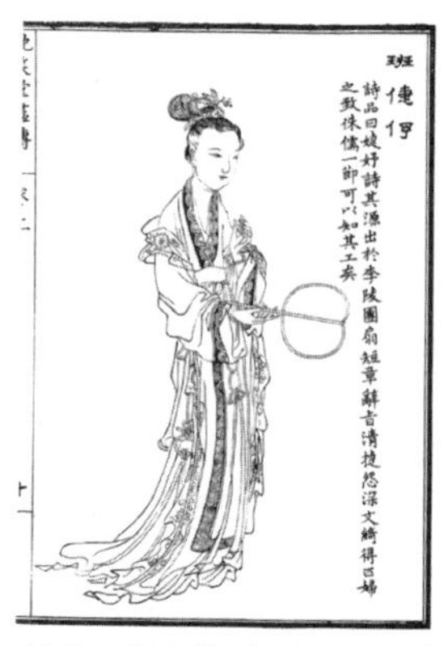

〈班倢伃(班姬)〉《晚笑堂畫傳》

1095

'취화기'翠華旗는 한나라 어화원에서 빛나게 휘날리던 깃발이며,
'백옥관'白玉管은 당나라 명황의 궁중 연회에 흥을 돋구던 피리이다.

「翠華旗, 光搖漢苑;
　白玉管, 響徹唐宮.」

【翠華旗】 황제의 의장용 깃발 이름. 이를 한나라 때는 御花園에 그대로 꽂아
두어 널리 보였다 함.《漢書》司馬相如傳에 인용된 〈上林賦〉에 "建翠華之旗"
라 하였고, 白居易 〈長恨歌〉에 "翠華搖搖行復止, 西出都門百餘里"라 함.
【白玉管】 백옥으로 만든 피리. 명황의 악사들이 이 피리를 불어 연회의 흥을
돋구었다 함.(《明皇雜錄逸文》)

1096

미불米芾의 서화선書畫船은 평소의 뜻을 아름답게 펴기 위함이었고,
제齊나라 장경아의 반란물班蘭物은 장하게 살아온 일생을 표현한 것이다.

「米家書畫船, 足怡素志;
　齊子班蘭物, 可壯生平.」

【米家】 북송 휘종 때의 유명한 서예가(1051~1107)이며 그림으로도 뛰어났던
인물 米芾. 이름은 불(黻), 자는 元章, 호는 陽陽漫士, 또는 鹿門居士 등으로
불렸다. 그가 일찍이 淮間發運使로 있을 때 배에 그림과 글씨를 걸어놓고
그 배를 '米家書畫之船'이라 하였다 함. 이에 黃庭堅은 〈戲贈米元章〉에서
"滄江靜夜虹貫月, 定是米家書畫船"이라 함.
【齊子】 남조 제나라 張敬兒. '班蘭物'은 '班劍'으로 황제가 공신에게 내리는
의장용 보검. 장경아는 탐심이 많아 將軍과 刺史를 지내고 나서 "我車
邊猶少班蘭物"이라 하여 아직 반검을 받지 못함을 서운해했다 함.(《南史》
張敬兒傳)

1097

털로 짠 구유氍毹라는 양탄자는 옛 미인들이 증정하던 선물이요,
금으로 만든 굴술屈戌이라는 창문 여닫이 기구는 좋은 공인만이 만들
수 있는 것이었다.

「氍氀毹, 美人舊贈;
　金屈戌, 良匠新成.」

【氍氀毹】 '氍'은 털로 짠 자리. 여기서는 동사로 쓰였음. '氀毹'(구유)는 모직의
　자리, 양탄자.(846 참조) 첩운연면어의 물명. 고대 아주 귀한 선물로 쓰임.
　古詞에 "美人贈我氍氀毹"라 함.
【金屈戌】 '屈戌'은 창문을 위로 젖혀 채우는 기구. 역시 첩운연면어의 물명.
　李商隱의 〈魏侯第東北樓堂〉에 "鎖香金屈戌, 對酒玉昆侖"이라 함.

1098

'오금'烏金이라는 잘 구운 숯은 남에게 보내는 좋은 선물이요, 취우翠羽란
기이하게 제작한 한 무제의 주렴珠簾이다.

「烏金熟炭厚貽, 翠羽編簾異製.」

【烏金】 숯을 가리킴.(852 참조)
【翠羽】 한 무제가 招靈閣을 지어놓고 비취색 깃의 기린 털로 짠 발을 쳐
　놓았었다 함.(《洞冥記》)

1099

영성篜箵이 물에서 건져질 때 석양의 빛도 말려 사라지고,
발석襏襫이 농부에게 갖추어지니 아침 비에 이를 입고 나서도다.

「篜箵收於漁父, 捲去夕陽;
　襏襫備於農人, 披來朝雨.」

【篜箵】 고기 잡는 기구. 대나무로 만들었으며 첩운연면어의 물명.《新唐書》
　元結傳에 "帶篜箵而盡船"이라 함.
【襏襫】 비를 피하기 위한 도롱이.《國語》齊語에 "今農夫首戴茅蒲, 身衣襏襫,
　以旦暮從事于田野"라 함. 연면어의 물명.(851 참조)

⊛ 참고

〈製作〉편 '續增' 9聯

○ 「少皞五工, 夷民有制; 周官六職, 司空亡篇.」

○ 「文教尙有遺傳, 藝術從茲退化.」

○ 「虞有倕, 魯有般, 後無來者;
　智者創, 巧者述, 今讓西人.」

○ 「中國之輸出外洋者, 其制造品有三:
　曰羅盤, 曰印刷, 曰火藥;
　西學之傳入吾華者, 其物理學有六:
　曰汽力, 曰磁電, 曰光聲.」

○ 「觀沸水而悟蒸氣, 瓦特氏始造汽機;
　見粗瓷而思改良, 巴律西卒成良器.」

○ 「電信機之發明, 司馬生實創之, 継起者有德律風;
　風雨表之升降, 巴斯楷考成之, 仿造者爲法倫.」

○ 「照相器, 爲光學之效用; 留聲器, 因聲學而構成.」

○ 「至若化學之神妙, 能變朽腐爲新奇;
　所有原料之需求, 莫非天然之生物.」

○ 「藝術旣日新而不已, 制作亦日出而不窮.」

29. 기예技藝

❋ 본 장은 의술, 점술, 방기, 풍수, 예술, 그리고 인간의
여가활동을 위한 장기, 바둑, 저포 등에 관한 기록과 일화,
고사 등을 모아 설명하고 있다.(총 26연)

〈平索戱車車騎出行〉畵像磚(墓室內裝飾圖像, 漢)

1100

의사의 업무는 기헌岐軒의 기술이니 이를 '국수'國手라 불렀고,
풍수지리는 청오靑鳥의 책으로 배우는 것으로 이를 '감여'堪輿라 불렀다.

「醫士業岐軒之術, 稱曰國手;
　地師習靑鳥之書, 號曰堪輿.」

【岐軒之術】 고대 黃帝가 岐伯과 의술을 토론하여 그 내용을 기록한 것이
《黃帝內徑》이라 하며 이에 따라 의술을 '기황지술', 혹은 '기헌지술'이라 함.
(《稱謂錄》醫에 인용된 《帝王世紀》)

【國手】 춘추시대 晉 平公이 병이 들어 泰伯이 의사에게 진료를 청하자 "치료
하기 어렵습니다. 색을 가까이 하고 賢士를 멀리한 때문에 생긴 병입니다"라
하였다. 그러자 곁에 있던 趙文子가 "의술이 나라 다스리는 일에까지 연관이
있는가?"(醫及國家乎)라 물었다. 이에 의사는 "상급의 의사는 나라를 치료
하고 그 다음 정도는 사람을 구제하는 것이지요"(上醫醫國, 其次救人)라 하여
의사를 '國手'로 불렀다 함.(〈복단본〉에 출전을 《國策(戰國策)》이라 하였으나
지금의 《전국책》에는 이 기록이 없음)

【靑鳥之書】 옛날 靑鳥子라는 자가 풍수지리학에 밝았으며 《靑鳥子》라는
저술을 남김. 《新唐書》藝文志에 《靑鳥子》 3권이 저록되어 있음.

【堪輿】 '풍수지리'의 다른 말. 주택이나 무덤의 형상에 따라 吉地는 堪(天道),
그만 못한 곳을 輿(地道)라 불렀다 함.

1101

‘노의’盧醫, ‘편작’扁鵲은 고대의 명의名醫이며,
‘정건’鄭虔, ‘최백’崔白은 고대의 이름난 화가이다.

「盧醫・扁鵲, 古之名醫;
　鄭虔・崔白, 古之名畫.」

【盧醫扁鵲】전국시대 편작이 盧國에 살아 ‘노생’이라고도 불렀음.(《列子》
力命篇) 편작은 성은 秦씨, 이름은 瑗, 자는 越人으로 長桑君에게 의학을
배워 진맥에 뛰어나 중의에서 ‘脈學’을 창시하였다 함.(楊玄操 《難經》 序)
뒤에 秦나라 太醫令이 되었으나 李醯의 질투로 죽임을 당함.(《史記》 扁鵲
倉公列傳)
【鄭虔】당나라 화가로 자는 弱齊(705~764). 李白, 杜甫와 시와 술로 사귄
인물이며 시서화에 뛰어나 ‘鄭虔三絶’이라 불렸음.(《新唐書》 文藝傳)
【崔白】북송의 화가. 자는 子西. 圖畫院學藝, 畫院侍詔 등을 지냄. 花竹, 禽鳥
에 뛰어났으며 특히 秋荷鳧雁에 아주 대단했다 함. 색채를 담백하게 써서
宋初 이래 유행하던 黃筌 부자의 濃艶細筆 화풍을 일신시켰다 함.(《宣和畫譜》)

1102

진晉나라 곽박郭璞은 《청금낭青囊經》이라는 책을 얻고 나서 천문天文과
복서卜筮에 능하게 되었고,

손사막孫思邈은 《용궁방龍宮方》을 얻고 나서 능히 호랑이 입과 용의
비늘에 난 병도 고칠 수 있었다.

「晉郭璞得靑囊經, 故善天文卜筮;
　孫思邈得龍宮方, 能醫虎口龍鱗.」

【靑囊經】秦나라 郭璞(276~324)은 점술, 음악, 천문, 역법, 문학 등에 모두 뛰
어났던 인물로 자는 景純. 元帝 때 尙書郎을 지냈으며 뒤에 王敦의 記室參
軍을 지냈는데 왕돈이 모반을 꾀하면서 그에게 점을 묻자 "성공할 수 없
습니다"라 대답하여 피살당하였으며, 난이 평정된 후 복권되어 弘農太守로
추증받음.(《晉書》郭璞傳). 그가 郭公에게 배울 때 그에게서 《靑囊經》 9권을
얻어 卜筮法(점치는 법)을 터득했다 함.

【龍宮方】전설 속에 孫思邈(581~682)이 용궁에서
얻어왔다는 醫書. 孫思邈은 당나라 의사이며
방사. 經史子集과 諸子百家에 모두 통달했던
인물. 어릴 때 몸이 약하여 조정의 부름을 사양
하고 의약을 공부하여 빈부귀천에 관계없이
널리 의술을 베풀었으며 사람들이 그를 '藥王'
으로 추앙하였음. 그는 당 이전의 방약, 침구 등
임상과 경험을 모두 모아 《千金藥方》(30권),
《千金翼方》(30권)을 저술하여 중의학에 큰 공헌을
남겼음. 그가 어느 날 개구리 한 마리를 살려
주었는데 그것이 용왕의 아들이었으며 그로

〈藥聖 孫思邈〉

인해 용궁에 초청을 받아 그곳에서 藥方의 귀한 《龍宮方》을 얻어왔으며
뒤에 종남산에 은거할 때는 용의 비늘에 난 병을 고쳐주기도 하고, 호랑이
목에 걸린 뼈를 꺼내주었다는 등 많은 전설을 가지고 있음.(《太平廣記》
神仙 孫思邈)

1103

점복占卜에 뛰어났던 자로 군평君平과 첨윤詹尹의 무리가 있었고,
관상觀相에 뛰어났던 자로 당거唐擧와 자경子卿의 무리가 있었다.

「善卜者, 是君平·詹尹之流;
　善相者, 卽唐擧·子卿之亞.」

【君平】 한나라 嚴君平. 방사이며 점술가로 원래 莊氏였으나 明帝(劉莊)의 이름
　을 피하여 이름을 嚴遵으로 바꿈. 복서로 생업을 삼았으나 그 날 번 것이
　백전이 되어 즉시 문을 걸어 잠그고 《道德經》을 읽었다 함.(《漢書》王吉傳 序)
【詹尹】 전국시대 초나라 鄭詹伊. 屈原이 그에게 점을 물은 내용이 〈卜居〉에
　나옴.
【唐擧】 전국 말의 점술가.(《荀子》非相)
【子卿】 공자와 같은 시기의 점쟁이. 공자가 鄭나라에 갔을 때 공자를 상갓집
　개와 같다고 했음. 《史記》孔子世家와 《孔子家語》 등에 "東門有人, 其顙
　似堯, 其項似皐陶, 其肩似子産, 然自腰以下, 不及禹者三寸, 身長九尺六寸,
　累累然若喪家之狗"라 함.

사람의 목숨을 추산하는 자를 성사星士라 하고, 그림 그리는 화인을
단청丹靑이라 한다.

「推命之人卽星士, 繪畫之士曰丹靑.」

【星士】점성가. 별을 기준으로 사람의 길흉과 수요장단을 판별함.(沈受先
　《三元記》議親)
【丹靑】고대 丹砂 등의 광석을 그림 물감(안료)로 사용하였음. 曹丕의 〈與孟
　達書〉에 "故丹靑畫其形容, 良史載其功勳"이라 함.

'대풍감'大風鑑은 관상가를 지칭하는 말이요,
'대공사'大工師는 목수에 대한 명예로운 칭호이다.

「大風鑑, 相士之稱;
　大工師, 木匠之譽.」

【風鑑】풍수와 관상의 감식에 뛰어난 자. 뒤에 학식이 높고 의견이 뛰어난
　자를 가리키는 말로도 쓰임.(《晉書》陸機陸雲傳 論,《靑霜雜記》4)
【工師】木匠 중에 뛰어난 자.(《論衡》量知)

1106

‘왕량王良이나 조보造父 같다’고 하는 것은 모두 말을 잘 모는 사람을
두고 하는 말이요,
‘동방삭東方朔이니 순우곤淳于髡이니’ 하는 것은 모두가 골계에 뛰어난
사람을 말한다.

「若王良, 若造父, 皆善御之人;
　東方朔, 淳于髡, 係滑稽之輩.」

【王良】 고대에 말을 잘 몰던 사람. 춘추 말 晉나라 趙簡子의 마부.(《孟子》
　　滕文公 下)
【造父】 趙나라의 선조이며 ‘趙父’로도 쓰고 ‘조보’로 읽음. 周 穆王의 八駿馬를
　　몰았던 자로 알려짐.(《史記》 趙世家)
【東方朔】 한나라 무제 때의 인물(B.C.154~B.C.93)로 골계와 해학에 뛰어났음.
　　사기 골계전에 무제가 “관상 책에 人中의 길이가 1촌이 넘는 자는 백년을
　　산다더라”고 하자 대뜸 “팽조는 8백 년을 살았으니 그렇게 계산한다면 8촌이
　　되었겠군요”라 하여 크게 웃었다 함. 그 외에 많은 고사와 골계 이야기를
　　남겼음.(《史記》 滑稽列傳)
【淳于髡】 전국시대 齊나라 사람으로 성은 淳于. 贅婿 출신으로 머리깎는
　　髡刑의 형벌을 받아 淳于髡이라 불림. 齊 威王이 稷下에 학자를 모을 때
　　초청되어 稷下先生이라고도 불리며 나라의 많은 문제를 해학으로 비유하여
　　풀었음.(《史記》 孟子荀卿列傳)

1107

점복과 괘상의 풀이에 능한 자를 칭할 때 '오늘의 귀곡鬼谷이로다'라 하고,
괴이한 일을 잘 기록하는 자를 칭할 때 '옛날의 동호董狐로다'라 한다.

「稱善卜卦者, 曰今之鬼谷;
　稱善記怪者, 曰古之董狐.」

【鬼谷】 전국 시대 晉나라 平公 때 인물로 이름은 王翊이었다 함.《老子》를
　　공부한 후 鬼谷源에 은거하여 '鬼谷子'라 불림.(《太平廣記》神仙 鬼谷先生).
　　蘇秦과 張儀의 선생이기도 함.(《史記》蘇秦·張儀列傳,《戰國策》)

【董狐】 춘추 시대 晉나라 사관으로
正筆로 이름을 날림. 趙盾이 晉 靈公
을 시해한 사건을 목숨 걸로 바르게
기록하여 공자가 "董狐, 古之良史也.
書法不隱"이라 함.(《左傳》宣公 2년)
한편 晉나라 干寶가 귀신 등 기괴한
이야기만을 모아《搜神記》를 써서 劉惔
에게 서문을 부탁하자 그는 "鬼之董狐"
라 하였음.《世說新語》排調篇에 "干寶
向劉眞長敍其《搜神記》. 劉曰: '卿可謂
鬼之董狐!'"라 함.(《晉書》干寶傳도 같음,
1181 참조)

〈董狐秉筆〉

1108

자문을 받아 길일을 정하는 자를 칭하여 '태사'太史라 하고, 계산을 잘 하는 자를 일러 '장문'掌文이라 한다.」

「稱諏日之人曰太史, 稱書算之人曰掌文.」

【諏日】 자문을 받아 길일을 택함. 《儀禮》 特牲饋食禮에 "不諏日"이라 하고 鄭玄의 주에 "諏, 謀也"라 함. 고대에는 정치와 점술 등이 분리되지 않아 太史가 이러한 일을 맡아 높은 지위에 있었으며 역사를 기록하는 일까지 담당하였음.
【掌文】 계산을 맡아 관장하는 자.(《雲仙雜記》 黑松使者)

1109

주사위를 잘 던지는 자를 '갈치호로'喝雉呼盧라 하고, 활을 잘 쏘는 자를 일러 '천양관슬'穿楊貫蝨이라 한다.

「擲骰者喝雉呼盧, 善射者穿楊貫蝨.」

【擲骰】 주사위를 던져 하는 도박이나 놀이. '骰子'(투자)는 주사위로 六面에 1부터 6까지의 점을 그려 넣었으며 주사위는 다섯 개 중에 자신이 골라

던질 수 있고 각기 梟, 盧, 雉, 犢, 塞로 불렀음. 雉는 붉은 색, 盧는 검은
색이라 함. 이를 원하는 것을 택하여 소리쳐 던진다 하여 그 놀이를 '喝雉
呼盧'라 함. 陸游의 〈風順舟行甚疾戲書〉에 "呼盧喝雉連暮夜, 擊兎伐狐窮
歲年"이라 함.
【穿楊貫蝨】'穿楊'은 '百步穿楊'의 고사. 楚나라 楊由基가 백 보 멀리서 버드
나무 잎을 쏘아 백발백중이었다는 고사를 말하며(《史記》周本紀), '貫蝨'은
'貫穿蝨心'의 고사. 紀昌이 활쏘기를 연습할 때 우선 말꼬리 털로 이를 잡아
이를 창문에 매달아 놓고 크게 보는 연습을 하여 3년 후에는 수레바퀴처럼
크게 보여 이를 쏘았더니 이의 심장에 맞았다 함.(《列子》湯問)

1110

저포樗蒲놀이는 또 '쌍륙'雙陸이라고도 하며,
귤 속에서의 즐거움이란 바둑을 즐기고 있음을 말한다.

「樗蒲之戲, 乃云雙陸;
　橘中之樂, 是說圍棋.」

【樗蒲】'樗蒲'는 '樗蒲', '摴蒲' 등으로도 표기하며, 漢, 魏, 晉 시대에 유행하던
도박으로 '雙陸'이라고도 함. 그 기구로 子, 馬, 五木 등이 있었으며 매 사람
마다 6馬를 가지고 五木을 던져 10가지 경우의 수로 승부를 가린다 함. 그리고
여섯 말을 좌우에 배치한다고 하여 '雙陸'(雙六)이라 한다 함. 〈복단본〉 주에
《博物志》를 인용하여 "樗蒲出自天竺國, 國名波羅. 塞戲, 老子入胡作, 今之
雙陸, 是其遺法"이라 하였지만 지금의 《博物志》에는 이러한 기록이 없으며
다만 《藝文類聚》(70)에 《博物志》를 인용하여 "樗蒲者, 老子作之用卜, 今人擲
之爲戲"라 함.(《世說新語》에 이 저포놀이에 대한 기록이 매우 많이 실려 있음)

【橘中】 巴邛 땅의 어떤 사람이 집에 큰 귤나무 둘이 있어 귤을 따서 갈라
보았더니 그 속에 노인 세 사람이 바둑을 두면서 담소하고 있었다 함.(《幽
怪錄》)

1111

진평陳平은 꼭두각시놀이를 만들어 백등白登에 포위된 한 고조를 구해
냈고,
　제갈공명諸葛孔明은 나무로 소를 만들어 유비劉備의 군량 운반을 도왔다.

「陳平作傀儡, 解漢高白登之圍;
　孔明造木牛, 輔劉備運糧之計.」

【傀儡】 진평이 처음 만들었다는 꼭두각시 인형. ‘傀儡’는 첩운연면어 물명.
【白登】 한 고조 7년(B.C.200) 흉노가 晉陽으로 쳐들어오자 고조가 30만 대군을
　이끌고 나섰다가 平城의 白登山에서 7일간 갇혀 고행할 때 진평이 흉노왕
　冒頓單于의 처 關氏가 질투심이 많은 여인이라는 것을 알고 나무로 미인
　형상의 괴뢰(꼭두각시)를 만들어 성 위에서 춤을 추게 하였다 함. 이에 흉노
　왕비가 그 성을 함락하고 나면 그 여인을 자신의 왕이 맞이할 것이라 여겨
　흉노 병사들에게 퇴각하도록 명했다 함.(《事物起原》(9))
【木牛】 제갈공명(諸葛亮)이 이 ‘목우’라는 수레를 만들어 유비가 군량을 쉽게
　나를 수 있도록 했다 함. ‘목우’는 ‘木牛流馬’를 가리키며 외바퀴에 혼자 끌
　수 있는 작은 수레. 민간에서는 ‘江州車子’라 하며 손수레와 같이 쉽게 군량을
　나를 수 있는 도구라고 함.(《事物起原》(8))

1112

공수자公輸子는 나무를 깎아 연鳶을 만들어 띄웠으나 사흘이 지나도 하늘에서 떨어지지 않았으며,

장승요張僧繇는 벽화로 용을 그린 다음 눈동자를 그리자 우레가 치고 번개가 번쩍이더니 그 용이 하늘로 날아갔다.

「公輸子削木鳶, 飛天至三日而不下;

　張僧繇畫壁龍, 點睛則雷電而飛騰.」

【公輸子】 춘추시대 노나라 사람으로 '公輸班', '公輸盤', '魯班'으로 널리 알려진 전설적인 匠人. 그 어떤 물건도 만들 수 있었으며 《孟子》離婁(상)에 "離婁 之明, 公輸子之巧, 不以規矩, 不能成方員; 師曠之聰, 不以六律, 不能正五音; 堯舜之道, 不以仁政, 不能平治天下"라 함. '木鳶'은 나무로 정교하게 만든 연이며 《墨子》魯問에 "公輸子削竹以爲鵲, 成而飛之, 三日不下"라 하여 '鵲' 으로 되어 있음. 연이 까치 모습이었을 것으로 보임.

【張僧繇】 '畫龍點睛'의 고사. 남조 梁나라 화가 장승요가 金陵(남경)의 安樂寺 에 네 마리 용이 구름을 타고 오르는 벽화를 그렸는데 눈동자는 그리지 않고 그대로 두었다. 사람들이 의아해하자 "눈동자 점을 찍으면 날아가 버린다" (點之, 卽飛去)라 하였다. 사람들이 믿지 않자 드디어 점을 찍었는데 두 마리 째 찍자 갑자기 우레와 번개가 치더니 벽이 무너지고 그 두 마리가 하늘로 올라갔고 두 마리만 그대로 남아 있었다 한다.(《歷代名畫記》梁) 장승요는 吳興太守, 武陵王國侍郎 등을 지냈으며 초상화와 불화에 뛰어났고, 天竺의 화법을 도입하여 입체감이 나는 '凹凸畫'를 그려 '疏體'를 창시했다고 함.

1113

그러나 지나치게 요사한 기술은 사람에게 이익이 되는 것 같지 않지만 온갖 예술은 사람의 일용에 도움이 된다.

「然奇技似無益於人, 而百藝則有濟於用.」

【奇技】지나치게 기묘한 재주.《莊子》列禦寇에 "朱泙漫學屠龍於支離益, 單千金之家, 三年技成而无所用其巧"라 함.
【百藝】온갖 기예. 사람에게 도움이 되는 발명이나 재능.

▶ 增文

1114

의사의 훌륭한 의술은 봄날같이 따사롭고, 단약을 만드는 도가니에
연기가 피어오르도다.

「靑囊春暖, 丹竈煙浮.」

【靑囊】 고대에 의사들이 秘方이나 醫書를 넣어두는 주머니.(《晉書》 孝友 顔含傳)
　《搜神記》(11)에 "顔含字宏都, 次嫂樊氏, 因疾失明. 醫人疏方, 須蚺蛇膽, 而尋求
　備至, 無由得之. 含憂歎累時, 嘗晝獨坐, 忽有一靑衣童子, 年可十三四, 持一靑
　囊授含. 含開視, 乃蛇膽也. 童子逡巡出戶, 化成靑鳥飛去. 得膽藥成, 嫂病
　卽愈"라 함.
【丹竈】 장생과 양생을 위해 丹藥을 만드는 도가니. 煉丹爐(江淹 〈別賦〉) 한편
　〈복단본〉에 羅洪先의 시를 인용하여 "三部脈占心腹病, 一囊藥貯太和春.
　……爲君療却煙霞癖, 誰似靑囊藥有神. ……藥爐火足丹初熟, 茶竈煙浮酒未醒"
　이라 하였다.

1115

무릎에 난 가려움을 치료하면서 화타華佗는 그 속에서 뱀을 꺼내는
묘술을 보였고,
　등에 난 종기를 치료하면서 백종伯宗은 이를 버드나무에게 옮겨놓는
신공을 보였다.

「膝裏癢生, 華佗有出蛇之妙術;
　背間癰潰, 伯宗具徙柳之神功.」

【華佗】漢末의 전설적인 명의(?~208). 이름은 專, 자는 元化. 처음으로 '麻沸散'이라는 마취제를 발명하여 수술에 이용했다 함. 뒤에 曹操에게 미움을 받아 죽임을 당함.(《華佗別傳》) 河內太守 劉勳의 딸이 왼쪽 무릎에 종기가 나서 못 견딜 때 화타가 그 속에서 뱀을 꺼내어 치료했다 함. 《捜神記》(3)에 "瑯邪 劉勳爲河內太守, 有女年幾二十, 苦脚左膝裏有瘡, 癢而不痛. 瘡愈, 數十日復發. 如此七八年. 迎佗使視. 佗曰: '是易治之. 當得稻糠黃色犬一頭, 好馬二匹.' 以繩繫犬頸, 使走馬牽犬, 馬極輒易. 計馬走三十餘里, 犬不能行. 復令步人拖曳, 計向五十里. 乃以藥飲女, 女卽安臥, 不知人. 因取大刀, 斷犬腹近後脚之前. 以所斷之處向瘡口, 令去二三寸停之. 須臾, 有若蛇者從瘡中出, 便以鐵椎橫貫蛇頭. 蛇在皮中動搖良久, 須臾不動, 乃牽出, 長三尺許, 純是蛇, 但有眼處, 而無瞳子, 又逆鱗耳. 以膏散著瘡中, 七日愈"라 함.
【伯宗】薛伯宗을 가리킴. 남조의 명의로 公孫泰의 등에 종기가 나자 그 종기를 문밖의 버드나무로 옮겨버렸다 함. 이튿날 사람의 병은 나았고 버드나무는 紅黃色의 膿汁 한 말을 흘리며 죽었다 함.(《南史》薛伯宗傳)

1116

육선공陸宣公은 나라도 살리고 사람도 살렸으며, 범문정范文正은 나중에 의사가 되는 것도 재상이 되는 것 못지않다고 여겼다.

「陸宣公旣活國又活人, 范文正等爲醫於爲相.」

【陸宣公】 당나라 陸贄(754~805). 자는 敬輿이며 監察御史, 翰林學士, 中書侍郎 등의 높은 벼슬을 거쳐 재상에 올랐으나 참훼를 입어 忠州別駕로 좌천되자 10여 년을 일체 책을 가까이 하지 않고 저술을 남기지 않겠다고 하였다. 그러나 마침 그 고을에 역질이 돌자 의서를 보기 시작하였고 이에 심취하여 "이 역시 사람을 살리는 하나의 기술이다"(此亦活人之一術也)라 하며 活人은 결국 活國과 같다고 여겼다 한다.(舊唐書 陸贄傳)

【范文正】 송대의 유명한 재상 범중엄. 그가 어릴 때 "내 뒤에 훌륭한 재상이 되지 못한다면 반드시 양의가 되리라. 의술로도 사람을 구제할 수 있다"(吾不爲良相, 必爲良醫, 以醫可以救人也)라 하였다 한다.(《能改齋漫錄》)

1117

한 자루의 철필鐵筆이 길흉을 나누고, 세 개의 금전이 길흉을 정한다.

「一枝鐵筆分休咎, 三個金錢定吉凶.」

【鐵筆】 철로 나무나 돌에 새긴 글씨처럼 한번 판정한 길흉(休咎)에 대한 점괘는 고칠 수 없음. '休咎'는 길흉과 같음.

【金錢】 고대 점에는 원래 龜甲과 시초(蓍草)로 하였으나 漢代 이후로 점차 동전으로 이를 대신하였다 함. 세 개의 동전으로 양면과 숫자 등으로 점을 쳐 길흉을 판정함.(《耳目記》)

1118

　버드나무 가지를 꺾어 도망간 노비를 잡았으니 두생杜生의 뛰어난 점술은 누구라도 그에게 양보할 일이요,

　담을 뚫고 들어간 돼지를 따라가 잃어버린 아내를 찾았으니 관로管輅를 신통하다 추천할 만하다.

「折蔆獲奴, 應讓杜生術善;
　破牆得婦, 當推管輅神通.」

【杜生】당나라 두생은 《易》과 점에 밝았다. 어느 날 이웃집 노비가 도망하여 점을 부탁하였다. 그는 이렇게 일러주었다. "북쪽으로 가다가 수레를 모는 사람을 만날 것입니다. 그에게 채찍을 빌려달라 하시오." 그가 길에 나서서 가다가 과연 그런 사람을 만나 채찍을 달라고 하자 그는 채찍이 없으면 말을 몰 수 없다며 "대신 저 길가 버드나무 가지를 꺾어오면 되지 않겠는가?"라 하였다. 그가 버드나무로 가 보았더니 거기에 노비가 숨어 있었다 한다.(《新唐書》方技 杜生傳)

【管輅】삼국시대의 전설적인 점쟁이. 魏나라의 어떤 사람이 아내를 잃고 말았다. 관로에게 찾아와 점을 부탁하자 "東陽門 밖에 가서 돼지를 짊어지고 오는 자를 만나거든 그의 돼지를 빼앗겠다고 덤비시오"라 일러주었다. 그가 나서서 과연 그런 사람을 만나 일을 벌이자 싸움이 붙었고 그 사이에 돼지가 그만 도망치고 말았다. 싸우던 두 사람은 돼지를 잡으려고 쫓아갔다. 돼지는 어느 집 담을 부수고 돌진하였다. 놀란 그 집 여자가 쫓아나왔는데 그가 바로 강제로 끌려간 자신의 아내였다는 것이다.(《三國志》方技 管輅傳) 그러나 원래는 돼지가 "그 집 항아리를 깨뜨렸는데 그 아내가 그 속에서 나왔다"(突破主人甕, 婦人從甕中出)로 되어 있다.

1119

봄비가 내리는 날 나섰다가 계주季主의 점에 대한 철학을 배우게 되었고,
굴원은 경모瓊茅라는 풀을 구한 다음 다시 영분靈氛에게 점을 부탁
하였다.

「新雨行來, 言從季主;
　瓊茅索得, 且問靈氛.」

【季主】 서한 시대의 유명한 점술가 司馬季主. 長安의 東市에서 점을 쳐주며
살고 있었다. 비가 내려 사람도 없는 어느 날 마침 宋忠과 賈誼가 그 곳을
지나다가 우두커니 있는 계주를 측은히 여겨 물었다. "어찌 이런 비천한
일을 그리 열심히 하고 있소?" 그러자 계주는 "점이란 천지에 화하고 사시를
상징하며 인의에 순종하는 것이요. 복희가 팔괘를 만들고 문왕이 384효를
만들어 천하가 이렇게 다스려지고 있는 것입니다. 월왕 구천도 이 팔괘를
바탕으로 천하를 제패하였는데 어찌 비천한 일이라고만 할 수 있겠습니까?"
(夫卜者, 法天地, 象四時, 順於仁義. 自伏義作八卦, 周文王演三百八十四爻, 而天
下治. 越王勾踐仿文王八卦, 以破敵國, 覇天下, 卜筮有何負哉)라 하였다.(《史記》
日者列傳)
【靈氛】 고대의 神巫. '巫肦'.(《山海經》 大荒西經) 굴원이 瓊茅(점치는 데 사용
하는 영험한 풀)를 찾아 靈氛에게 점을 쳐 달라 하였다 함. 〈離騷〉에 "索瓊
茅以筵篿兮, 命靈氛爲余占之"라 함.

1120

반초의 '연함호두'燕頷虎頭 모습을 보고 봉후封侯가 될 상임을 알았고,
측천무후의 '용동봉경'龍瞳鳳頸의 모습을 보고 왕자가 될 징조가 있음을
알았다.

「燕頷虎頭, 識是封侯之相;
　龍瞳鳳頸, 知爲王者之徵.」

【燕頷虎頭】 턱이 제비처럼 뾰죽하고 머리가 호랑이 상인 사람. 관상가는 이런
상은 '封侯之相'이라 여김. 漢나라 班超가 어려 가난할 때 관상가가 그에게
"연함호두의 상은 멀리 가서 먹을 것을 찾는다. 그러니 그대는 만리 밖의
봉후가 될 상이다"(燕頷虎頭, 飛而食肉, 此萬里封侯相也)라 하였다. 과연
반초는 西域을 평정하여 定遠侯에 봉해졌다.(《漢書》 班超傳)
【龍瞳鳳頸】 용의 눈동자에 봉황의 목. 이는 帝王이 될 상이라 함. 唐나라
武則天의 어머니가 그를 가졌을 때 관상가 袁天綱이 "부인께서는 귀한
자식을 낳을 것이다"라 하였다. 그런데 딸을 낳고 말아 이를 데리고 갔더니
"용동봉경으로 남자였다면 천자가 될 상이다"(龍瞳鳳頸, 若爲男, 當作天子)라
하였다. 그가 14살에 입궁하여 당 태종이 '才人'으로 삼게 되었고, 태종이
죽자 비구니가 되었지만 高宗이 다시 불러 '昭儀'로 삼고 황후가 되었으며,
고종이 죽자 아들 中宗을 폐하고 자신이 나라를 차지하여 국호를 '周'로
고치고 자칭 '神聖皇帝'라 하여 중국 유일의 女皇帝가 되었다. 그리고 만년에
다시 張柬之 등이 중종을 복위하고 나서도 그를 '則天大聖皇帝'라 하였으며
사후에야 '則天大聖皇后'라 부를 정도로 영화를 누렸다.(《新唐書》 后妃,
則天武皇后傳)

1121

영포英布가 봉후封侯가 될 상임을 알았으니 과연 오류가 없었고,
주아부周亞夫가 굶어죽을 것임을 알았으니 진실로 틀림이 없었도다.

「識英布之封侯, 果然不謬;
　知亞夫之當餓, 眞個無訛.」

【英布】 한나라 黥布. 그가 어릴 때 관상가가 '왕이 될 것이다'라 하였다. 그가 청년기에 죄를 져 이마에 문신을 당하는 형벌(黥)로 이름을 黥布로 고쳤지만 劉邦을 따라 기병하여 뒤에 '九江王'에 봉해졌다.(《史記》黥布列傳)

【亞夫】 한나라 周勃의 아들이며 경제 때 七國之亂을 평정하여 승상에 올랐던 周亞夫(?~B.C.143). 그가 河內太守일 때 許負가 그 상을 보고 襐년 후에는 侯, 8년 뒤에는 재상이 될 것이지만 나라를 잡은 지 9년 만에 굶어죽을 것이다"(君後三歲爲侯, 八歲爲將相, 秉國九年當餓死)라 하였다. 그러자 "그대 말대로 그렇게 귀하게 영달했다면 어찌 굶어죽을 수 있겠는가?"(旣已貴榮負言, 何云餓死)라 하자 허부가 그의 입을 가리키며 "그 세로로 된 무늬가 입으로 들어가는 상은 관상법에 그렇게 되어 있다"(有縱理入口, 此餓死法也)라 하였다. 뒤에 과연 '絳侯'에 봉해져 승상이 되었지만 그의 아들이 임금의 물건을 훔쳐 밀매한 죄로 걸려들자 5일 동안 굶으며 괴로워하다가 피를 토하고 죽었다.(《史記》絳侯周勃世家)

1122

도사道士는 능히 길한 땅이 어딘지 알고 있어 대나무 지팡이가 살아나 촘촘히 가지를 친 것이요,

민閩 땅의 승려가 좋은 무덤을 찾아내 주었더니 호수의 등불이 소리치며 보호해 주었다.

「道士能知吉壤, 竹策叢生;

閩僧善覓佳城, 湖燈呵護.」

【道士】 당나라 王智興이란 사람은 徐州의 문지기 신분이었는데 매일 문 앞을 쓸면서 그 옆 도사의 집도 함께 청소하였다. 그런데 왕지흥의 어머니가 죽자 도사가 묘터를 점지해 대나무 지팡이를 꽂아두었다면서 "양대에 걸쳐 방백이 날 것이다" 하였다. 뒤에 과연 그 지팡이가 살아나 가지를 많이 뻗었고 후손 두 사람이 방백(太守)이 되었다 한다.(《潛確類書》)

【閩僧】 송대 尤袤의 아버지 尤時亨은 閩(복건)의 스님 한 분과 친분이 있었는데 스님은 吳塘의 산에 좋은 묘지를 찾아 시형에게 "백 살 이상 살게 되면 반드시 이곳에 묘를 쓰시오. 3백 년은 한 곳을 발복할 것입니다"(百歲後必葬此, 將發福三百餘年)라 하였다. 과연 우무는 아버지가 죽어 그곳에 묘를 썼다. 그리고 묘 곁에 움막을 짓고 시묘를 시작한 지 열흘째 되던 날 갑자기 밤에 그 앞 호수에 수많은 등불이 떠오더니 사람 소리가 들려 얼른 큰 소나무 뒤로 숨어 지켜보았다. 그러자 공중에서 "여기에 누가 묘를 썼는가? 어서 뽑아버려라" 하였다. 그때 "우시형은 여러 해 덕을 쌓았다. 게다가 그 아들 우무는 효자로 이름이 났다"라 하였다. 다시 "아버지가 덕을 쌓고 아들이 효자라면 이 땅을 차지할 수 있다. 그 선함이 이를 차지했구나"(世德純孝, 可當此地矣, 其善獲之)라 하였다. 그러자 등불은 그 말이 끝나면서 동시에 모두 꺼졌다는 것이다.(《錫山志》) '佳城'은 무덤을 뜻함.(971. 981 참조)

1123

손종孫鍾은 효도가 지극하여 세 신선이 나타났고, 당나라 이용도李龍圖는
백성을 잔혹하게 하여 꿈에 두 사자가 나타나 크게 꾸짖었다.

「孫鍾孝而致三仙, 龍圖酷而夢二使.」

【孫鍾】 한나라 孫鍾(孫鐘)은 부친이 일찍 돌아가자 참외를 심는 일로 업을
삼으면서 어머니를 잘 봉양하였다. 그러자 세 선인이 나타나 길지를 일러
주었는데 그로부터 四代 후에 과연 뭇나라 孫權이 나와 황제가 되었다는
것이다. 《藝文類聚》(86) 瓜에 "孫鍾, 富春人, 與母居, 至孝篤信, 種瓜爲業.
忽有三年少來乞瓜, 爲鍾定墓地, 出門悉化爲白鶴, 孫權祖也"라 하였다. 그리고
《夢溪筆談》에 "貴賤本乎天命, 盛衰繫於氣數; 地有此穴, 則世有此人. 苟非
其人, 則此穴昧而不顯, 得而復失"이라 하였다.(〈복단본〉 주)
【龍圖】 당나라 李龍圖라는 자는 벼슬을 하면서 많은 사람들을 괴롭혔다.
견디다 못한 양공이라는 사람이 자신이 알고 있던 좋은 묘지를 그에게 주겠
다고 하였다. 그랬더니 그 날 밤 이용도의 꿈에 어떤 사자가 나타나 크게
질책을 하였다 한다.(《夢溪筆談》)

1124

동정방원動靜方圓도 오히려 바둑의 사상에 부합되고,
종횡합벽縱橫闔闢도 누가 먼저 하나씩 놓는가의 다툼일 뿐이다.

「動靜方圓, 還符四象;
　縱橫闔闢, 止爭一先.」

【動靜方圓】 사람의 행동에서 動靜方圓도 바둑과 부합하여야 함을 말함. 唐나라 李泌이 신동으로 소문이 나자 玄宗이 그를 불렀을 때 마침 張說과 바둑에 대한 이야기를 나누고 있었다. 이에 장설이 이필의 재능을 시험해 보려고 먼저 "바둑에서 方은 바둑판이요 圓은 바둑알이며, 動은 사는 것이요 靜은 죽은 바둑과 같다고 비유할 수 있다"(方若棋局, 圓若棋子, 動若棋生, 靜若棋死)라 하자, 이필이 즉시 "사람의 행동에서 방은 의를 행함이요, 원은 지혜를 쓰는 것이며, 동은 재능을 드러냄이요, 정은 뜻을 얻었을 때의 행동에 비유할 수 있습니다"(方若行義, 圓若用智, 動若逞才, 靜若得意)라 하였다 함.(《鄴侯外傳》)

【四象】 바둑에서의 天, 地, 陰陽, 神明을 뜻함. 班固의 〈棋旨論〉에 "局必方正, 象地則也; 道必正直, 神明德也; 棋必黑白, 陰陽分也; 駢羅列布, 效天文也. 四象旣陳, 行之在人, 蓋王政也"라 하여 바둑의 哲理를 표현함.

【縱橫闔闢】 바둑은 온갖 천화와 작정이 있음을 말함. 李巖의 〈棋賦〉에 "妙縱橫闔闢之機, 神出沒生死之變"이라 함.

【一先】 하나의 차이가 있음. 바둑판은 19줄의 정방형으로 모두 361개의 교차점이 있으며 흑백 바둑알로 하나씩 두어 가면 결국 승부가 나게 되어 있음을 뜻함.

1125

바둑알의 두 상자에서 흑백이 날아와, 하나의 바둑판에 자웅을 다투도다.

「飛兩奩之黑白, 爭一紙之雌雄.」

【兩奩】바둑알을 담는 흑백의 두 상자. 옛날에는 흑 181개, 백 180개로 나누어
 담았다 함. '飛'는 바둑을 두는 속도가 빠름을 뜻함. 王安石의 〈棋〉시에
"戰罷兩奩收黑白, 一枰何處有虧成"이라 함.
【一紙】바둑판을 뜻함.

⊛ 참고

〈技藝〉편 '續增' 9聯

○ 「一長非不足取, 小道亦有可觀.」

○ 「老農老圃, 待學而成; 善繪善書, 惟熟生巧.」

○ 「北有劉石庵, 南有梁山舟, 此文臣之以書擅名者;
　前有惲淸於, 後有金雲門, 此女士之以畫馳譽者.」

○ 「操醫業者十九世, 何元長因得祖傳;
　受方術者十九師, 叶天士乃稱國手.」

○ 「辰州有祝由科, 傳自黃帝; 西醫工解剖術, 效若華陀.」

○ 「劉祿善卜相, 能識未來; 江水通易經, 亦知定數.」

○ 「張曼胥爲堪輿家, 能窺王氣;
　戴敦元精星命學, 戲算泥孩.」

○ 「圓光術, 爲幻術之一種; 催眠學, 乃哲學之緒餘.」

○ 「要之習技務在專心, 而曲學亦堪鳴世.」

30. 송옥訟獄

❋ 본 장은 어쩔 수 없이 휘말리게 되는 소송과 형벌에
관한 내용으로 고대 형벌의 종류와 내용, 그리고 제도의
변화 등에 관한 일화와 고사 등을 모아 설명하고 있다.
(총 30연)

〈繁塔磚〉(북송) 건축재료

1126

세상 사람이란 평형을 이루지 못하면 우는 것이요, 성인으로서는 소송이 없는 것을 가장 귀하게 여긴다.

「世人惟不平則鳴, 聖人以無訟爲貴.」

【不平則鳴】韓愈의 〈送孟東野序〉에 "大凡物不得其平則鳴, 草木之無聲, 風撓之鳴, 水之無聲, 風蕩之鳴, ……金石之無聲, 或擊之鳴, 人之於言也, 亦然也"라 함.
【無訟爲貴】《論語》顔淵에 "子曰: '聽訟, 吾猶人也, 必也使無訟乎.'"라 함.

1127

위에 형벌을 불쌍히 여기는 임금이 있으면 차꼬를 만드는 버드나무가 산 채로 비의 윤택을 입을 것이요.
아래로 억울한 백성이 없으면 폐석肺石이 그대로 맑은 바람이나 맞으며 그대로 있을 것이다.

「上有恤刑之主, 桁楊雨潤;
　下無冤枉之民, 肺石風清.」

【恤刑】형벌에 대하여 신중하고 안타깝게 여김.《尙書》舜典 "惟刑之恤哉"의
  孔穎達 소에 "憂念此刑, 恐有濫失, 欲使得中也"라 함.
【桁楊】고대 죄인의 발이나 목에 씌우는 버드나무로 만든 형구. 첩운연면어의
  물명. 죄인이 없으면 버드나무가 베이지 않고 비를 맞으며 자랄 것임을 말함.
  《莊子》在宥에 "今世殊死者相枕也, 桁楊者相推也, 刑戮者相望也"라 함.
【冤枉】억울함을 뜻함.
【肺石】고대에 억울함이 있으면 돌에 올라 관리에게 호소할 수 있도록 조정
  문 앞에 세워두었던 붉은 돌.《周禮》秋官 大司寇에 "以肺石達窮民. 凡遠近
  惸獨老幼之欲得於上而其上弗達者, 立於肺石三日, 士聽其辭, 以告於上而罪
  其長"이라 함.

1128

비록 감옥을 복당福堂이라 하였다지만, 땅에 금을 그려 감옥이라 해도
사람들은 들어가려 하지 않는 법이다.

「雖囹圄便是福堂, 而畫地亦可爲獄.」

【囹圄】'囹圉'라고도 표기하며 주나라 시대에 감옥을 이렇게 불렀음.(1132 참조)
【福堂】옛사람들은 감옥을 보고 자신을 단련할 수 있는 교훈으로 삼았음.
  《魏書》刑罰志에 "夫人有苦則思善, 故智者以囹圄爲福堂"이라 함. 한편 고대
  감옥을 교화의 자리로 삼아 나쁜 사람이 이곳을 거쳐 선인으로 변화되어
  나오는 곳이라 여긴다는 뜻이라 함.
【畫地】땅에 금을 그어 이곳이 감옥이라 해도 사람들이 들어가려 하지 않음.
  司馬遷 〈報任安書〉에 "故有畫地爲牢, 勢不可入"이라 하였고, 路溫舒의 〈上尙
  德緩刑論〉에 "故俗語云: '畫地作獄, 議不可入; 刻木爲吏, 期不可對.' 此皆疾
  吏之風, 悲痛之辭也"라 함.(《漢書》路溫舒傳,《說苑》貴德)

1129

남과 소송에 얽힘을 '서아작각鼠牙雀角의 다툼'이라 하고,
죄인이 억울함을 호소하는 것을 '창지약천搶地籲天의 불쌍함'이라 한다.

「與人構訟, 曰鼠牙雀角之爭;
　罪人訴冤, 有搶地籲天之慘.」

【鼠牙雀角】 쥐에게 어금니가 없고, 참새에게 뿔이 없다는 등 다툼. 소송을
뜻함. 원래 강제로 폭행당한 여인이 도리어 남자가 자신을 제소하여 차지
하려고 온갖 수단을 부려도 그 남자를 따르지 않겠다는 뜻을 말한 것임.
《詩經》 召南 行露에 "誰謂雀無角, 何以穿我屋? 誰謂女無家, 何以速我獄?
雖速我獄, 室家不足. 誰謂鼠無牙, 何以穿我墉? 誰謂女無家, 何以速我訟?
雖速我訟, 亦不女從"이라 함.
【搶地籲天】 자신의 무고함을 주장하기 위해 땅에 머리를 찧고 하늘을 향해
울부짖음. 《書經》 召誥 "以哀籲天"의 孔穎達 소에 "以哀號呼天, 告冤枉無辜"
라 함. 한편 司馬遷의 〈報任少卿書〉에 "見獄吏則頭槍地, 視徒隸則心惕息"
이라 함.

1130

'폐안'狴犴은 용맹하고 커서 능히 지켜낼 수 있다. 이 때문에 감옥의
대문에 이 폐안의 형상을 그려 붙이는 것이요,
　가시나무는 겉에는 가시가 있고 속은 곧다. 그 때문에 소송을 처리할
때 가시나무 아래에서 했던 것이다.

「狴犴猛大而能守, 故獄門畫狴犴之形;
　棘木外刺而裏直, 故聽訟在棘木之下.」

【狴犴】 전설 속의 야수. 용에게 아홉 아들이 있었는데 그 중 넷째인 이 '폐안'이
가장 흉포했으며 이에 따라 이를 문지기로 삼았다 함. 옛날 감옥의 대문에
이 형상을 그려 붙여 감옥을 대신하는 말이 됨.(《升庵外集》動物 龍生九子)
【棘木】 고대 최고사법관(大司寇)이 판결문을 마지막으로 받고 판정을 내릴
때 가시나무 아래에서 판결을 내렸다 함. 《禮記》王制에 "成獄辭, 史以獄
成告於正, 正以獄成告於大司寇, 大司寇聽之棘木之下"라 함.

1131

향정鄕亭의 작은 행정 단위에는 안岸이라는 감옥이 있었고, 조정에는
'옥'獄이라는 감옥이 있었으니, 누가 감히 간악한 짓을 하고 법을 어기리오.
　사형으로 죽인 자는 다시 살려낼 수 없고, 형벌로 몸의 일부를 잃은
자는 다시 복원시킬 수 없으니 윗사람은 의당 원래의 정황을 잘 살펴 죄를
판결해야 한다.

「鄕亭之繫有岸, 朝廷之繫有獄, 誰敢作奸犯科;
　死者不可復生, 刑者不可復屬, 上當原情定罪.」

【岸】 '犴'과 같음. 鄕亭(지방 행정 단위)의 감옥을 뜻함. 《詩經》小雅 小宛에
"宜岸宜獄"이라 함. 한편 '鄕亭'은 《漢書》百官公卿表(上)에 "大率十里一亭,
亭有長, 十亭一鄕"이라 함.

【死者不可生】한번 사형을 당하여 죽은 자는 다시 살아날 수 없음.《한서》
路溫舒傳의 〈尙德緩刑論〉에 "夫獄天下之命, 死者不可生, 斷者不可屬"이라 함.
(《說苑》貴德篇도 같음) '刑者'는 비록 사형은 아니지만 팔다리를 잘리는
등 신체의 일부를 손상시키는 肉刑을 뜻함.

1132

'영어'囹圄는 주周나라 때의 감옥이며, '유리'羑里는 상商나라 때의 감옥
이다.

「囹圄是周獄, 羑里是商牢.」

【囹圄】'囹圉'로도 표기함. 주나라 때의 감옥 이름.(전출)
【羑里】'牖里'로도 표기하며, 상나라 때의 감옥. 원래는 지명으로 하남 탕음의
북쪽에 있었음. 紂가 西伯(姬昌, 周 文王)을 이곳에 7년 동안 가두자 그가
이곳에서 《주역》의 象辭를 지었다 함. 한편 《廣雅》 釋宮에 "獄, 犴也. 夏曰
夏臺, 殷曰羑里, 周曰囹圄"라 함. '牢'는 '牢獄', 즉 감옥과 같은 말.

1133

'질곡'桎梏을 설치함은 바로 죄인을 구속하는 기구를 갖춤이요,
'유설'縲絏에 묶여 있는 중이라니 어찌 어진 자의 억울함이 없겠는가?

「桎梏之設, 乃拘罪人之具;
　縲紲之中, 豈無賢者之冤.」

【桎梏】 차꼬. 죄인의 손발에 묶는 형구.《周禮》秋官 掌囚에 "中罪桎梏"이라
　하고 鄭玄의 주에 "在手曰梏, 在足曰桎"이라 함.
【縲紲】 죄인을 묶는 끈. 포승줄.《論語》公冶長에 "子謂: 公冶長可妻也. 雖在
　縲紲之中, 非其罪也"라 함.

1134

둘이 다투면서 놓아주지 않음을 일러 '방휼상지'鷸蚌相持라 하고,
무고한 자들을 끌어들이는 것을 일러 '지어수해'池魚受害라 한다.

「兩爭不放, 謂之鷸蚌相持;
　無辜牽連, 謂之池魚受害.」

【鷸蚌相持】 '蚌鷸之爭', '漁父之利'의 고사.《戰國策》燕策(2)에 趙나라가 燕
　나라를 치려 하자 蘇代가 비유를 들어 설명한 것. "今者臣來, 過易水, 蚌方
　出曝, 而鷸啄其肉, 蚌合而拑其喙. 鷸曰: '今日不雨, 明日不雨, 卽有死蚌.' 蚌亦謂
　鷸曰: '今日不出, 明日不出, 卽有死鷸.' 兩者不肯相舍, 漁者得而幷禽之"라 함.
【池魚受害】 궁중에 불이 나면 그 앞 연못의 물을 모두 퍼서 끄느라 물고기가
　화를 입음. "城門失火, 殃及池魚"라 함.(《太平御覽》935에 인용된 《風俗通》)
　그러나 《呂氏春秋》必己篇에 "宋桓司馬有寶珠, 抵罪出亡, 王使人問珠之所在,
　曰: '投之池中.' 於是竭池而求之, 無得, 魚死焉"이라 한 故事가 있으나, 그 뒤

궁중에 불이 나자 그 불을 끄기 위하여 연못의 물을 모두 퍼내어 물고기가 죽게 됨을 뜻하는 말로 바뀐 것임.(《太平廣記》(66), 《藝文類聚》(96), 《增廣 賢文》 등 참조) 北齊 杜弼의 〈檄梁文〉과 《增廣賢文》에도 실려 있음.

1135

'청컨대 그대가 이 항아리로 들어가시지요"請公入甕라 하였으니 고문의 명수 주흥周興이 스스로 그 법에 걸려든 것이요.
　조수를 보고 수레에서 내려 눈물을 흘렸으니 하우夏禹는 백성의 고통을 심히 아프게 여겼던 것이다.

「請公入甕, 周興自作其孽;
　下車泣罪, 夏禹深痛其民.」

【周興】 당나라의 유명한 酷吏. 그가 옥리로서 너무 가혹하였다 함. 그런데 그가 邱神勣과 모의하여 모반을 꿈꾼다는 소문이 돌자 武則天이 다른 옥리를 시켜 알아보도록 하였다. 그는 짐짓 그와 함께 식사를 하면서 "대개 죄인 들은 절대로 실토를 하지 않는다. 어떤 방법을 쓰는가?"(囚多不承, 當置何法) 라 묻자 "큰 독에 집어넣고 불을 피워 달궈나가면 실토하지 않는 자가 있겠 는가?"(取大瓮, 外以炭炙, 令囚入中, 何事不承)라 하였다. 이에 즉시 그를 세워 그 말대로 들어가라 하자 그만 실토를 하고 말았다 한다.(《新唐書》 周興傳)
【夏禹】 禹임금이 순시 중에 죄인을 만나자 그것을 자신의 부덕으로 여겨 눈물을 흘렸다 함. 《說苑》 군도에 "禹出見罪人, 下車問而泣之, 左右曰: '夫罪人不順道, 故使然焉, 君王何爲痛之至於此也?' 禹曰: '堯舜之人, 皆以堯舜 之心爲心, 今寡人爲君也, 百姓各自以其心爲心, 是以痛之.'"라 함.(《十八史略》 권1도 같음)

1136

소송을 즐겨하는 것을 '건송'健訟이라 하고, 소송에 함께 연루되는
경우를 '주련'株連이라 한다.

「好訟曰健訟, 掛告曰株連.」

【健訟】 소송을 밥먹듯이 자주 하는 험악한 사람.《周易》訟卦에 "險而健, 訟"
이라 함.
【株連】 하나의 소송에 많은 사람이 연루됨.《新唐書》吉溫傳에 "株連數十族"
이라 함.

1137

남의 소송을 해결해 주는 것을 '석분'釋紛이라 하고,
남에게 소송을 억울하게 뒤집어씌우는 것을 '가화'嫁禍라 한다.

「爲人解訟, 謂之釋紛;
　被人栽冤, 謂之嫁禍.」

【釋紛】 분규를 풀어줌. 소송을 취하함.《老子》4장에 "挫其銳, 解其紛"이라 함.
【嫁禍】 화를 남에게 전가함. 남의 장물을 맡아두었다가 대신 화를 입음.
《戰國策》魏策(1)에 "內嫁禍安國, 此善事也"라 함.

1138

도형徒刑에 배치되는 것을 '성단'城旦이라 하고, 변방을 지키도록 멀리 군에 보내는 것이 '문군'問軍이다.

「徒配曰城旦, 遣戍是問軍.」

【城旦】 고대 형벌의 일종으로 죄인에게 육형을 내리지 않고 장성 구축하는 일의 徒刑을 시킴. 《史記》 秦始皇本紀에 "令下三十日不燒, 黥爲城旦"이라 하였으며, 裴駰의 集解에 "律說: 論決爲髡鉗, 輸邊築長城, 晝日伺寇虜, 野暮築長城. 城旦, 四歲刑"이라 함.
【問軍】 옛날 형법의 하나로 군대에 충원하는 것. 秦나라 때 형벌로 極邊, 煙瘴(이상 4천 리 밖), 邊遠(3천 리), 邊衛(2천5백 리), 沿海(천 리) 등 5가지 등급이 있었으며 다시 자신만의 종신형과 자손까지 연루되는 등 두 가지 유형이 있었다 함.(《明史》 刑法志)

1139

'삼척'三尺이 바로 조정朝廷의 법이요, '삼목'三木이 바로 죄인의 형벌이다.

「三尺乃朝廷之法, 三木乃罪人之刑.」

【三尺】 옛날 법조문을 3자 짜리 죽간에 기록하였음.(1038 참조)
【三木】 고대 죄인에게 목(械), 손(梏), 발(桎) 세 곳에 나무로 만든 차꼬를
 씌웠음. 이를 '삼목'이라 함.(《後漢書》 馬援傳 李賢 주)

1140

옛날의 오형五刑은 '묵'墨, '의'劓, '비'剕, '궁'宮, '대벽'大辟이 있었고,
지금의 법률로는 '태'笞, '장'杖, '사죄'死罪, '도'徒, '유'流가 있다.

「古之五刑, 墨·劓·剕·宮·大辟;
 今之律例, 笞·杖·死罪·徒·流.」

【五刑】 고대의 극형. '墨'은 먹으로 문신하여 죄인임을 알리는 것(黥刑이라
 고도 함). '劓'는 코를 베는 것. '剕'는 발을 자르는 것. '宮'은 거세하는 것.
 '大辟'은 사형을 뜻하며, 대벽은 다시 周代에는 斬, 殺, 博, 焚, 磔, 踣, 罄
 등이 있었고, 秦代에는 斬, 梟首, 車裂, 棄市, 腰斬, 支解, 磔, 蒺藜, 鑿顚, 抽脅,
 鑊烹 등이 있었으며, 漢代에는 腰斬, 棄市, 梟首, 磔 등이 있었다 함.(《尙書》
 舜典,《舊唐書》 刑法志)
【律例】 형법을 정한 법률. '笞'는 작은 죽장이나 가시나무로 등이나 둔부,
 대퇴부를 때리는 것. '杖'은 그보다 큰 죽판으로 때리는 것. '私는 絞나 斬과
 같은 사형(隋唐), 혹은 陵遲處斬(宋 이후), 梟首(明淸)를 말한다고 함. '徒'는
 노역을 시키는 것. '流'는 그 죄에 따라 원근을 정하여 유배를 보내는 것.
 '遷'(秦), '徒邊'(漢), '流'(南北朝) 등 명칭이 달라졌다 함.

1141

상고시대에는 나무를 깎아 관리라고 해도 두려워했건만 지금은 그 순박한 풍속이 어디에 있는가?

당唐 태종太宗이 죄수를 풀어주어 다시 감옥으로 오도록 하였으니 옛사람의 믿음을 지키는 성의는 가상하다 하리라.

「上古時削木爲吏, 今日之淳風安在;

　唐太宗縱囚歸獄, 古人之誠信可嘉.」

【削木爲吏】 관리(옥리)에 대하여 무서워함을 뜻함. 나무를 깎아 이를 관리라고 해도 백성들은 감히 그에게 따지려 들지 않고 따름. 司馬遷의 〈報任少卿書〉에 "削木爲吏, 議不可對"라 함.(1128 참조)

【縱囚】 당 태종이 직접 사형수를 만나보고 불쌍히 여겨 모두 석방한 후 이듬해 가을 다시 되돌아와 사형을 받을 것을 제의하였더니 모두 되돌아 왔으며, 그 약속을 지킨 것을 가상히 여겨 390명 모두를 풀어주었음.(《舊唐書》太宗本紀) 이에 대해 歐陽修는 〈縱囚論〉이라는 글을 쓴 것이 있음.

1142

송사가 없어 법원 뜰에 꽃이 떨어져 한가하며 감옥에는 푸른 풀이 자라난다 하였으니 이는 하역우何易于가 백성을 다스림이 간편했음을 노래한 것이요,

관리는 얼음 위에 서 있는 것처럼 투명해야 하며 거울 속을 걷는 듯이 누구에게나 보여야 한다 하였으니 이는 노환盧奐의 판결이 맑았음을 찬미한 것이다.

「花落訟庭閑, 草生囹圄靜, 歌何易治民之簡;
　吏從冰上立, 人在鏡中行, 頌盧奐折獄之淸.」

【花落訟庭閑】송사가 없어 법원 뜰에 꽃이 떨어져 한가하며 다음 구절은
감옥에는 푸른 풀이 자람을 말함. 唐代 何易于가 益昌令을 지낼 때 덕정을
베풀어 송사가 없이 평화롭고 옥이 비어 백성들이 이를 찬미하여 "花落訟
庭閑, 草生囹圄靜"이라 노래함.(《新唐書》循吏 何易于傳)
【吏從冰上立】唐나라 盧奐이 南海郡守였을 때 그 전의 관리는 뇌물을 먹고
법을 마음대로 시행했지만, 그가 새로 부임하여 청렴과 덕정으로 이끌자
풍속이 일신하게 되어 백성들이 "抱案吏從冰上立, 訴冤人在鏡中行"이라 노래
했다 함.(《舊唐書》盧奐傳) 소송을 맡은 관리는 얼음 위에 선 듯 투명하고
억울함을 호소하는 사람은 거울 위를 걷는 듯 다 밝혀진다는 뜻.

1143

가히 알 수 있도다. 치란治亂의 약석藥石으로 형벌이 중요하며,
흥평興平의 양육粱肉으로 덕교德敎가 우선임을.

「可見治亂之藥石, 刑罰爲重;
　興平之粱肉, 德敎爲先.」

【藥石·粱肉】後漢 崔寔의 〈政論〉에 "爲國之法, 有似攝身, 平則欲養, 疾則治
攻焉. 夫刑罰者, 治亂之藥石; 德敎者, 興平之粱肉也. 以德敎除殘, 是以粱肉
治疾也; 以刑罰治平, 是以藥石供養也"라 함.(《後漢書》崔寔傳)

▶ 增文

1144

‘오대’烏臺는 법률을 정하는 곳이며, ‘상위’象魏는 법령을 내걸어 알리는
곳이다.

「烏臺定律, 象魏懸書.」

【烏臺】烏府, 御史臺의 별칭.(800 참조)
【象魏】‘魏闕’과 같음. 궁문 위의 樓觀을 말하며 그 아래로 법령을 걸어 알림.
위는 높다(巍)의 뜻. 뒤에 조정을 뜻하는 말로 쓰임.(813 참조)《周禮》天官
大冢宰에 “正月之吉, 始和, 布治於邦國都鄙, 乃縣治象之法於象魏. 使萬民觀
治象, 挾日而斂之”라 하였으며,《莊子》讓王에 “身在江海之上, 心居乎魏闕
之下”라 함.

1145

오직 충성되고 믿음이 있으며 자상함과 은혜를 베풀 줄 아는 법관만이
소송을 판결하고 형법을 실질에 맞게 다스릴 수 있으리라.

「惟忠信慈惠之師, 有折獄致刑之實.」

【忠信慈惠】《漢書》刑法志에 "猶求聖哲之士, 明察之官, 忠信之長, 慈惠之師, 民於是乎可任使也, 而不生禍亂"이라 함.
【折獄致刑】판결하여 형법을 실행함.《周易》豐卦에 "象曰: 雷電皆至, 豐, 君子以折獄治刑"이라 함.

1146

중죄를 잘못하여 경죄로 판결할지언정 경죄를 중죄로 판결하여 무고한 자가 생기지 않도록 간절히 염려해야 한다.
의義의 지나침보다는 인仁을 지나치게 함이 나은 것이니 모름지기 차마 하지 못하는 마음을 늘 간직하고 있어야 한다.

「失入寧失出, 須當念切於無辜;
　過義寧過仁, 務必心存其不忍.」

【失入寧失出】중죄를 잘못하여 경죄로 판결할지언정 경죄를 중죄로 판결하여 무고한 자가 생기지 않도록 해야 함을 뜻함.《書經》大禹謨에 "與其殺不辜, 寧失不經"이라 함.
【過義寧過仁】義(엄정한 판결)가 지나침보다는 仁(관대함)을 지나치게 함이 낫다는 뜻. 蘇軾은 〈刑賞忠厚之至論〉에서 "過於仁, 不失爲君子; 過於義, 則流而入於仁. 人故仁可過也, 義不可過也"라 함. 여기서 인은 '殘忍'을 뜻함.
【不忍】《孟子》公孫丑(上)에 "人皆有不忍人之心. 先王有不忍人之心, 斯有不忍人之政矣. 以不忍人之心, 行不忍人之政, 治天下可運之掌上"이라 함.

1147

다섯 가지를 잘 살펴 그에 맞게 해야 하니 응당 정밀하고 자세해야 하며,
세 가지 단계의 신문을 하되 그 문서에 따라 의당 신중함을 다해야 하는
것이다.

「察五聲而審克, 應爾精詳;
　訊三刺以簡孚, 宜乎謹愼.」

【五聲】혐의자를 살피는 다섯 가지 의견과 방법.《周禮》秋官 小司寇에 “以
　五聲聽獄訟, 求民情: 一曰辭聽, 觀其出言, 不直則煩; 二曰色聽, 觀其顔色,
　不直則赧; 三曰氣聽, 觀氣氣息, 不直則喘; 四曰耳聽, 觀氣聽聆, 不直則惑;
　五曰目聽, 觀其眸子視, 不直則眊然”이라 함.
【三刺】고대에 판결을 내리고 나서도 세 단계의 심의와 의견을 청취함.《周禮》
　秋官 司刺에 “司刺掌三刺, 三宥, 三赦之法, 以贊司寇聽獄訟. 壹刺曰訊群臣,
　再刺曰訊群吏, 三刺曰訊萬民”이라 함.

1148

감옥이 비어 쑥이 자랐던 천보天保 초년의 시대를 사람들은 그리워하고,
법정의 건물이 한가하여 까치가 둥지를 틀었던 당 현종玄宗의 즉위
초기를 세상에서는 자랑하고 있다.

「蒿滿圜扉之宅, 人懷天保初年;
　鵲巢大理之庭, 世譽玄宗卽位.」

【蒿滿圜扉】 감옥이 비어 쑥이 자람. 北齊 天保 초년에 대사면을 내리자 감옥이
비었다 함. '圜扉'는 감옥의 문을 가리킴. 《釋名》 釋宮室에 "獄又謂之圜土,
築其表牆, 其形圜也"라 함.
【天保】 北齊 文宣帝의 연호. 550～559년간.
【鵲巢大理】 '大理'는 법정. 법원의 건물에 까치가 둥지를 틀었음을 통해 소송이
줄어 한가함을 표현함. 唐 玄宗이 즉위하고 20여 년 간 태평하여 송사가
줄어들자 당시 大理卿(지금의 대법원장) 徐嶠가 "大理院由來相傳, 殺氣大盛,
鳥雀不棲. 今獄有鵲巢其樹"라 함.

1149

죄수복을 입은 자가 거리에 가득했다 했으니 어찌 그 가혹함을 견뎌낼
수 있었겠으며,
　검은 도끼를 옥문 앞에 나열하여 형벌의 무서움을 백성에게 보였다
했으니 그 잔혹함도 면할 수 없도다.

「赭衣滿道, 何其酷烈難堪;
　玄鉞羅門, 未免摧戕太甚.」

【赭衣滿道】 진 시황이 천하를 통일한 후 형벌을 받는 자(당시 붉은 옷을 입혔음)
가 너무 많아 길에 가득하였음. 《漢書》 刑法志에 "秦兼呑戰國, 毁先王之法,

滅禮義之官. 專任刑罰, ……而邪奸並生, 赭衣塞路, 囹圄成市, 天下愁怨, 潰而叛之”라 함.

【玄鉞羅門】검은 도끼(참수용)를 옥문 앞에 나열하여 형벌의 무서움을 백성에게 보임. 잔혹함을 뜻함.《隋書》刑法志에 “棄灰偶語, 生愁怨於前; 毒網凝科, 害肌膚於後; 玄鉞肆於朝市, 赭衣飄於路衢”라 함.

1150

문 앞에 판결 결과를 두고 여론이 비등함은 불안함을 감추지 못함을 말하는 것이요,

쓰러진 나무에 알이 온전한 둥지가 있을 수 없다 함은 가슴을 쓸며 어찌 참을꼬 하는 모습이다.

「門有沸湯之勢, 撫念不安;
　巢無完卵之存, 捫心何忍.」

【門有沸湯之勢】판결을 내리고 나면 문 앞에 여론이 들끓음. 唐나라 李義甫(李義府)는 매관매직의 탐관오리로 소문이 난 뒤에 가족이 모두 법에 걸려들자 그 법원 앞에 사람들이 모여 웅성거렸다 함.(《唐語林》)

【巢無完卵之存】새 둥지가 있던 나무가 쓰러지면 그 둥지 안의 새알이 온전할 수 없음.《世說新語》言語에 “孔融被收, 中外惶怖. 時融兒大者九歲, 小者八歲; 二兒故琢釘戲, 了無遽容. 融謂使者曰: ‘冀罪止於身. 二兒可得全不?’ 兒徐進曰: ‘大人豈見覆巢之下, 復有完卵乎?’ 尋亦收至.”라 하였고,《後漢書》孔融傳에는 “‘父執而不起, 何也?’ 答曰: ‘安有巢毀, 而卵不破者乎!’”라 함. 한편《戰國策》趙策(4)에 “臣聞之: ‘有覆巢毀卵, 而鳳皇不翔; 刳胎焚夭, 而騏驎不至.’”라 함.

1151

비록 사형으로 사형을 막는다 하였고, 형벌은 형벌이 없기를 바라는
뜻에서 어쩔 수 없는 것이라 하였다.

「雖辟以止辟, 還刑期無刑.」

【止辟】대벽의 형벌로 邪辟한 짓이 없도록 함. 범죄를 미리 막는 효과를 뜻함.
《書經》君陳에 "辟以止辟, 乃辟"이라 함.
【無刑】형벌은 형벌이 없기를 바라는 뜻에서 어쩔 수 없이 시행하는 것임.
《書經》大禹謨에 "刑期於無刑, 民協於中"이라 함.

1152

《주례周禮》에는 세 가지 감형의 조건이 있다 하였으니 천추千秋에 법으로
여길 것이요,
　우虞나라 순임금의 조정에는 사면의 법전法典이 있다 하였으니 만고
萬古에 칭송하는 바이다.

「周禮有三宥之詞, 千秋可法;
　虞廷有肆赦之典, 萬古常稱.」

【三宥】세 가지 감형의 조건. 즉 모르고 저지른 죄, 과실, 잊고 한 죄 등
  세 가지는 관용을 베풂.《周禮》秋官 司刺에 "司刺掌三刺, 三宥, 三赦之法
  ……壹宥曰不識, 再宥曰過失, 三宥曰遺忘"이라 함.
【肆赦】사면을 베풂을 뜻함.《書經》舜典에 "眚災肆赦"라 하고, 孔安國의
  傳에 "眚, 過. 災, 害. 肆, 緩. 過而有害, 當緩赦之"라 하여 벌을 완화함을
  뜻함.

1153

파리가 붓 끝에 모여들어 사면령이 내릴 것임을 이미 알게 되었고,
  까마귀가 한 밤중에 울어 은혜로운 용서가 있을 것임을 미리 알게
되었다.

「蠅集筆端, 識赦書之已就;
  烏啼宵夜, 知恩詔之將頒.」

【蠅集筆端】파리가 붓 끝에 모여듦. 前秦의 왕 苻堅이 대사면령을 내리려고
  甘露堂에서 비밀리에 王猛, 苻融 등과 몰래 의논을 하면서 그 문서도 직접
  작성하고 있을 때 크고 파란 파리(靑蠅) 한 마리가 그 붓 끝에 앉아 이를
  쫓아버렸지만 다시 날아와 앉곤 했음. 그런데 잠시 후 거리의 사람들이
  곧 사면이 있을 것이라 알기에 추궁하였더니 어떤 靑衣童子가 일러주더라 함.
  이에 부견은 "방금 그 푸른 파리로다"(是前靑蠅也)라 하였다 함.(《晉書》載記
  苻堅傳)

【烏啼宵夜】南朝 宋 文帝 때 彭城王 劉義康을 豫章太守로, 臨川王 劉義慶을 江州太守로 좌천시키려 하자 이를 미리 들은 두 사람이 울었음. 이를 안 문제가 크게 화를 내며 모든 관직을 파직시키겠다고 함. 그런데 그 날 밤 기녀가 밤에 까마귀 우는 소리를 듣고 "내일 사면이 있을 것"이라 일러주었다 함. 이로써 〈烏夜啼〉라는 노래가 생겨났다 함.(《舊唐書》音樂志)

1154

'사면이 없어야 형벌은 공평하다'고 한 것은 왕통王通의 이론이니 어찌 완전히 틀린 말이라고만 하겠는가?

'사면이 잦으면 백성들이 법을 공경하지 않는다'고 한 것은 관자管子의 말이니 이 역시 모두 틀린 말은 아니로다.

「無赦而刑必平, 文中之論, 夫豈全誣;
　多赦則民不敬, 管子之言, 亦非盡謬.」

【文中】隋나라 때 학자 王通의 《中說》(일명 《文中子》)에 "無赦之國, 其刑必平"이라 함.

【管子】춘추시대 齊 桓公을 도와 패업을 이룬 사람. 管夷吾, 管仲.《管子》法法에 "赦出則民不敬, 惠行則過日益"이라 함.

1155

제갈공명이 촉蜀을 다스리며, 사면령을 마구 내리지 않은 것은 그 이유가
있었고,
오한吳漢은 임종에 사면령을 반대하는 말로 유촉遺囑을 남겼다.

「孔明治蜀, 所以不行;
　吳漢臨終, 於焉致囑.」

【孔明】삼국 촉의 재상 제갈량은 20여 년 동안 사면령을 가볍게 내린 적이
　없었다 함.(《三國志》蜀書 後主傳)
【吳漢】동한 초기 오한(?~44)은 말 장수를 하다가 뒤에 劉秀(光武帝)를 도와
　동한을 세운 후 大司馬를 거쳐 廣平侯에 봉해짐. 그가 병이 깊어졌을 때
　광무제가 치국의 원칙을 묻자 "臣愚無知識, 但願陛下謹無赦而已"라 하여
　사면령을 반대했었음.(《後漢書》吳漢傳) '囑'은 '부탁하다', '유촉을 남기다'의 뜻.

✿ 참고

〈訟獄〉편 '續增' 1聯

○ 「訴訟有法, 監獄有規.」

31. 석도귀신 釋道鬼神

✸ 본 장은 중국의 불교와 도교, 심지어 미신에 이르기까지
명칭과 발전, 유래 등 신앙활동에 대한 역대 기록과 고사를
모아 설명하고 있다.(총 42연)

〈三彩天王俑〉(唐) 明器 1955 陝西 長安 출토

1156

‘여래불가’^{如來釋迦}는 석가모니이니 처음 성불^{成佛}한 사람이다.
‘노담^{老聃} 이이^{李耳}’는 도군^{道君}이니 이는 도교^{道敎}의 조종^{祖宗}이다.

「如來釋迦, 卽是牟尼, 原係成佛之祖;
　老聃李耳, 卽是道君, 乃爲道敎之宗.」

【如來釋迦】 ‘如來’는 범어 ‘Tathāgata’의 의역으로 ‘진리를 완전히 깨달은 자’를 뜻하며, ‘석가’는 종족 이름. ‘석가모니’는 중국 한자로 성은 ‘고다마(喬答摩)’, 이름은 ‘싯다르타(悉達多)’임. 그리고 선각자란 뜻으로 ‘佛陀’라 함.

【老聃李耳】 老子는 성은 李씨이며 이름은 耳, 자는 伯陽, 시호는 聃임.(《史記》老莊申韓列傳) 뒤에 老莊學이 道敎로 승격되면서 ‘太上老君混元上德皇帝’라는 칭호를 붙여 추앙하였으며 이를 줄여 ‘道君’이라 부름. 《太平御覽》(659)에 《秘要經》을 인용하여 “太淸宮皆有僚屬, 其最高者稱太皇, 紫皇, 玉皇. 其高總稱大道君”이라 하였고, 같은 《태평어람》(662)에 인용한 陶弘景의 《登眞隱訣》에는 “三淸九宮幷有僚屬, 左勝於右, 其高總稱曰道君, 次眞人, 眞公, 眞卿, ……官位甚多”라 함. 그리고 唐 高宗 乾封 원년(666)에 노자를 ‘太上玄元皇帝’로 봉하였으며 宋 眞宗 祥符 6년(1013)에 ‘太上老君混元上德皇帝’라 호를 정했음.

한편 道敎는 東漢 順帝 때 張陵이 ‘五斗米敎’를 제창하면서 노자를 신봉하였고, 《老子》 책을 경으로 여겼으며 東晉의 葛洪, 북조 北魏의 寇謙之, 남조 宋의 陸修靜 등이 점차 교리와 儀式을 세워나갔음. 그리고 唐代에 이르러 ‘道敎三經’이 갖추어졌으며, 이에 따라 天寶 연간에 《老子》를 《道德經》으로, 莊子(莊周)》를 ‘南華眞人’으로 하고 《莊子》 책 역시 《南華眞經》(天寶 元年, 742년)으로, 그리고 이 《列子》를 《冲虛至德眞經》(역시 742년)이라 하여 道敎 經典으로 격상시켜 도교가 자리를 잡게 되었다.

1157

‘취령’鷲嶺, ‘기원’祇園은 모두가 불국佛國에 속한 것이며,
‘교리’交梨, ‘화조’火棗는 모구가 신선들의 단학丹學에 관한 것이다.

「鷲嶺・祇園, 皆屬佛國;
　交梨・火棗, 盡是仙丹.」

【鷲嶺】 범어 ‘Grdhrakǔta’(耆闍崛山)의 음역. 흔히 ‘靈鷲山’으로 번역함. 석가
　모니가 다년간 이 곳에서 설법을 하였다 함.(《大明三藏法數》24)
【祇園】 범어 ‘Jetavanavihāra’의 ‘祇樹及孤獨園’, 혹 ‘勝林及孤獨園’을 말함.
　‘祇園精舍’로도 칭하며 王舍城의 ‘竹林精舍’와 함께 불교 양대 성지로 석가가
　성도 후에 이곳에서 25년간 불법을 설강했다 함.(《佛國記》,《大涅槃經》29)
【交梨・火棗】 晉나라 許穆이 華陽洞에 들어가 金丹을 제련하여 도를 터득
　하자 西王母의 제 28째 딸인 선녀 紫微夫人이 나타나 책을 주면서 “玉醴,
　金漿, 交梨, 火棗, 此飛騰之藥, 不比金丹”이라 하였다 함.(陶弘景《眞誥》)

1158

‘사문’沙門을 석釋이라 칭하기 시작한 것은 진晉나라 도안道安에서 비롯
되었고,
중국中國에 불교가 들어온 것은 한漢나라 명제明帝 때 시작되었다.

「沙門稱釋, 始於晉道安;
　中國有佛, 始於漢明帝.」

【沙門】‘沙門那’의 약칭으로 범어 ‘Sarmana’의 음역. 의역으로는 ‘勤勞’, ‘靜志’, ‘息惡’, ‘修道’ 등으로 번역함. 원래 出家修身하는 자를 일컫는 말.
【道安】東晉 때의 승려(314~385). 속성은 衛. 12세에 출가하여 佛圖澄을 사사, 뒤에 襄陽에서 15년 법문을 펴고 있을 때 前秦 왕 苻堅이 양양을 함락하여 (379) 그를 데리고 長安에 가서 政事에 자문을 구함. 그 때 그는 五重寺에 머물며 수천 명의 學僧을 거느리고 易經 사업에 몰두, 처음으로 불경 목록을 정리함. 평생 般若經 연구에 힘을 기울였으며 ‘本無宗’을 창시함. 그는 사문은 모두 성을 ‘釋’으로 하여야 한다고 주장하였으며 ‘僧尼規範’을 제정하여 불교 발전에 큰 공을 세웠음.(《高僧傳》卷五)
【明帝】동한 明帝(28~75) 때 처음으로 불교가 들어왔음.《後漢書》西域傳에 “明帝夢金人長丈餘, 飛空而下, 訪之群臣. 傅毅曰: ‘西域有神, 其名曰佛, 陛下所夢, 得母是乎!’ 乃使蔡愔等往天竺國, 求得其書, 由是化流中國”이라 함. 이를 ‘夢感求法’이라 함.(1083 참조)

1159

‘전갱’籛鏗이 바로 팽조彭祖이니 8백 살을 살았다 하며,
　‘허손’許遜은 원래 정양旌陽의 읍재 벼슬을 한 사람으로 한 집안 전체가 신선이 되어 승천하였다 한다.

「籛鏗即是彭祖, 八百高年;
　許遜原宰旌陽, 一家超擧.」

【彭祖】중국 전설에 나오는 가장 오래 산 사람.
이름은 籛鏗으로 顓頊의 후예이며 陸終의 아들로
8백 세를 살았다 함.(《神仙傳》彭祖)
【許遜】진나라 사람으로 旌陽令을 지내다가 벼슬을
그만두고 돌아와 諶母를 만나 도술을 터득한 후
寧康 3년(374) 8월 15일 전 가족 42명과 집, 닭과
개까지 데리고 선인이 되어 승천했다 함.(《太平
廣記》神仙 許君傳)

〈彭祖〉

1160

‘바라’波羅는 범어로 피안彼岸의 뜻이요, ‘자부’紫府는 바로 신선들이
사는 궁궐이다.

「波羅猶云彼岸, 紫府卽是仙宮.」

【波羅】波羅蜜, 혹 波羅蜜多의 줄인 말. 범어 ‘Pāramitā’의 음역. ‘到彼岸’,
‘度無極’으로 의역되며, ‘이 生死迷界로부터 涅槃解脫의 저쪽 언덕(彼岸, 佛國)
으로 가다’의 뜻.(《琅琊臺醉編》波羅蜜)
【紫府】전설 속의 신선 세계. 그곳의 官府.《抱朴子》祛惑에 "及到天上, 先過
紫府"라 함.

1161

‘방사’上方니 ‘범찰’梵刹이니 하는 것은 모두 불교의 사원을 뜻하며,
‘진우’眞宇니 ‘예주’蕊珠니 하는 것은 모두 신선들의 선경仙境을 일컫는
말이다.

「日上方·日梵刹, 總是佛場;
　日眞宇·日蕊珠, 皆稱仙境.」

【上方】 禪宗 寺院의 住持가 있는 곳. 원래 維摩詰 거사가 있는 蝸室이며 이를
‘方丈’이라 함. 이를 높여 ‘上人之方丈’이라 함.(《維摩詰經》)
【梵刹】 ‘梵’(Brahma)는 ‘淸靜’이라는 뜻이며 ‘刹’(Ksetra)은 ‘곳’, ‘장소’라는 뜻.
따라서 ‘淸靜之地’의 뜻으로 佛國, 佛地, 佛場이며 이에 伽藍(僧院)을 가리
키는 말로 쓰임.
【眞宇】 ‘列眞之宇’의 뜻으로 도가의 仙境.(《文選》 左思 吳都賦 注)
【蕊珠】 역시 도가의 선경을 가리킴.(《雲笈七籤》 11)

1162

‘이포찬’伊蒲饌은 승려들의 재齋에 쓰도록 하는 물건을 말하며, ‘청정반’
靑精飯 역시 불전에 바치는 공양으로 쓸 수 있다.

「伊蒲饌可以齋僧, 靑精飯亦堪供佛.」

【伊蒲饌】 동한 明帝의 배다른 아우 楚王(劉英)이 불교를 믿자 사람들이 이상히 여겨 모반을 꿈꾼다고 알려왔다. 명제는 이에 그 아우에게 비단 34필을 바치는 것으로 사죄를 대신한다고 가볍게 처리하면서 "초왕은 황로술을 좋아하고 불교의 가르침을 숭상한 것이다. 그가 속죄로 내놓은 비단은 이 포색과 상문의 비용으로 돕겠다"(王好黃老之術, 尙浮屠敎, 還其贖, 以助伊蒲塞·桑門之盛饌)고 하였다.(《後漢書》 楚王英傳) 여기서 '伊蒲塞'는 在家佛子를 뜻하며 '桑門'은 출가한 승려를 말함. '沙門'의 초기 역음. '이포새'는 '우바새(優婆塞)', '優波裟迦'로도 쓰며 'Upagupta'의 역음. '淸信士', '近善男' 등의 뜻으로 三寶와 五戒를 접수하여 집에서 불교를 믿는 居士를 가리키는 말.
【靑精飯】 부처님 공양으로 바치는 푸른색의 밥. 南燭이라는 약초의 잎을 달여 즙을 낸 파란 물로 밥을 하여 색깔이 나게 함. 4월초파일 이 밥으로 공불한다 함.(《登眞要訣》)

1163

'향적주'香積廚는 승가僧家에 구비된 것이요,
'선린포'仙麟脯는 신선을 믿는 자들의 찬반餐飯이다.

「香積廚, 僧家所備;
　仙麟脯, 仙子所餐.」

【香積廚】 사원의 주방. 香積如來가 衆香國의 발우에 香飯을 담아 와 菩薩로 화하였다 함.(《維摩詰經》 香積佛品)
【仙麟脯】 기린의 고기를 말려 만든 포. 선인 麻姑가 먹는 식품이라 함.(《神仙傳》 麻姑)

1164

불도징佛圖澄은 신통함을 보여주어 주문을 외우자 발우에 연꽃이 피어났고,
갈선옹葛仙翁이 마술을 부리자 입안의 밥알이 나와 벌떼로 변하였다.

「佛圖澄顯神通, 咒蓮生鉢;
 葛仙翁作戲術, 吐飯成蜂.」

【佛圖澄】 西晉과 後趙 시대의 승려(232~348). 西域人으로 永嘉 4년(310)에 洛陽으로 와서 石勒이 後趙를 세우자 귀신과 방술로 신임을 얻어 정치에 참여, '大和上'으로 불렸음. 아울러 불교를 전파하여 제자가 수만 명에 달했다 함.(《高僧傳》 권9) 그가 석륵에게 신통술을 보일 때 발우에 물을 떠서 향을 피워 주문을 외우자 발우에 연꽃이 피어올랐다 함.
【葛仙翁】 삼국시대 방사 葛玄. 그가 먹던 밥을 품어 뱉으면 모두 벌로 변하였으며 다시 입을 열면 들어와 밥알이 되었다 함.(《神仙傳》 葛玄) 《搜神記》(1)에 "乃嗽口中飯, 盡變大蜂數百, 皆集客身, 亦不螫人. 久之, 玄乃張口, 蜂皆飛入. 玄嚼食之, 是故飯也"라 함.

1165

달마達摩는 갈대 잎 하나로 강을 건넜고, 난파欒巴는 입에 머금은 술을 품어 화재를 소멸시켰다.

「達摩一葦渡江, 欒巴噀酒滅火.」

【達摩】南天竺國 출신으로 '菩提達磨'(?~528). 남조 宋 말에 배로 廣州에 도착, 계속 북행하자 양 무제가 듣고 그를 금릉(건강, 남경)으로 초청했으나 뜻이 맞지 않아 다시 북쪽으로 향하면서 禪學을 전파하였음. 洛陽을 거쳐 嵩山의 少林寺에서 9년간 面壁修道함. 중국 선종을 개창한 初祖. 그가 長江에 닿았으나 배가 없자 갈대 잎 하나를 띄워 이를 타고 건넜다 함.(《景德傳燈錄》)

【欒巴】동한의 방사이며 관리(?~168). 郎中과 太守, 議郎 등의 벼슬을 지냈으나 黨錮之禍에 陳藩 등을 변호하다가 옥에 갇혀 자살함. 그가 桓帝의 초청으로 元旦의 연회에 참가했을 때 황제가 내린 술을 입에 품었다가 서쪽 벽을 향해 내뿜으니 有司가 불경스럽다고 꾸짖자 "제가 살고 있는 성도에 불이 나서 이를 끄는 것입니다"(臣本縣成都有火患, 故噀以滅火)라 함. 과연 며칠

〈達摩禪師〉淸, 丁觀鵬

후 성도에 불이 났었음을 알려왔다 함.(《神仙傳》欒巴) 이와 비슷한 이야기가 《搜神記》(2) 樊英의 고사로 실려 있음.

1166

오맹吳猛은 강물을 갈라 길을 만들었고, 마고麻姑는 쌀을 뿌려 구슬로 변하게 하였다.

「吳猛畫江成路, 麻姑擲米成珠.」

【吳猛】 진나라 오맹이 신선을 만나 방술을 익힌 후 집에 돌아오는 길에 강을 건널 수 없게 되자 가지고 있던 부채로 물을 그리자 물이 갈라져 큰 길이 생겼으며 다 건너고 나서 다시 물이 이어졌다 함.(《太平廣記》神仙 吳眞君) 《搜神記》(1)에도 "江水大急, 人不得渡. 猛乃以手中白羽扇畫江水, 橫流, 遂成 陸路, 徐行而過. 過訖, 水復. 觀者駭異"라 함.
【麻姑】 중국 고대 전설 속의 선녀. 많은 신선술을 부렸으며 그 중에 쌀을 던져 구슬로 변하게 하기도 하고 영지로 술을 담가 蟠桃로 서왕모를 축수한 이야기 등 매우 널리 퍼져 있음.《列仙傳》에 "麻姑姓鮑字瓊仙, 嘗與王方平 降蔡經家, 姑取米數升擲於地, 米盡成珠"라 함.

1167

'비석'飛錫과 '괘석'掛錫은 스님들의 행동을 말하는 것이요,
'도인'導引과 '태식'胎息은 도사들의 수도법을 일컫는 말이다.

「飛錫·掛錫, 謂僧人之行止;
　導引·胎息, 謂道士之修持.」

【飛錫·掛錫】 승려의 지팡이. '錫'은 긴 지팡이 위쪽 끝에 주석 방울을 달아
　소리가 나게 했으며 걸을 때는 짚고(비석), 쉴 때는 걸어두어(괘석) 이름이
　붙었음.(《高僧傳》, 《釋氏要覽》 下)
【導引】 도가에서 修練하는 방법 중의 하나로 호흡과 안마, 신체의 굴신 운동,
　동물 형태의 자세 등을 통해 단련하는 것. 한대에는 華佗가 '五禽戲'를
　만들었으며(《後漢書》 華佗傳), 뒤에 '易筋經', '八段錦' 등의 도인건강법이
　있었음. 《抱朴子》 微旨에 "唯導引可以難老矣"라 함.
【胎息】 '服氣'라고도 하며 기공을 심하게 단련하여 마치 아이가 태반에 있을
　때 코를 사용하지 않고 숨을 쉬는 것과 같다 하여 붙여진 이름. 《抱朴子》
　滯에 "得胎息者, 能不以口鼻噓吸, 如人在胎胞之中"이라 함.

1168

스님의 배례拜禮를 '화남'和南이라 하고, 도사의 배례를 '계수'稽首라 한다.

「和尚拜禮曰和南, 道士拜禮曰稽首.」

【和南】 범어 'Vandana'(和南)와 'Namaskāra'(那謨悉羯羅)의 음역 합성. 뜻은 '높이
　공경합니다'라 함. '槃南'으로도 번역함. 白居易의 〈讚僧偈〉에 "故我稽首,
　和南僧寶"라 함. 〈복단본〉 주에 "千里相聚曰和, 父母反拜曰南, 僧家作禮,
　謂之和南"이라 함.
【稽首】 머리를 숙여 땅에 닿도록 하는 것으로 중국 고유의 예법. 九拜 중에
　가장 공경을 표하는 예.(《書經》 舜典)

1169

'원적'圓寂이니 '다비'茶毗니 하는 것은 모두가 스님의 죽음을 말하는 것이요,

'우화'羽化니 '시해'尸解니 하는 것은 모두가 도사의 죽음을 일컫는 말이다.

「曰圓寂·曰茶毗, 皆言和尚之死;

曰羽化·曰尸解, 悉言道士之亡.」

【圓寂】 범어 'Parinirvāna'의 역어로 圓滿寂滅의 뜻. 모든 악을 멸하고 깨끗하게 됨을 말함.(《心經略》疏)

【茶毗】 원문은 '茶毗'(도비)로 잘못 표기되어 있음. 범어 'Jhāpita'의 음역. '梵燒', '火葬'의 뜻. 원래 인도 葬法의 하나임.(《一切經音義》)

【羽化】 날개와 깃털이 나서 날 수 있음. 신선이 되어 하늘로 날아감. 도교에서 죽음을 뜻함.《晉書》許邁傳에 "邁自後莫測所終, 好道者皆謂之羽化矣"라 함.

【尸解】 육신의 구속을 모두 풀어버림. 도가에서의 죽음을 뜻함.(《論衡》道虛)

1170

여자 도사를 '무'巫라 하고 남자 도사를 '격'覡이라 하여 옛날부터 구분이 있었고,

남자 중을 '승'僧, 여승女僧을 '니'尼라 하여 종래부터 구별이 있었다.

「女道曰巫, 男道曰覡, 自古攸分;
　男僧曰僧, 女僧曰尼, 從來有別.」

【巫·覡】 '巫'는 여자 무당(여도사), '覡'은 남자 무당(박수무당, 남도사). 《國語》
楚語(下)에 "在男曰覡, 在女曰巫"라 함.
【僧·尼】 '僧'은 범어 'Singha'로 '合', '衆', '和合衆', '法衆' 등의 뜻. 원래 4명 이상을
가리키는 말이었으나 뒤에 출가한 남자 승려를 뜻하는 말로 쓰임. '比丘'
(Bhikṣu)라고도 함. '尼'는 범어 'Bhikṣuni'(比丘尼)의 약칭. 한어로는 '尼姑'라고도
하며 여승을 가리킴.

1171

'우객'羽客과 '황관'黃冠은 도사를 지칭하는 말이며,
'상인'上人과 '비구'比丘는 스님을 아름답게 칭하는 말이다.

「羽客·黃冠, 皆稱道士;
　上人·比丘, 幷美僧人.」

【羽客·黃冠】 도사의 별칭. 도사들은 羽化를 즐겨 말한다 하여 '우객'이라
하며, 노란 모자를 쓰고 다녀 이를 '황관'이라 함. 南唐의 도사 譚紫霄는
唐王이 매우 총애하여 金門을 마음대로 드나들 수 있어 '金門羽客'이란 호를
내려주었다 함.(《廬山記》) 한편 李白의 〈王右軍〉에 "山陰過羽客, 愛此好鵝賓.
掃素寫道經, 筆精妙入神"이라 함.

【上人·比丘】 승려에 대한 미칭. '上人'은 계율에 엄격하며 학식을 갖춘 승려를
  뜻하며, '비구'는 범어 'Bhikṣu', 즉 출가 후 具足戒를 받아 통과한 남자
  승려를 가리킴.(《十通律》,《魏書》釋老志)

1172

'단월'檀越과 '단나'檀那는 절 집에서 '시주'施主를 칭하는 말이며,
'소단'燒丹과 '연공'煉汞은 도사들이 신선술을 배우는 것을 말한다.

「檀越·檀那, 僧家稱施主;
  燒丹·煉汞, 道士學神仙.」

【檀越·檀那】 施主를 가리키는 말. '단월'은 '단나'를 통해 빈궁함을 넘어감을
  뜻함. 범어 'Dnapati'의 음역. '陀那鉢底'로도 음역함. 사원에 재물이나 음식
  등을 바치는 일반 신도.《南海寄歸內法傳》(1)에 "梵云陀那鉢底, 譯爲施主.
  '陀那'是'施', '鉢底'是'主', 而言'檀越'者, 本非正譯, 略去'那'字, 取上'陀'音, 轉名
  爲'檀'. 更加'越'字, 意道由行檀捨, 自可越渡貧窮"이라 함.
【燒丹】 원래 광석과 약물을 태우거나 제련하여 丹藥(金丹)을 만드는 것. 이를
  '外丹'이라 하며, 精·氣·神 등을 모아 안으로 단련하는 것을 '內丹'이라 함.
【煉汞】 '汞'(홍)은 水銀을 뜻함. 이를 태워 약으로 만드는 것. 高騈의 〈聞河
  中王鐸加都統〉에 "煉汞燒鉛四十年, 至今猶在藥爐前"이라 함.

1173

화상和尙이 자신을 겸손히 낮출 때 '공상자'空桑子라 일컫고,
도사道士가 경을 외우는 소리를 '보허성'步虛聲이라 한다.

「和尙自謙, 謂之空桑子;
　道士誦經, 謂之步虛聲.」

【空桑子】'空'은 비었음을 말하며, '桑'은 桑楡, 즉 고향을 뜻함. '일체 아무것도
없는 사람'이라는 뜻. 그러나 《呂氏春秋》 本味편에 "有侁氏女子采桑, 得嬰
兒於空桑之中, 獻之其君. 其君令烰人養之, 祭其所以然. 曰: '其母居伊水之上,
孕, 夢有神告之曰: 臼出水而東走, 毋顧! 明日, 視臼出水, 告其鄰, 東走十里
而顧, 其邑盡爲水, 身因化爲空桑. 故命之曰伊尹.' 此伊尹生空桑之故也"라 하여
이윤처럼 부모 없이 살아감을 뜻하는 말에서 유래된 것이 아닌가 한다.
(《列子》, 《博物志》 참조) 한편 楊載의 〈次韻錢塘懷古〉에 "空桑說法黃龍聽,
貝葉繙經白馬駝"라 함.
【步虛聲】도사가 齋壇에서 독경할 때의 소리가 신선이 허공을 밟으며 공중
에서 걷는 소리와 같이 낭랑하다는 뜻에서 붙인 이름. 陳思王(曹植)이 산에
올랐을 때 공중에서 독경하는 소리가 들렸는데 매우 청랑하여 음을 해독
하는 자에게 물었더니 신선의 소리라 함. 이에 도사가 이를 옮겨 '보허성'을
지었다 함.(《異苑》)

1174

'보'菩란 '보'普이며, '살'薩은 '제'濟이니 이를 존칭하여 '신기'神祇라 한다.
그러므로 '보살'菩薩이라는 아름다운 이름을 부르는 것이다.

물에서는 용이 힘세고 크며, 뭍에서는 코끼리가 힘세고 크니 이들이
불법佛法을 지고 있다. 그러므로 '용상'龍象의 칭송이 있는 것이다.

「菩者普也, 薩者濟也, 尊稱神祇, 故有菩薩之譽;
　水行龍力大, 陸行象力大, 負荷佛法, 故有龍象之稱.」

【菩薩】 '菩'는 '菩提', 즉 깨달음의 뜻. '薩'은 '薩埵', 즉 중생. 따라서 '보살'은
'菩提薩埵'의 줄인 말로 깨달아 중생을 널리 제도함을 뜻함. 범어
'Bodhisattva'의 역음.(《飜譯名義集》 1, 《法華玄贊》 2)
【龍象】 佛門의 힘이 끝이 없음을 뜻함. 물에서는 용, 육지에서는 코끼리(象)가
가장 힘이 세어 이에 비유한 것.(《涅槃經》 純陀品) 한편 '大德'을 뜻하는 말이라
고도 함.(《維摩詰經》 不思議品)

1175

유가儒家에서는 '세'世라 하고, 석가釋家에서는 '겁'劫이라 하며, 도가道家
에서는 '진'塵이라 하니 모두가 세속의 인연에서 아직 벗어나지 못하고
있는 이 세상을 말한다.
　유가에서는 '정일'精一이라 하고, 석가에서는 '삼매'三昧라 하며, 도가에
서는 '정일'貞一이라 하니, 모두가 깊은 뜻이 무궁함을 말하는 것이다.

「儒家謂之世, 釋家謂之劫, 道家謂之塵, 俱謂俗緣之未脫;
　儒家曰精一, 釋家曰三昧, 道家曰貞一, 總言奧義之無窮.」

【世·劫·塵】 '世'는 儒家에서 말하는 시간. 흔히 30년을 一世(한 世代)로 함.
'겁'은 불가에서 말하는 시간. 범어 'Kalpa'. 음역으로 '劫波'라고도 하며 여러
가지 설이 있으나 천지가 창조하고 다시 창조되는 긴 시간.(《楞嚴經》) '塵'은
도가에서 말하는 시간.《說郛》續仙傳에 丁約이 韋子威에게 "郎君得道, 尙隔
兩塵"이라 함.

【精一】 하나의 뜻에 전념하여 깊이 궁구함.《書經》大禹謨에 "惟精惟一"
이라 함.

【三昧】 범어 'Samādhi'의 음역. '멈추다(定)'의 뜻이라 함.《大智度論》권7에
"何等爲三昧? 善心一處住不動, 是名三昧"라 함.

【貞一】 도가에서 어떤 도에 깊이 정진함을 뜻함.《周易》繫辭에 "天下之動,
貞夫一者也"라 함.

1176

달마達摩가 죽은 후 짚신 한 짝을 손에 들고 서쪽으로 되돌아갔고,
　왕교王喬는 조정에 나타날 때 나막신이 한 쌍의 오리로 변해서 날아와
앉았다.

「達摩死後, 手攜隻履西歸;
　王喬朝君, 舃化雙鳬下降.」

【達摩死後】 달마가 죽어 千經寺에서 화장한 후 熊耳山에 묻었다. 어떤
사람이 西域으로 갔다 돌아오는 길에 파미르(葱嶺)에서 달마를 만나 "어디로
가는 길입니까?"라 묻자 짚신을 든 채 "서쪽으로 갑니다"(西天去)라 했다 함.
(《景德傳燈錄》)

【王喬朝君】 한나라 왕교가 방술을 부려 신발이 오리로 변하게 하여 이를
타고 조회에 나왔다 함.(617, 981 참조)

1177

오곡을 먹지 않아도 된다고 여긴 신선들은 능히 복기服氣로 자신의
몸을 단련하였고,
　멸함도 태어남도 없다고 여겨 석씨釋氏는 오직 마음을 밝혀 견성見性하였다.

「辟穀絶粒, 神仙能服氣煉形;
　不滅不生, 釋氏惟明心見性.」

【辟穀絶粒】 도사들이 오곡을 먹지 않고 오직 복식 호흡 등으로 양생술을 익혀
선인이 되는 길로 감.《史記》留侯世家에 "乃學辟穀, 導引輕身"이라 하였으며
《神仙傳》,《列仙傳》,《搜神記》,《博物志》,《高士傳》 및 史書의 方術傳 등에
널리 실려 있음.
【不滅不生】 태어남도 죽음도 없음. 불교의 최고 경지의 깨달음을 말함.

1178

양梁나라 고승이 불경을 논하며 묘한 경지로 들어가자 바위들을 청중으로
삼아 고개를 끄덕이게 만들었고 하늘에서 꽃이 우수수 떨어지도록 하였다.

장허정張虛靖이 연단煉丹을 완성하자 능히 용과 범이 무릎을 꿇었으며
닭과 개들도 함께 승천하도록 하였다.

「梁高僧談經入妙, 可使巖石點頭, 天花墜地;
　張虛靖煉丹旣成, 能令龍虎幷伏, 雞犬俱昇.」

【梁高僧】梁나라 慧皎의 《高僧傳》序錄에 "僧若實行潛光, 則高而不名; 寡德
　適時, 則名而不高"라 함. 한편 승려의 德業은 譯經, 解義, 神導, 習禪, 明律,
　遺身, 誦經, 興福, 經師, 倡導 열 가지라 하여 역대 《고승전》은 대개 이에서
　한 가지라도 통달한 승려를 기록한다 함.
【巖石點頭】東晉 竺道生 법사가 虎口山에 올라 돌들을 신도로 삼아 《涅槃
　經》을 강하자 돌들이 모두 머리를 끄덕였다 함.(《蓮社高僧傳》道生法師)
【天花墜地】梁 武帝 때 法雲法師가 불경을 강론하자 하늘에서 寶花가 떨어
　졌다 함.(《續高僧傳》法雲)
【張虛靖】동한 시대 '五斗米敎'를 창시한 張道陵의 7세손으로 장생술을 배워
　천하 명산을 주유하였으며 그가 煉丹을 성공한 후에 능히 용과 호랑이를
　항복시켰다 함. 그리고 승천할 때 약 그릇을 뜰에 두었는데 그 집 개와 닭이
　이를 먹고 함께 승천했다 함.(《列仙傳》, 1191 참조)

1179

이 세상을 좁쌀 한 톨 안에 가둘 수 있다 했으니 불법佛法이 그 얼마나
큰 것이며,
　천지를 병 하나에 담을 수 있었으니 도법道法이 그 얼마나 현묘한고?

「藏世界於一粟, 佛法何其大;
　貯乾坤於一壺, 道法何其玄.」

【一粟】《五燈會元》에 "一粒粟中藏世系, 半升鐺內煮乾坤"이라 함.
【一壺】옛날 어떤 도인이 거리에 나와 약을 팔면서 병 하나를 걸어놓고 밤에는 그 속에 들어가 잠을 자니 이를 '壺公'이라 불렀음. 이에 費長房이 기이하게 여겨 여러 차례 간청 끝에 함께 들어가 보았더니 그 속에 누각과 큰 집들이 있었다 함. 그래서 "이 속에 또 다른 우주가 있소이다"(此別一乾坤也)라 하였다 함.(《神仙傳》壺公)

1180

허망되고 괴탄한 이야기를 귀신의 수레에 하나 가득 싣고 다녀도, 고명高明한 사람에게는 들여다볼 뿐 해치지는 못하는 법이다.

「妄誕之言, 載鬼一車;
　高明之家, 鬼闞其室.」

【載鬼】귀신을 한 수레 싣고 다님.《周易》睽卦에 "上九, 睽孤, 見豕負塗, 載鬼一車, 先張之弧, 後說之弧"라 함.
【鬼闞】귀신이 들여다볼 뿐 해치지는 못함. 揚雄의 〈解嘲〉에 "高明之家, 鬼闞其室"이라 함.

1181

〈무귀론無鬼論〉은 진晉나라 완첨阮瞻이 지었고,
《수신기搜神記》는 진나라 간보干寶가 편찬하였다.

「無鬼論, 作於晉之阮瞻;
　搜神記, 撰於晉之干寶.」

【無鬼論】진나라 阮瞻(약 281~310)이 '귀신은 없다'라는 글을 지었다가 직접
귀신을 만나 고통을 당한 고사가 있음.(《晉書》阮瞻傳) 한편 《搜神記》(16)에
"阮瞻, 素執無鬼論, 物莫能難. 每自謂此理足以辨正幽明. 忽有客通名詣瞻,
寒溫畢, 聊談名理. 客甚有才辨. 瞻與之言良久, 及鬼神之事, 反復甚苦. 客遂屈.
乃作色曰: '鬼神古今聖賢所共傳, 君何得獨言無? 卽僕便是鬼.' 於是變爲異形,
須臾消滅. 瞻默然, 意色太惡. 歲餘, 病卒"이라 함.
【搜神記】晉나라 干寶(?~336)가 역대 이래 귀신과 괴이한 일을 모아 20권
으로 편찬한 책. 흔히 志怪小說로 알려져 있음.(《晉書》干寶傳 및 필자 역주
《搜神記》참조, 1107 참조)

1182

안자연顔子淵과 복자하卜子夏는 죽어 지하세계의 수문랑修文郎이 되었고,
한금호韓擒虎와 구래공寇萊公은 죽어 저승세계의 염라왕閻羅王이 되었다.

「顔子淵, 卜子夏, 死爲地下修文郎;
　韓擒虎, 寇萊公, 死作陰司閻羅王.」

【顔子淵·卜子夏】 공자의 수제자인 顔回와 卜商. 이들은 죽어 저승 세계에서
　修文郎이 되었다 함.(《太平廣記》319에 인용된 王隱《晉書》)
【韓擒虎·寇萊公】 隋나라 한금호(일명 韓豹, 538~592)와 송나라 재상 寇準은
　죽어서 저승의 염라대왕이 되었다 함.(《北史》韓擒虎傳,《翰苑名談》)

1183

　토지와 곡신의 신을 '사직'社稷이라 하고, 메말라 가뭄을 일으키는
귀신을 '한발'旱魃이라 한다.

「至若土穀之神曰社稷, 乾旱之鬼曰旱魃.」

【社稷】 고대 제왕이나 제후가 나라를 세우면 즉시 토지신(社)와 곡신(稷)의
　단을 마련하여 국가의 기틀을 상징하였음.《周禮》春官 大宗伯에 "以血祭祭
　社稷·五祀·五嶽"이라 함. '社'는《禮記》祭法에 "共工氏之霸九州也, 其子曰
　厚土, 能平九州, 故祀以爲社"라 하였고, '稷'은 원래 夏代 이전에는 厲山氏의
　아들 '農'을 제사지냈으나 뒤에 '后稷'(주나라 시조)을 五穀의 신으로 여겨
　이를 제사지냄.(《左傳》昭公 29년)
【旱魃】 고대 전설 속에 가뭄을 일으키는 괴수.《神異經》에 "旱魃, 身長二三尺,
　袒身而目在頂上, 走行如風, 所到之國大旱, 赤地千里"라 함.

1184

'이매'魑魅와 '망량'魍魎은 산천山川의 빌미祟요, 신도神荼와 울루鬱壘는 귀신을 잡아먹는 신이다.

「魑魅·魍魎, 山川之祟; 神荼·鬱壘啖鬼之神.」

【魑魅·魍魎】 둘 모두 귀신이나 도깨비 따위를 말하는 첩운연면어의 물명. 《說苑》, 《孔子家語》 등에 공자가 이들에 대한 정의를 내린 것이 있음.
【神荼·鬱壘】 고대 전설상의 守門神으로 뒤에 설날이면 이들의 형상을 만들어 대문 양 기둥에 걸어 한 해의 逐邪除惡의 상징으로 삼았으며, 그후 글씨로 대신하여 門聯(對聯, 楹聯)으로 발달함.(《論衡》 訂鬼篇 및 필자 〈聯語考〉 참조, 091 참조)

1185

벼슬길이 순탄하지 않으면 귀신도 역시 야유를 보내고,
심지가 광명하면 길신吉神이 스스로 나타나 보호해 준다.

「仕途偃蹇, 鬼神亦爲之揶揄;
　心地光明, 吉神自爲之呵護.」

【偃蹇·揶揄】모두 첩운연면어. ‘偃蹇’은 순탄하지 않음을 뜻함. ‘揶揄’는 희롱
하고 비웃으며 방해함을 뜻함.(《晉陽秋》)
【心地光明】마음이 밝으면 귀신도 도와 줌.《感應篇》에 “心起於善, 善雖未爲,
而吉神已隨之”라 함. ‘呵’는 귀신이 다가오지 못하게 소리쳐 쫓아버림.

▶ 增文

1186

‘보리’菩提는 원래 그러한 나무가 없으며, ‘명경’明鏡 역시 그러한 명경대라는 거울이 없다.

「菩提無樹, 明鏡非臺.」

【菩提無樹】 禪宗의 오대 조종 弘忍이 뒤를 이을 제자를 선발하면서 각기 하나의 偈를 짓도록 하였다. 그런데 神秀(뒤에 禪宗의 北宗이 됨)는 漸悟를 주장하고 있었으니 문득 “몸이 곧 보리수요, 마음이 명경대로다. 때때로 부지런히 털고 닦아 티끌이 끼이지 않도록 하리라”(身是菩提樹, 心如明鏡臺, 時時勤拂拭, 勿使惹塵埃) 하였다. 당시 慧能(南宗이 됨)은 그저 절구나 맷돌로 쌀이나 찧는 낮은 승려였으나 그는 늘 頓悟를 주장하고 있었으니 직접 나서지는 못하고 “보리란 본시 없는 나무요, 明鏡도 臺가 아니다. 본래 없는 물건에 어디 티끌이 묻는단 말인가?”(菩提本無樹, 明鏡亦非臺, 本來無一物, 何處惹塵埃)라 써서 대신 올렸다. 이에 홍인은 혜능을 후계로 삼았다. (《景德傳燈錄》)

1187

‘광명권’光明拳으로 ‘치미막’癡迷膜을 깨뜨려 버리고, ‘애욕해’愛慾海는 ‘대원선’大願船으로 건넌다.

「光明拳打破癡迷膜, 愛慾海濟渡大願船.」

【光明拳】 여래가 세속의 집착을 끊게 하는 광명의 주먹을 가지고 있음을
말함.(《楞嚴經》(1)) 《불경》에 “如來擧金色臂, 屈五輪指, 爲光明拳, 決一切癡
膜, 到一切功德岸”이라 함.(〈복단본〉 주) ‘癡迷膜’은 ‘癡膜’이라고도 하며 사
람의 밝은 원래 모습을 막아 어리석게 하고 미혹하게 하는 얇은 피막.
(《海錄碎事》鬼神道釋 經)
【愛慾海】 정욕과 탐욕의 이 세상 고해.《唐譯華嚴經》에 “破煩惱山, 竭愛
慾海”라 함.
【大願船】 큰 발원의 배. 고해를 건널 수 있는 아주 큰 배.《불경》에 “菩薩
乘大願船, 在生死海中呼引衆生上大願船”이라 함.(〈복단본〉 주)

1188

‘백족’白足과 ‘청구’清癯 두 스님 같다면 누가 그 선미禪味를 모르겠으며,
‘적자’赤髭와 ‘벽안’碧眼 같은 두 스님이라면 누가 범종梵宗이 아니겠는가?

「白足·淸癯, 誰個未知禪味;
　赤髭·碧眼, 何人不是梵宗.」

【白足·淸癯】 釋 曇始의 발이 얼굴보다 희어 이를 ‘白足和尙’이라 불렀다 함.
(《高僧傳》曇始) 그리고 승 善權은 너무 말라 ‘瘦權’, 혹은 ‘淸癯’라 불렀다 함.
【禪味】 선의 참맛. ‘禪’은 ‘Dhyāna’의 음역 ‘禪那’의 약칭. ‘靜慮’, ‘思惟修’,
‘功德叢林’ 등의 뜻이며 ‘定’과 함께 하여 ‘禪定’으로 부름.

【赤髭·碧眼】붉은 콧수염과 푸른 눈의 외국 승려. 실제 '佛陀耶舍尊者'가
  赤髭여서 당시 '赤髭比丘沙彌'라 불렀다 함.(《高僧傳》佛陀耶舍) 한편 달마가
  벽안으로 '碧眼禪師'라 불렀다 함.

1189

'법선'法善을 아내로 삼고, '지도'智度를 어머니로 삼으니, 그 골육이
누군가 물을 필요가 없고,
  '자비'慈悲를 집으로 삼고, '통혜'通慧를 문으로 여기니, 사는 집이 어디
냐고 물을 필요가 없다.

「法善爲妻, 智度爲母, 無須詢骨肉爲誰;
  慈悲作室, 通慧作門, 不順問宅居何在.」

【法善爲妻】실제 부모와 처자가 누구인지 문제를 삼지 않음.《維摩詰經》에
  "釋氏智度以爲母, 方便以爲父, 法善以爲妻, 慈悲以爲子"라 함. 〈三民本〉에는
  '法喜爲妻'로 잘못되어 있음.

1190

손등孫登 거사의 큰 휘파람 소리는 산이 울고 골짜기가 메아리쳤으며,
  진단陳摶 선생은 오랜 잠 속에 세월이 얼마나 흘렀는지도 모를 정도였다.

「孫居士大嘯一聲, 山鳴谷應;
　陳先生長眠數覺, 物換星移.」

【孫居士】 晉나라 隱士 孫登이 선도를 터득했다는 소문을 듣고 阮籍이 찾아가
세상일을 나누고자 하였지만 그가 응하지 않음. 완적이 산을 반쯤 내려
왔을 때 鸞鳳이 우는 것과 같은 소리가 바위를 휘돌아 들렸으니 그것은
바로 손등의 휘파람 소리였다 함. 그 뒤 3년을 따라 다녀도 결국 말이 없어
헤어질 때야 비로소 "재주만 많고 아는 것이 적으니 이 세상을 면하기 어렵
도다"(才多識寡, 難乎免於今世矣)라 하였음. 과연 완적은 사형을 당할 때 자신의
재능을 매우 후회했다 함.(《晉書》 阮籍傳)
【陳先生】 오대 말 송 초의 陳搏(?~989). 武當山과 華山에 은거하며 後主
世宗과 宋 太祖의 부름에 응하지 않아 태조가 '希夷先生'이라 호를 내림.
성리학을 연 사람으로도 알려짐. 그는 한번 잠들면 몇 달을 깨지 않았다 함.
(《貴耳集》)
【物換星移】 세상의 시간이 많이 흐름. 王勃 〈滕王閣序〉에 "閑雲潭影日悠悠.
物換星移度幾秋, 閣中帝子今何在, 檻外長江空自流"라 함.

1191

바위 아래 맑은 바람에 검은 호랑이가 동봉董奉의 살구를 대신 팔아주고,
　산 속의 밝은 달밤에 오색 난조가 장허정張虛靖의 푸른 대나무에 깃들
었네.

「巖下淸風, 黑虎賣董仙丹杏;
　山間明月, 彩鸞棲張曳綠篔.」

【董仙】‘杏林’의 고사를 남긴 삼국 吳나라의 董奉. 그가 廬山에 살 때 사람
　들의 병을 치료해 주고 대신 살구나무를 심게 하여 온 마을이 살구꽃으로
　뒤덮였으며, 살구가 익을 때 곡식과 살구를 바꾸어가도록 하였으니 혹 욕심을
　부리는 자가 있으면 검은 호랑이가 찾아가 되돌려 받아왔다 함. 이에 ‘黑虎
　賣杏’이라는 성어가 생겼음. 한편 ‘董奉’과 ‘행림’은 훌륭한 의사를 대신하는
　말로 쓰임.(《神仙傳》 董奉)
【張叟】張虛靖(1178 참조). 그가 龍虎山에 은거할 때 밤에 오색 무늬의 난조
　(鸞鳥)가 날아와 집 뜰의 푸른 대나무에 깃들자 이에 “結廬高處無人到, 夜半
　彩鸞棲綠筠”이라 읊었다 함.(《列仙傳》)

1192

　조혜종趙惠宗은 불로 자신을 태워 학이 되어 승천하려고 하였으니 어찌
불꽃을 피했겠으며,
　좌자左慈는 조조의 잔치에서 그릇 속에 농어를 만들어 끌어내면서도
연무煙霧나 물결도 일으키지 않았다.

「趙惠宗火中化鶴, 豈避烽炎;
　左眞人盆裏引鱸, 不須煙浪.」

【趙惠宗】당나라 은자로 선술을 익힌 다음 천보 연간에 집에 푸른 장작을
　쌓아놓고 스스로 자신을 태워 선학이 되어 승천했다 함.(《列仙傳》)
【左眞人】동한 말의 방사 左慈. 자는 元放. 曹操의 부름에 응하여 잔치를
　열었을 때 쟁반에서 농어를 만들어냄.(《後漢書》 方士傳 左慈)《搜神記》(1)에

"左慈字元放, 廬江人也. 少有神通, 嘗在曹公座, 公笑顧衆賓曰:'今日高會, 珍羞略備, 所少者, 吳松江鱸魚爲鱠.' 放云:'此易得耳.' 因求銅盤, 貯水, 以竹竿餌釣于盤中. 須臾, 引一鱸魚出. 公大拊掌, 會者皆驚. 公曰:'一魚不周坐客, 得兩爲佳.' 放乃復餌釣之. 須臾, 引出, 皆三尺餘, 生鮮可愛, 公便自前膾之, 周賜座席"이라 하였으며 《北堂書鈔》(145), 《法苑珠林》(43) 등에도 널리 실려 있음.

1193

소정지蕭靜之는 일찍이 영지를 얻었는데 고기와 같았으며, 안기생安期生이 먹었던 대추는 참외만큼 컸다 한다.

「蕭靜曾餐芝似肉, 安期更食棗如瓜.」

【蕭靜】蕭靜之. 漢代 사람으로 그가 어느 날 땅을 파다가 손바닥만한 물건을 얻었는데 이를 삶아 먹었더니 이빨과 머리가 다시 나고 젊어졌다 함. 그러자 어떤 도사가 "그대가 먹은 것은 '肉芝'라는 것으로 그것을 먹으면 거북이나 학처럼 오래 산다"(子所食者肉芝也, 壽等龜鶴矣)라 하였다 함.(《神仙感遇傳》)
【安期】安期生. 漢 武帝 때 방사 李少君이 무제에게 늙지 않는 방법을 일러주면서 "제가 바닷가에 가서 안기생이라는 사람을 보았을 때 그가 대추를 먹는데 참외 크기였습니다"(臣常游海上, 見安期生食大棗, 巨如瓜矣)라 함.(《史記》封禪書, 《漢武內傳》)

1194

옛 하夏나라 교외에 기이한 신이 있어 그곳에 기도하면 흉한 일이
길한 일로 바뀌었고,
　여구黎丘에는 기이한 귀신이 많아 이에 미혹하면 때로 거짓 형상으로
진짜를 해치기도 하였다.

　「夏郊有異神, 祝處卻轉凶爲吉;
　　黎丘多奇鬼, 惑時必以僞害眞.」

【夏郊】晉侯가 병이 나서 꿈에 누런 곰을 보았다고 하자 子産이 堯임금이
죽인 鯀이 곰으로 변한 것이니 夏나라 서울이었던 곳의 교외에 제사를
드리면 모든 흉한 것이 길한 것으로 바뀐다 하였음.(《國語》 晉語)
【黎丘】黎邱로도 씀. 그곳에 사람의 모습으로 둔갑하는 괴물이 있어 어떤
노인이 그에게 심한 놀림을 당하고 나서 그를 죽인다는 것이 그만 손자를
죽이고 말았다는 사건이 있었음.(《呂氏春秋》 疑似) 《搜神記》(16)의 ‘秦巨伯’의
사건도 이와 매우 유사함.

1195

당唐나라 때 ‘화월요’花月妖는 적인걸狄仁傑의 얼굴을 보는 것을 두려워
하였고,
　진晉나라 ‘분유사’枌楡社 나무는 완수阮宣가 도끼로 베려 하는 근심을
당하기도 하였다.

「唐時花月妖, 畏見狄梁公之面;
　晉代枌楡社, 愁逢阮宣子之柯.」

【花月妖】 妖氣에 가득 찬 요물. 당나라 武三思가 연회를 열어 狄仁傑(梁國公)
　을 초청하였을 때 자신의 총애하는 기생 素娥가 갑자기 보이지 않더니
　밖에서 "나는 화월요로 감히 적인걸 같은 군자를 볼 수 없다"(妾乃花月妖,
　梁公正人. 吾不敢見)라 하였다 함.(《甘澤謠》)
【枌楡社】 '枌楡'는 漢 高祖(劉邦)의 고향으로 그곳의 토지신을 모신 사당(社).
　진 나라 阮修(宣子)가 이곳에 이르러 "나무는 나무일 뿐 무슨 영험이 있겠
　는가?"라 하면서 그 사당의 나무를 베어버리려 한 사건.《世說新語》方正
　에는 '분유'에 대한 언급은 없음. "阮宣子伐社樹, 有人止之. 宣子曰: '社而爲樹,
　伐樹則社亡; 樹而爲社, 伐樹則社移矣.'"라 함.《晉書》阮脩傳과《太平御覽》
　(532)에도 실려 있음.

1196

　깊은 독서에 빠진 밤중에 창문으로 들이민 귀신의 큰 손에 마공량馬公亮
은 붓으로 글씨를 써서 물리쳤고,
　거문고 가락에 흥이 난 혜강嵇康에게 혀를 땅에 닿도록 내민 귀신이
나타나자 등불을 꺼 버렸다.

「仍思大手入窗, 公亮擧筆;
　翻憶長呑吐地, 壯士吹燈.」

【大手入窗】馬公亮이라는 사람이 밤에 책을 읽고 있는데 창문으로 귀신이 손을 내밀어 이에 태연히 그 손바닥에 글씨를 썼더니 이튿날 새벽이 되도록 지워줄 것을 호소했다 함.(《括異志》)

【長呑吐地】진나라 嵇康이 등불 아래에서 거문고를 타고 있을 때 어떤 도깨비가 들어와 땅에 닿을 정도로 길게 혀를 내밀자 혜강은 불을 끄면서 "도깨비와 이 아까운 불을 다투는 것이 부끄럽다"(恥與魍魎爭光也)라 하였다 함.(《靈鬼志》)

1197

추덕윤鄒德潤이 항우項羽의 사당을 옮겨버렸다 했는데 그럴 수도 있는 일이요,

우승유牛僧孺가 박태후薄太后의 사당에서 하룻밤을 보냈다니 과연 그런 일도 있을까?

「鄒德潤徙項王祠, 莫須有也;
　牛僧孺宿薄后廟, 豈其然乎.」

【鄒德潤】추덕윤이 자신의 군에 項王(항우)의 사당이 있는 것을 못마땅히 여겨 "生不能與漢朝爭中原, 死據此廳事何也?"라 하면서 다른 곳으로 옮겼다 함. 그러나 이는 추덕윤이 아니라 南朝 齊나라 吳興太守 蕭琛이었음.(《能改齋漫錄》)

【莫須有】'그럴 수 있다'는 뜻.《宋史》岳飛傳에 秦檜가 악비를 모함하여 옥에 가두자 韓世忠이 악비의 잘못이 무엇인가를 따졌더니 그가 "악비의 아들 岳雲이 張憲과 서신을 주고받는 것으로 보아 아마 죄가 있을 수 있다(莫須有)"라 함. 이에 한세충이 "莫須有 세 글자로 어찌 천하를 설복시킬 수 있겠는가?"라 하였다 함.

【牛僧孺】당나라 재상(604 참조). 그가 과거에 낙방하고 고향으로 돌아오면서 날이 저물어 길을 잃고 말았다. 그 때 먼 곳에 불빛이 보여 찾아갔더니 대택이 있어 안내를 받아 들어가게 되었다. 그랬더니 그곳 안 주인이 주렴 안에서 "나는 漢나라 文帝의 어머니인 薄太后이다. 어찌 이곳까지 왔는가?" 하면서 王嬙(왕소군), 楊太眞(양귀비), 潘妃(남조 齊나라 廢帝의 비) 등 옛 미인들을 모두 불러내어 인사를 시켰다. 그리고 옆에 피리를 잘 부는 여인이 있어 "이는 石崇의 애첩이었던 綠珠이다" 하더니 "오늘 누가 이 牛秀才를 모실까" 하며 둘러보았다. 모두가 사양하자 왕장으로 하여금 모시도록 하였다. 이에 왕장의 침소로 들어 아침에 깨어 보았더니 모두가 귀신임을 알게 되었다는 것이다.(牛僧孺《周秦行記》)

✹ 참고

〈釋道鬼神〉편 '續增' 8聯

○「色卽是空, 空卽是色, 系釋敎之眞傳;
　無勞爾形, 無搖爾精, 是道家之要訣.」

○「鬼之爲言歸也, 故人所歸者爲神;
　神之爲言伸也, 故氣之伸者爲鬼.」

○「十年面壁, 少林寺夙著禪宗;
　五斗米師, 龍虎山尙留遺裔.」

○「業障成魔, 隨處皆成地獄; 大德必壽, 長生不待金丹.」

○「湯潛庵命除妖出示, 盡毀淫祠;
　齊次風夢見于公, 爲雪冤謗.」

○「小坐足驚神, 馮孔博壘墻作障;
　一噓能驅鬼, 韓慕廬逆旅救人.」

○「夫惟怨氣所凝, 乃成厲鬼; 如果精神相感, 亦可通神.」

○「宗敎可信而不必信, 毋攻異端;
　靈魂有憑而亦無憑, 毋好冥索.」

32. 조수鳥獸

✸ 본 장은 각종 조류와 동물에 관한 생태, 명칭, 유래 등과
그에 얽힌 일화와 고사 등을 모아 설명하고 있다.(총 83연)

〈野菊飛鳥七寶琺瑯瓶〉(淸) 부분

1198

‘인’麟은 털난 짐승의 우두머리요, 호랑이는 짐승 중의 왕이로다.

「麟爲毛蟲之長, 虎乃獸中之王.」

【麟·虎】‘麟’은 仁獸로 알려져 있는 전설상의 동물.《公羊傳》哀公 14년에 “麟者, 仁獸也. 有王者則至”라 함. ‘虎’는 百獸의 장.

1199

인麟, 봉황, 거북, 용을 일러 네 가지 영물靈物이라 하고,
개와 돼지, 그리고 닭을 일러 세 가지 축물畜物이라 한다.

「麟鳳龜龍, 謂之四靈;
　犬豕與雞, 謂之三物.」

【四靈】네 가지 영물.《禮記》禮運에 “麟鳳龜龍, 謂之四靈”이라 함.
【三物】세 가지 축물.《詩經》小雅 何人斯에 “出此三物, 以詛爾斯”라 하고,
　毛傳에 “三物, 豕犬鷄也. 民不相信, 則盟詛之. 君以豕, 臣以犬, 民以鷄”라 함.

1200

'녹이'騄駬, '화류'驊騮는 양마良馬의 이름이며,
'태뢰'太牢, '대무'大武는 소에 대한 칭호이다.

「騄駬·驊騮, 良馬之號;
　太牢·大武, 乃牛之稱.」

【騄駬·驊騮】周 穆王의 八駿馬 중의 두 이름. '騄駬'는 '綠耳'로도 씀.(《列子》,
《穆天子傳》)《史記》秦本紀에 "造父以善御幸於周穆王, 得驥·溫驪·驊騮·騄耳
之駟"라 함.
【太牢·大武】고대 제사용으로 쓰던 소를 뜻함. 원래 '太牢'는 牛·羊·猪의
三牲을 모두 갖춘 제사를 뜻하며(《公羊傳》桓公 8년), 그렇게 차린 음식도
그렇게 말함. '대무'는 '一元大武'를 가리킴.《禮記》曲禮(下)에 "凡祭宗廟
之禮, 牛曰一元大武"라 함.

1201

양羊을 '유모'柔毛라 하고, 또는 '장염주부'長髥主簿라고도 한다.
돼지는 '강렵'剛鬣이라 하고, 또는 '오훼장군'烏喙將軍이라고도 한다.

「羊曰柔毛, 又曰長髥主簿;
　豕名剛鬣, 又名烏喙將軍.」

【柔毛】고대 제사용의 양. 살이 찌고 털이 부드러운 것을 말함.(《禮記》曲禮 下)

【長髥主簿】양은 수염이 있어 이렇게 부른 것.(崔豹《古今注》)

【剛鬣】고대 제사용의 돼지. 뻣뻣하고 억센 털을 가지고 있음을 뜻함. (《禮記》曲禮 下)

【烏喙將軍】주둥이가 검은 장군이라는 뜻으로 돼지를 가리킴.(《古今注》)

1202

거위를 '서안'舒雁이라 하고, 오리를 '가부'家鳧라고도 한다.

「鵝名舒雁, 鴨號家鳧.」

【舒雁·家鳧】'안서'는 거위의 별칭. '가부'는 오리의 별칭.(《爾雅》釋鳥)

1203

닭에게는 오덕五德이 있어, 그 때문에 '덕금'德禽이라 칭하며,
기러기는 성품이 따뜻한 곳을 따라 옮겨 그 때문에 '양조'陽鳥라고도 한다.

「雞有五德, 故稱之曰德禽;
　雁性隨陽, 因名之曰陽鳥.」

【五德】《韓詩外傳》(2)에 "田饒事魯哀公而不見察. 田饒謂哀公曰: '君獨不見夫
　雞乎? 首戴冠者, 文也. 足搏距者, 武也. 敵在前敢鬪者, 勇也. 得食相告, 仁也.
　守夜不失時, 信也. 雞有此五德.'"이라 함.
【隨陽】기러기는 추분에 남으로 왔다가 춘분에 북으로 날아가 양지를 찾아
　감을 뜻함.《書經》禹貢에 "彭蠡既瀦, 陽鳥攸居"라 함.

1204

'가표'家豹, '오원'烏圓은 고양이를 아름답게 칭하는 말이요,
'한로'韓盧, '초광'楚獷은 모두 개에 대한 이름이다.

「家豹·烏圓, 乃貓之譽;
　韓盧·楚獷, 皆犬之名.」

【家豹·烏圓】고양이의 별명. 집에서 기르는 표범이며 눈동자가 검고 둥글
　다는 뜻.《酉陽雜俎續集》에 "貓, 一名蒙貴, 一名烏員"이라 함.
【韓盧·楚獷】사냥개 이름. '盧'는 韓나라에서 나는 검은색 名犬.(《戰國策》
　秦策 3)《漢書》王莽傳 注에 '韓盧, 古韓國之名犬也, 黑色曰盧'라 하였음.
　'韓獹'로도 표기함.(1222 참조) '獷'은 楚나라 명견.《廣雅》에 "犬之良者, 有宋國
　之鵲, 韓國之盧, 楚國之獷, 晉國之獒焉"이라 함.

1205

‘기린’麒麟, ‘추우’騶虞는 모두 어진 짐승이며,
‘명등’螟螣, ‘모적’蟊賊은 모두가 새싹에 해로운 벌레이다.

「麒麟·騶虞, 皆好仁之獸;
　螟螣·蟊賊, 皆害苗之蟲.」

【麒麟騶虞】모두 전설상의 좋은 동물. ‘추우’는 《詩經》 召南 騶虞에 “彼茁者
　葭, 壹發五豝, 于嗟乎騶虞”라 하였고, 孔穎達의 소에 “騶虞, 義獸, 不食生物”
　이라 함. 혹은 고대에 임금의 사냥터의 동물을 관리하던 직책이라고도 함.
【螟螣·蟊賊】《詩經》 小雅 大田에 “去其螟螣, 及其蟊賊”이라 하여 모두가
　농작물에 해가 되는 해충.

1206

‘무장공자’無腸公子는 게를 뜻하는 이름이며,
‘녹의사자’綠衣使者는 앵무새의 별호이다.

「無腸公子, 螃蟹之名;
　綠衣使者, 鸚鵡之號.」

【無腸公子】게. 게를 '창자가 없는 公子'라 부름.《抱朴子》登涉에 "稱無腸
　公子者, 蟹也"라 함.
【綠衣使者】당나라 楊崇義가 아내와 이웃 李弇이라는 자에게 죽어 縣官이
　그 집을 수색했더니 앵무새가 "주인을 죽인 자는 이엄"이라 하여 범인을
　잡았다 하여 玄宗이 그에게 '綠衣使者'라 호를 내려주었다 함.(《開元天寶遺事》)

1207

'호가호위'狐假虎威는 세력을 빌려 악한 짓을 함을 말하고,
'양호이환'養虎貽患은 재앙을 자신의 몸에 남겨둠을 말한다.

「狐假虎威, 謂借勢而爲惡;
　養虎貽患, 謂留禍之在身.」

【狐假虎威】《戰國策》楚策(1)에 "江一對曰: '虎求百獸而食之, 得狐. 狐曰: 子無
　敢食我也. 天帝使我長百獸, 今子食我, 是逆天帝命也. 子以我爲不信, 吾爲子
　先行, 子隨我後, 觀百獸之見我而敢不走乎? 虎以爲然, 故遂與之行. 獸見之
　皆走. 虎不知獸畏己而走也, 以爲畏狐也.'"라 함.
【養虎貽患】호랑이를 길러 그 화를 당함.《史記》項羽本紀에 "楚兵罷食盡,
　此天亡楚之時也, 不如因其機而取之. 今釋不擊, 此所謂養虎自貽患也"라 함.
　(《漢書》張良傳도 같은 내용임)

1208

‘유예다의’猶豫多疑란 어떤 일을 결정하지 못함을 비유하는 것이요,
‘낭패상의’狼狽相倚란 사람이 제대로 행동하지 못함을 비유하는 것이다.

「猶豫多疑, 喩人之不決;
　狼狽相倚, 比人之顚連.」

【猶豫】 머뭇거림. 쌍성연면어. 그러나 ‘猶’는 나무에 올라 매우 느리게 머뭇
거리는 동물의 이름이라 함.(《爾雅》 釋獸)《顔氏家訓》(6)에는 蜀의 개로 여겼음.
“吾以爲人將犬行, 犬好豫在人前, 待人不得, 又來迎候, 如此返往, 至於終日,
斯乃豫之所以爲未定也, 故稱猶豫”라 함.
【狼狽】 연면어. 일이 제대로 되지 않음. 그러나 이 역시 두 종류의 짐승으로
狽라는 짐승은 앞발이 짧고 뒷발이 길어 반드시 이리(狼)에게 의지하여야
하므로 ‘서로 움직이기 힘들다’의 뜻을 가지고 있다 함.(《酉陽雜俎》 廣動植)
【顚連】 역시 일이 제대로 되지 않음을 나타내는 첩운연면어. 張載의 〈西銘〉에
“凡天下疲癃殘疾惸獨鰥寡, 皆吾兄弟之顚連而無告者也”라 함.

1209

승부가 아직 갈리지 않았음을 말할 때 ‘사슴이 누구 손에 죽었는지
모른다’ 하고,
　기초로 삼던 곳의 주인이 바뀌는 것을 ‘마치 제비가 다른 집으로 날아
드는 것과 같다’라 한다.

「勝負未分, 不知鹿死誰手;
　基業易主, 正如燕入他家.」

【鹿死誰手】천하가 누구 손에 들어갈지 모름. 後趙를 세운 石勒이 "朕若逢
　高祖, 當北面而事之, 如韓·彭競鞭而爭先耳; 朕遇光武, 當幷驅於中原, 未知
　鹿死誰手"라 함.(《晉書》載記 石勒傳)
【燕入他家】제비가 남의 집으로 날아 듦. 唐 劉禹錫〈烏衣巷〉시에서 "昔日
　王謝堂前燕, 飛入尋常百姓家"라 함.

1210

기러기는 남방으로 와서 먼저 도착한 자가 주인이 되고 늦게 이른
자가 손님이 된다.
　꿩 이름이 진보陳寶였으며 수컷을 잡으면 왕이 되고 암컷만 잡아도
패자가 된다 하였다.

「雁到南方, 先至爲主, 後至爲賓;
　雉名陳寶, 得雄則王, 得雌則霸.」

【雁到南方】기러기는 가을에 남방으로 먼저 온 자를 주인으로 여기며, 뒤에
　온 자는 객으로 맞아줌.
【陳寶】광무제의 천하 제패를 미리 예견한 고사.《搜神記》(8)에 "秦穆公時,
　陳倉人掘地得物, 若羊非羊 若豬非豬. 牽以獻穆公, 道逢二童子. 童子曰: '此名

爲媼, 常在地食死人腦. 若欲殺之, 以柏揷其首.’ 媼曰: ‘彼二童子名爲陳寶, 得雄
者王, 得雌者伯.’ 陳倉人捨媼, 逐二童子. 童子化爲雉, 飛入平林. 陳倉人告穆公.
穆公發徒大獵, 果得其雌. 又化爲石. 置之汧·渭之間. 至文公時, 爲立祠名陳寶.
其雄者飛至南陽, 今南陽雉縣是其地也. 秦欲表其符, 故以名縣. 每陳倉祠時,
有赤光長十餘丈, 從雉縣來, 入陳倉祠中, 有聲殷殷如雄雉. 其後光武起於南陽,
皆如其言也”라 함. 이야기는 《史記》(秦本紀 正義, 秦本紀 索隱, 封禪書와 集解),
《漢書》(郊祀志 上), 《宋書》(符瑞志 上), 《列異傳》, 《太平廣記》(461), 《述異記》(下),
《水經注》(31) 등에 아주 널리 실려 있음.

1211

‘각곡류목’刻鵠類鶩이란 배움이 처음 이루어지기 시작하는 것이요,
‘화호류견’畫虎類犬이란 교묘하게 하려다 졸렬하게 됨을 말한다.

「刻鵠類鶩, 爲學初成;
　畫虎類犬, 弄巧反拙.」

【刻鵠類鶩】 고니를 조각하다가 집오리가 됨. 처음 배우는 자의 실수를 뜻함.
馬援이 조카를 훈계하는 글(〈戒兄子嚴敦書〉)에서 “吾欲汝曹聞人過失, 如聞
父母之名, 耳可得聞, 口不可得言也. 龍伯高敦厚周愼, 願汝曹效之; 杜季良豪
俠好義, 不願汝曹效也. 效伯高不得, 猶不失爲謹飾之士. 所謂刻鵠不成, 尙類
鶩也; 效季良不得, 陷爲天下輕薄子, 所謂畫虎不成, 反類犬者也”라 함.(《後
漢書》馬援傳)

1212

아름다움과 추악함이 대칭이 될 수 없음을
일러 '구미속초'狗尾續貂라 하고,
　탐욕을 부리면서 만족할 줄 모르는 것을 일러
"사욕탄상'蛇欲呑象이라 한다.

「美惡不稱, 謂之狗尾續貂;
　貪圖不足, 謂之蛇欲呑象.」

〈巴蛇呑象〉《山海經》 삽화

【狗尾續貂】晉나라 趙王(司馬倫)이 帝位를 찬탈하고 나서 공을 세운 자가
너무 많아 노복조차 작위를 받았다. 당시 관직에 있는 자의 복장은 담비
꼬리로 모자를 장식하였는데 그만 이것이 모자라 구할 수 없게 되자 개꼬리로
대신하였다. 이에 당시 사람들이 "貂不足, 狗尾續"이라 하였으니 좋지 않은
것이 좋은 것을 대신하는 뜻으로 쓰이는 말이다.(《晉書》趙王倫傳)
【蛇欲呑象】탐식에 만족을 모르는 것. 뱀이 코끼를 삼키려고 함.《山海經》
海內南經에 "巴蛇呑象, 三年出其骨"이라 하였다.

1213

재앙이 사라졌는가 했더니 다른 재앙이 또 찾아올 때 '앞문으로 호랑이를
쫓아냈더니 뒷문으로 이리가 들어온다'라 하고,
　흉한 것을 제거하기 위해 그 흉한 것을 겁내지 않는 것을 '호랑이 굴에
들어가지 않고 어찌 호랑이 새끼를 잡겠는가?'라 한다.

「禍去禍又至, 日前門拒虎, 後門進狼;
　除凶不畏凶, 日不入虎穴, 焉得虎子.」

【禍去禍又至】 하나의 화환이 사라지자 다른 화환이 또 닥침.(趙雪航 〈評史〉)
한편 《漢書》에 和帝가 열네 살에 鄭衆과 함께 권신 竇氏를 억누를 모의를
하자 "두씨를 제거한다 해도 다른 권문이 자라날 것입니다. 속담에 '앞문의
호랑이를 막고 나니 뒷문으로 이리가 들어온다'(前門拒虎, 後門進狼)라 하였
으니 그러한 꼴이 되지 않겠습니까?"라 하였다 함.(〈복단본〉 주)
【不入虎穴】 반초가 서역으로 출정하면서 한 말.(《漢書》 班超傳)

1214

비천한 무리들이 이익을 좇아 달려감을 '군의부전'群蟻附羶이라 하고,
자신의 아이를 사랑함을 겸손히 말할 때 '노우지독'老牛舐犢이라 한다.

「鄙衆趨利, 日群蟻附羶;
　謙己愛兒, 日老牛舐犢.」

【群蟻附羶】 이익에 혈안이 된 모습. 개미 떼가 양 비린내에 몰려듦.《莊子》
徐无鬼에 "羊肉不慕蟻, 蟻慕羊肉, 羊肉羶也"라 함.
【老牛舐犢】 자식 사랑을 뜻함. 늙은 어미 소가 송아지를 핥아줌. 後漢 楊彪의
아들 楊修가 曹操에게 피살당하고 나서 양표가 조조를 만났을 때 "愧無日
磾先見之明, 猶爲老牛舐犢之愛"라 함.

1215

본래 없는 속에서 있는 것을 만들어내는 것을 '화사첨족'畫蛇添足이라
하고,
나갈 수도 물러설 수도 없는 경우를 '저양촉번'羝羊觸藩이라 한다.

「無中生有, 曰畫蛇添足;
　進退兩難, 曰羝羊觸藩.」

【畫蛇添足】 쓸데 없는 것을 덧보태어 일을 망침. 《戰國策》 齊策(2)에 "楚有
祠者, 賜其舍人卮酒. 舍人相謂曰: '數人飮之不足, 一人飮之有餘. 請畫地爲蛇,
先成者飮酒.' 一人蛇先成, 引酒且飮之, 乃左手持卮, 右手畫蛇, 曰: '吾能爲之足.'
未成, 一人之蛇成, 奪其卮曰: '蛇固無足, 子安能爲之足?' 遂飮其酒. 爲蛇足者,
終亡其酒"라 함.
【羝羊觸藩】 양의 뿔이 울타리에 걸려 오도가도 못함. 《周易》 大壯卦에 "小人
用壯, 君子用罔, 貞厲; 羝羊觸藩. 羸其角"이라 함.

1216

'배중사영'杯中蛇影은 스스로 의심을 떨쳐버리지 못하는 경우요,
'새옹실마'塞翁失馬는 화복을 분간하기 어려움을 뜻한다.

「杯中蛇影, 自起猜疑;
　塞翁失馬, 難分禍福.」

【杯中蛇影】晉나라 樂廣이 손님을 모시고 술을 먹고 있을 때 벽에 활을 걸어 두었었다. 손님의 술잔에 뱀이 비쳤다. 그래도 손님은 뱀이 술에 있는 것으로 착각했으나 분위기 때문에 억지로 마시고 말았다. 그리고 돌아가 병이 나 눕고 말았다. 이를 안 악광이 그를 다시 불러 보여주면서 사실을 알려주자 병이 나았다고 한다.(《晉書》樂廣傳) 그러나 《風俗通》怪神篇에는 應郴이 杜宣을 불러 술을 먹고 이러한 일이 있었던 것으로 기록하고 있다.
【塞翁失馬】인간의 길흉화복은 뒤바뀔 수 있어 미리 알 수 없음.《淮南子》人間訓에 실려 있는 고사임. 변방에 사는 노인의 말이 도망갔다가 다른 말을 데려왔고, 그 아들이 말에서 떨어져 군에 가지 않아 목숨을 건졌다는 등의 변화를 말함.

1217

‘용구봉추’龍駒鳳雛란 진晉나라 민홍閔鴻이 오吳 땅의 육사룡陸士龍의 기이함을 자랑하던 말이요,
‘복룡봉추’伏龍鳳雛는 사마휘司馬徽가 제갈공명諸葛孔明과 방사원龐士元의 기이함을 칭송한 말이다.

「龍駒鳳雛, 晉閔鴻誇吳中陸士龍之異;
　伏龍鳳雛, 司馬徽稱孔明龐士元之奇.」

【龍駒·鳳雛】 뒤에 크게 될 인물을 뜻함. 晉나라 閔鴻이 陸機와 陸雲 형제
를 보고 동생 육운에 대해 "이 아이는 어린 용이 아니면 어린 봉황이리라"
(此兒若非龍駒, 當是鳳雛)라 함.(《晉書》陸雲傳)
【伏龍·鳳雛】 '복룡'은 '臥龍'과 같음. 삼국시대 촉의 劉備가 荊州에 있을 때
司馬徽(德操)에게 그곳의 인재를 묻자 "이곳에는 복룡봉추가 있습니다"라
하였다. 유비가 누구인가를 다시 묻자 "제갈공명과 龐士元입니다"라 대답
하였다. 이렇게 하여 제갈량(臥龍)과 龐統(鳳雛)이 추천된 것이다.(《三國志》
蜀志 諸葛亮傳의 裴松之 주에 인용된 《襄陽記》)

1218

여후呂后 척부인戚夫人의 수족을 잘라 이를 '인체'人彘라 불렀고,
호인胡人은 거란왕契丹王의 시신을 소금에 절여 이를 '제파'帝羓라 불렀다.

「呂后斷戚夫人手足, 號曰人彘;
  胡人醃契丹王屍骸, 謂之帝羓.」

【呂后】 한 고조 유방의 황후(B.C.241~B.C.180). 이름은 雉, 자는 娥姁. 고조가
아끼던 戚夫人이 아들 如意를 낳아 고조가 자신을 닮았다고 惠帝를 폐하고
이 여의를 태자로 삼으려 하였음. 척부인이 이렇게 깊은 총애를 받자 고조가
죽고 나서 여후는 척부인의 수족을 자르고 눈을 빼고 귀를 태워 독약을
먹인 다음 변소간에 버리고는 이를 '사람돼지'(人彘)라 부르는 등 혹독하게
괴롭혔음.(《史記》呂太后本紀,《西京雜記》)

【契丹】 거란족의 영수 耶律阿保機가 916년에 나라를 세워 거란(契丹)이라
하고 皇都(지금의 遼寧省 巴林右旗 부근)를 도읍으로 하였다가 947년 국호를
遼로 하였으며 1125년 金(女眞)에게 망함.

【帝𤲒】 946년(會同 9년) 거란왕 耶律德光이 남하하여 後晉을 멸한 이듬 해
汴京에서 돌아가던 중, 길에서 죽자 그 배를 갈라 내장을 모두 꺼내고 부패
하지 않도록 소금을 가득 채워 돌아감. 이를 '帝𤲒'라 하였으며 이는 소금에
절여 말린 양고기라는 뜻.(《新五代史》 四夷附錄)

〈人彘〉

1219

사람이 못되고 악하면 이는 '도올'檮杌과 같은 존재요,
사람으로 흉악하고 포악하다면 이는 궁기窮奇와 닮은 놈이다.

「人之狠惡, 同於檮杌;
　人之凶暴, 類於窮奇.」

【檮杌】 전설상의 흉악한 짐승.《神異經》西荒經에 "西方山中有獸, 狀如虎而大,
攪亂山中, 名曰檮杌"이라 함.
【窮奇】 역시 흉악한 짐승.(《山海經》西山經) 사람의 말을 알아들으며 악한
사람에게 도리어 짐승을 잡아다 먹여준다 함. "西地有獸, 其狀亦似虎, 有翼
能飛, 知人言語, 聞人惡逆不善, 輒殺獸往饋之, 名曰窮奇"라 함.(〈복단본〉 주)

1220

왕맹王猛이 환온桓溫을 만나자 이를 잡으며 당세의 급한 일을 말하였고,
영척寧戚은 제환공齊桓公을 만날 때 쇠뿔을 두드리며 노래하여 경상의
영광을 얻었다.

「王猛見桓溫, 捫虱而談當世之務;
　寧戚遇齊桓, 扣角而取卿相之榮.」

【王猛見桓溫】왕맹(325~375)은 十六國 시대 사람으로 자는 景略. 젊을 때 洛陽에서 키를 파는 장사를 했으며 뒤에 華陰山에 은거함. 뒤에 苻堅(前秦)에게 중용되어 부견이 "如玄德之遇孔明"이라 하였으며 司徒·丞相 등을 지냄. 그가 현달하기 전 큰 뜻을 품었을 때 마침 환온(312~373)이 秦을 정벌하려 關中으로 들어오자 거친 베옷을 입은 채 직접 찾아가 만나서 당세의 일을 토론하면서 그 토론 중에 이(虱)를 잡으며 조금도 기가 죽지 않는 모습을 보였다 함.(《晉書》王猛傳)

【寧戚遇齊桓】춘추시대 齊 桓公이 영척(甯戚으로도 표기)을 만났을 때의 고사. 영척이 남의 소 수레를 끄는 일을 하면서 제나라 東門에 이르러 밤에 쇠뿔을 두드리며 슬픈 노래를 부르자 이를 들은 환공이 管仲으로 하여금 살펴보게 하였음. 관중이 돌아와 "깨끗하기가 흰 물과 같습니다"라 하자 맞이하여 上卿을 삼음.(《淮南子》主術, 《韓詩外傳》, 《說苑》)

1221

월왕越王은 노하여 덤비는 개구리에게 절을 하여 곤충으로 죽음을 두려워하지 않음을 높이 사 사기를 북돋웠고,

병길丙吉은 헐떡이는 소를 두고 질문하여 음양이 때를 잃으면 어쩌나 걱정하였다.

「越王式怒蛙, 以昆蟲之敢死;
　丙吉問牛喘, 恐陰陽之失時.」

【越王式怒蛙】越王 勾踐이 臥薪嘗膽 끝에 吳나라를 치러 갈 때 길에서 화를 내며 맞서는 개구리를 보자 수레에서 軾(앞 난간을 잡고 표하는 예)을 하였음.

좌우가 묻자 "감히 죽음도 두려워하지 않음을 높이 산 것이다"(以其敢
死也)라 함. 이렇게 병사들을 격발시켜 오나라를 쳐서 멸했다 함.(《吳越春秋》
勾踐伐吳外傳)

【丙吉問牛喘】한나라 병길은 훌륭한 정치를 편 것으로 유명하게 이름이
났었다. 그가 재상(相公)으로 교외에 나갔을 때 사사로운 싸움으로 죽은
자를 보고는 물어보지도 않고 지나쳤으나, 다시 어떤 사람이 소를 몰고
가는데 더워 혀를 내민 것을 보자 "소를 몇 리나 이렇게 몰고 온 것이냐?"
라고 물었다. 이에 수행원이 이상히 여겨 "질문이 앞뒤가 뒤바뀌었습니다"
(前後失問)라 하였다. 이에 병길은 "지금 날씨가 아직 덥지도 않은데 소가
저렇게 헐떡거리는 것을 보면 이는 음양이 질서를 잃은 것이다. 음양을 순조
롭게 하는 것이 나 같은 三公의 책무이다. 사람이 싸우다 죽은 것은 경조관이
처리할 업무이다"(牛喘出舌, 恐陰陽失序. 三公調理陰陽, 職當憂, 故問之. 毆死人者,
自有京兆官治之, 非宰相所當問也)라 하였다.(《漢書》丙吉傳)

1222

'열 사람이 천 마리 호랑이를 제압하려 한다' 함은 이길 수 없는 일을
비유로 말하는 것이요,
'한로韓盧 같은 뛰어난 사냥개를 풀어 절름발이 토끼를 쫓는다'는 것은
적을 쉽게 꺾을 수 있음을 비유로 말하는 것이다.

「以十人而制千虎, 比言事之難勝;
　走韓盧而搏蹇兎, 喩言敵之易摧.」

【以十人而制千虎】열 사람이 천 마리의 범을 제압하고자 함. 매우 어려움을
뜻함. 宋 常安民 〈與呂公著書〉에 "故以十人而制一虎, 則人勝; 以一人而制

十虎, 則虎勝. 奈何十人而制千虎乎!"라 함.
【走韓盧而搏蹇兎】한로 같은 뛰어난 사냥개가 절룩거리는 토끼를 쫓아감.
《戰國策》秦策(3)에 范雎가 遠交近攻策을 秦王에게 말하면서 "以秦卒之勇,
車騎之多, 以當諸侯, 譬若馳韓盧而逐蹇兎也, 霸王之業可致"라 함. '한로'는
《漢書》王莽傳 注에 "韓盧, 古韓國之名犬也, 黑色曰盧"라 하였으며 '韓獹'
로도 표기함.(1204 참조)

1223

형제는 마치 척령鶺鴒새가 서로 친함과 같고,
부부란 마치 난봉鸞鳳이 서로 짝을 이루어 배필이 된 것과 같다.

「兄弟似鶺鴒之相親,
　夫婦如鸞鳳之配偶.」

【鶺鴒】할미새. '脊令'으로도 씀. 이는 봄에 하늘 높이 올라 형제를 서로 불러
함께 한다 하여 흔히 형제애를 뜻하는 것에 비유함.《詩經》小雅 常棣에
"脊令在原, 兄弟急難"이라 함.(294 참조)
【鸞鳳】난새와 봉황. 부부애를 뜻함.

1224

세력이 있으나 그렇게 해서는 안 되는 경우를 '채찍이 아무리 길어도
말의 배까지 닿아서는 안 된다'라 하고,

작은 것을 제압하면서 너무 큰 것을 써서는 안 될 때 '닭을 잡는 데 어찌
소 잡는 칼을 사용하랴'라 한다.

「有勢莫能爲, 曰雖鞭之長, 不及馬腹;
　制小不用大, 曰割雞之小, 焉用牛刀.」

【雖鞭之長】 채찍이 길다 해도 말의 배를 때리기 위한 것은 아님. 《左傳》宣公
15년에 楚나라가 宋나라를 치자 송나라가 晉나라에게 도움을 요청했다.
진나라 임금이 허락하려 하자 伯宗이 "不可! 古人有言曰: '雖鞭之長, 不及
馬腹.'"이라 함.

【割雞】 닭잡는 데 소 잡는 칼을 쓰지 않음. 《論語》陽貨篇에 공자가 무성에
가서 자유가 자신에게 배운 예악으로 다스리려 함을 듣고 한편 고을의
크기와 분위기에 맞지 않다고 느끼면서 동시에 흡족히 여겨 한 말. "子之
武城, 聞弦歌之聲. 夫子莞爾而笑, 曰: '割雞焉用牛刀?' 子游對曰: '昔者, 偃也
聞諸夫子曰: 君子學道則愛人, 小人學道則易使也.' 子曰: '二三子! 偃之言是也.
前言戲之耳.'"라 함.

1225

제 어미를 잡아먹는 새가 올빼미梟이며, 제 아비를 잡어먹는 짐승이
경獍이다.

「鳥食母者曰梟, 獸食父者曰獍.」

【梟】올빼미. 關西지역에서는 이를 '流離'라 부름. 수리나 올빼미 등의 맹금류
는 자신의 새끼나 어미를 잡아먹음.(《述異記》)
【獍】'破鏡'(破獍)이라는 짐승. 아비를 잡아먹는다 하며 고대 黃帝에게 제를
올릴 때 '효'와 '파경'을 제물로 삼아 그러한 일에 경계를 삼았다 함.(《漢書》
郊祀志)

1226

가혹한 정치는 범보다 무서운 것이요, 장사壯士가 기氣를 세움에 무지개
가 뜬다.

「苛政猛於虎, 壯士氣如虹.」

【苛政猛於虎】가혹한 정치가 범보다 무서움.《禮記》檀弓(下)에 "孔子過泰
山側, 有婦人哭於墓者而哀, 夫子式而聽之. 使子路問之曰: '子之哭也, 壹似
重有憂者.' 而曰: '然, 昔者吾舅死於虎, 吾夫又死焉, 今吾子又死焉.' 夫子曰:
'何爲不去也?' 曰: '無苛政.' 夫子曰: '小子識之, 苛政猛於虎也.'"라 함.
【壯士氣如虹】옛날 자객이 용기를 내면 하늘이 감응하여 무지개가 나타났다
함. 聶政이 韓傀를 찌를 때와 荊軻가 秦王을 찌를 때 이와 같은 일이 나타
났다는 기록이 널리 실려 있음.

1227

　허리에 십만 관의 돈을 차고 학을 타고 양주揚州로 가는 것은 선인仙人이
되어 부귀를 함께 누림을 말하는 것이요,
　장님이 눈 먼 말을 타고 한 밤중에 깊은 연못에 다다른다는 것은 위험한
경우를 들어 사람을 두렵게 하는 말이다.

「腰纏十萬貫, 騎鶴上揚州, 謂仙人而兼富貴;
　盲人騎瞎馬, 夜半臨深池, 是險語之逼人聞.」

【腰纏十萬貫】'揚州鶴'의 고사. 옛날 몇 사람이 모여 서로의 소원을 피력했
　는데 하나는 양주자사를, 어떤 이는 많은 돈을, 어떤 이는 신선이 되고 싶었
　으면 한다고 하자 나머지 어떤 이가 "그럼 허리에 십만 관을 차고 학을
　타고 양주로 가면 되겠군"(腰纏十萬貫, 騎鶴上揚州)이라 했다 함.(《說郛》에
　실려 있는 《商芸小說》)
【盲人騎瞎馬】맹인이 눈먼 말을 타고 감. 세상에 가장 겁나는 일을 서로
　이야기하면서 나온 말.《世說新語》排調篇에 "桓南郡與殷荊州語次, 因共作
　了語. 顧愷之曰: '火燒平原無遺燎.' 桓曰: '白布纏棺樹旒旐.' 殷曰: '投魚深淵
　放飛鳥.' 次復作危語. 桓曰: '矛頭淅米劍頭炊.' 殷曰: '百歲老翁攀枯枝.' 顧曰:
　'井上轆轤臥嬰兒.' 殷有一參軍在坐, 云: '盲人騎瞎馬, 夜半臨深池.' 殷曰: '咄咄
　逼人!' 仲堪眇目故也"라 함.

1228

검黔 땅의 당나귀의 기능이란 겨우 바로 차는 것 정도요,
날다람쥐의 재주란 많기만 하지 모두가 궁하기만 한 것일 뿐이다.

「黔驢之技, 技止此耳;
鼺鼠之技, 技亦窮乎.」

【黔驢】黔은 지금의 貴州. 귀주의 나귀. 柳宗元의 〈三戒〉(黔之驢)의 글에서
비유된 고사. 타고난 기능이 모자라고 한계가 있음을 뜻함. 원래 귀주(검)
에는 나귀가 없었는데 어떤 사람이 이를 배에 싣고 산에 풀어놓자 호랑이가
신으로 여겨 감히 가까이 하지 못하였음. 그러나 점차 익숙해져 호랑이가
접근해보았더니 그 나귀가 발로 차는 것을 보고 "재주가 겨우 이 정도야!"
(技止此耳)라 하면서 잡아먹었다 함.
【鼺鼠】날다람쥐. '梧鼠', '五技鼠', '大飛鼠', '鼺鼠'라고도 하며 《荀子》勸學篇
에 "梧鼠五技而窮"이라 함. 즉 날다람쥐는 다섯 가지 재능이 있으나 모두
아주 뛰어나지는 않음을 뜻함. 날되 지붕 위까지는 오르지 못하고, 나무에
오를 줄은 알지만 나무 끝의 가지까지는 가지 못하고, 헤엄을 쳐도 도랑을
건너지 못하며, 구멍에 들어갈 줄은 알지만 제 몸을 모두 감출 줄은 모르고,
달려도 사람보다 빠르지 못함 등 다섯 가지 하찮은 재주를 말함. 이에 "鼺鼠
五能, 不成一技"라 함.

1229

강한 자가 겸병하는 것을 '경탄'鯨呑이라 하고, 작은 도둑질을 '구도'
狗盜라 한다.

「强兼幷者曰鯨呑, 爲小賊者曰狗盜.」

【鯨呑】고래가 큰 입으로 삼키듯 함.(晉書 前燕載記 慕容皝論)
【狗盜】개처럼 작은 구멍을 돌아다니며 도둑질을 함. 원래《史記》孟嘗君
列傳의 '鷄鳴狗盜'를 뜻함. '하찮은 말단의 재주'라는 뜻으로도 쓰임.

1230

악한 사람을 기르는 것은 호랑이를 기르는 것과 같아 당장은 그 고기에
배부르지만 배고프면 주인을 문다.
악인을 기르는 것은 마치 매를 기르는 것과 같아 배고프면 사람에 의지
하지만 배부르면 날아가 버린다.

「養惡人如養虎, 當飽其肉, 不飽則噬;
　養惡人如養鷹, 飢之則附, 飽之則颺.」

【養虎】呂布가 陳登을 시켜 자신에게 徐州牧 자리를 달라고 협상하도록 曹操
에게 보냈다. 진등이 성공하지 못하고 돌아오자 여포는 진등이 제대로 임무를
수행하지 못하였다고 여겨 칼을 빼어 진등을 찌르려 하자 진등이 웃으며
"제가 조조를 만나 호랑이처럼 배고프면 사람을 물 사람이라 하였더니
조조는 도리어 매와 같아 배고프면 떠날 사람이라 하더이다"라 하자 여포가
"조조가 나를 알기는 아는군"이라 하면서 칼을 내던졌다 함.《三國志》魏志
呂布傳에 "吾見曹公說待將軍, 譬如養虎, 當飽其肉, 不飽則將噬人. 曹公笑曰:
'吾待溫侯(여포), 譬如養鷹, 飢則爲附, 飽則揚去.' 布乃擲劍曰: '曹公知我也.'"

라 함. 한편 이는 權翼이 慕容垂를 두고 한 말이기도 함.(《晉書》 載記 慕容
垂傳, 1258 참조)

1231

'수후지주隋侯之珠로 참새를 잡는다'는 것은 얻는 것은 적은데 잃는
것은 크다는 말이요,
'쥐를 잡으려다 그릇 깰까 겁난다'는 것은 갑 때문에 을이 피해를 볼까
두렵다는 뜻이다.

「隋珠彈雀, 謂得少而失多;
　投鼠忌器, 恐因甲而害乙.」

【隋珠】 수주는 고대 아주 값비싼 구슬. 전설에 隋侯(隨侯)가 다친 뱀을 치료
해 주고 그 보답으로 이를 얻었다 함.(《淮南子》 覽冥訓 高誘 주, 《搜神記》)
【隋珠彈雀】 아주 귀한 것으로 하찮은 것을 얻기 위해 쓰는 어리석은 일을
뜻함. 《莊子》 讓王에 "지금 수주 같은 귀한 것으로 천 길 낭떠러지 아래에
있는 참새를 잡겠다고 던진다면 남이 웃지 않겠는가?"(今且有人於此, 以隨
侯之珠, 彈千仞之雀, 世必笑矣, 是何也? 則其所用者重, 而所要者輕也)라 함.
【投鼠忌器】 '쥐잡으려다 장독 깰까 겁난다'는 뜻. 《漢書》 賈誼傳에 실려 있는
〈治安策〉에 "里諺曰: '欲投鼠而忌器.' 鼠近于器, 尚憚而不投恐傷其器也. 況貴
臣之近主者乎?"라 함.

1232

일이 많음을 일러 '위무'蝟務라 하고, 이익이 적음을 일러 '승두'蠅頭라
한다.

「事多曰蝟務, 利小曰蠅頭.」

【蝟務】 판본에 따라 '蝟毛', '蝟集' 등으로 되어 있음. 고슴도치의 가시. 秦觀의
〈懷李公擇學士次韻〉에 "時事紛紛劇蝟毛"라 함.
【蠅頭】 파리의 머리. 蘇軾의 〈滿庭芳〉에 "蝸角虛名, 蠅頭微利"라 함.

1233

마음이 미혹하면 마치 여우 근심과 같아지고, 사람이 즐거우면 참새가
뛰듯 한다.

「心惑似狐疑, 人喜如雀躍.」

【狐疑】 여우는 의심이 많아 앞뒤를 살피며 머뭇거림. 《顏氏家訓》 書證에
"狐之爲獸, 又多猜疑. 故聽河冰無流水聲, 然後敢渡, 今俗云:'狐疑, 虎卜.'
則其義也"라 함.

【雀躍】《莊子》在宥에 "雲將東遊, 過扶搖之枝而適遭鴻蒙. 鴻蒙方將拊脾雀躍
而遊. 雲將見之, 倘然止, 贄然立, 曰: '叟何人邪? 叟何爲此?' 鴻蒙拊脾雀躍
不輟, 對雲將曰. '遊!'"라 하여 참새가 뛰듯 즐거워하는 모습을 표현한 것.

1234

　'사랑하는 사람의 지붕 까마귀도 예뻐 보인다'는 것은 이것으로 인해
저것이 아깝다는 것이요,
　'닭은 가볍게 여기며 들오리를 귀한 줄 안다'는 것은 이를 버리고 저것을
도모함을 말한다.

「愛屋及烏, 謂因此而惜彼;
　輕雞愛鶩, 謂舍此而圖他.」

【愛屋及烏】좋아하는 사람은 그 집 옥상의 까마귀조차 예뻐 보임.(《尙書大傳》
　大戰에 "周公曰: '愛人者, 兼其屋上之烏; 憎其人者, 憎其餘胥.'"라 함.
【輕雞愛鶩】晉나라 庾翼은 王羲之와 글씨로 이름을 다투던 자였다. 그런데
　글씨를 배우는 자들이 모두 왕희지만을 추앙하자 화가 난 그는 친구에게
　보내는 편지에 "어린 녀석들이 집의 닭은 가볍게 보고, 들에 뛰노는 오리만
　귀한 줄 아는군"(兒輩輕家雞愛野鶩)이라 하였다.(《晉中興書》)

1235

악한 자를 교사教唆하여 그릇된 일을 짓도록 함을 일러 '교노승목'教猱
升木이라 하고,

은혜를 받고도 보답을 하지 않음을 일러 '득어망전'得魚忘筌이라 한다.

「教惡爲非, 曰教猱升木;
　受恩不報, 曰得魚忘筌.」

【教猱升木】《시경》 小雅 角弓에 "毋教猱升木, 如塗塗附"라 하여 '猱'(노)는
원숭이. 이로 하여금 나무에 오르도록 함. 남에게 나쁜 일을 시킴을 뜻함.
【得魚忘筌】고기를 잡으면서도 그 고기잡는 기구인 통발(筌)에 대한 고마움은
잊고 있음.《장자》외물편에 '忘筌'은 '忘荃'으로 되어 있음. "荃者所以在魚,
得魚而忘荃; 蹄者所以在兔, 得兔而忘蹄; 言者所以在意, 得意而忘言. 吾安
得夫忘言之人而與之言哉!"라 함.

1236

세력에 의지하여 남을 해치는 사람은 '성호사서'城狐社鼠같은 자요,

텅 비어 아무 쓸모가 없는 경우라면 '도견와계'陶犬瓦雞와 무엇이 다르
겠는가?

「倚勢害人, 眞似城狐社鼠;
　空存無用, 何殊陶犬瓦雞.」

【城狐社鼠】굴에 숨은 여우를 잡으려 하나 성이 무너질까 두렵고, 쥐를 잡으려
하나 사당을 태울까 겁이 남.《晉書》謝鯤傳에 王敦이 劉隗를 제거하고
싶어하자 사곤이 "隗誠始禍, 然城狐社鼠也"라 함. 한편 '社鼠'는《晏子春秋》에
임금 측근의 '社鼠猛狗'를 두고 한 말.《晏子春秋》(권3) "夫社, 束木而塗之.
鼠因往託焉. 熏之則恐燒其木. 灌之則恐敗其塗. 此鼠所以不可得殺者, 以社
故也. 夫國亦有社鼠, 人主左右是也. 宋人有酤酒者. 爲器甚潔淸, 置表甚長,
而酒酸不售. 問之里人其故, 里人曰: '公之狗猛, 人挈器而入, 且酤公酒, 狗迎
而噬之. 此酒所以酸而不售也.' 夫國亦有猛狗, 用事者是也"라 하였다.

【陶犬瓦雞】도자기로 만든 개와 진흙으로 빚은 닭. 실제로는 집을 지키지도
못하며 새벽에 울지도 못함.《金樓子》立言에 金樓子가 "吾之亡(死)也, 瓦雞
無司晨之益, 陶犬無守夜之警, 愼毋以此爲墓上物也"라 함.

1237

세력이 약하여 대적하기 어려운 경우를 일러 '당비당원'螳臂當轅이라 하고,
사람으로 태어나 쉽게 죽음을 '부유재세'蜉蝣在世라 한다.

「勢弱難敵, 謂之螳臂當轅;
　人生易死, 乃曰蜉蝣在世.」

【螳臂當轅】'螳螂拒轍'과 같음. 사마귀가 앞발을 들어 수레에 맞섬.《莊子》
人間世에 "汝不知夫螳螂乎? 怒其臂以當車轍, 不知其不勝任也, 是其才之美
者也. 戒之, 愼之! 積伐而美者以犯之, 幾矣"라 하였고,《韓詩外傳》(8)에
"齊莊公出獵, 有螳蜋擧足將搏其輪. 問其御曰: '此何蟲也?' 御曰: '此螳蜋也.
其爲蟲, 知進而不知退; 不量力而輕就敵.' 莊公曰: '以爲人, 必爲天下勇士矣.'
於是廻車避之. 而勇士歸之"라 하였으며,《淮南子》(人間訓)에도 실려 있음.

【蜉蝣在世】하루살이로 세상에 태어남. 같은 뜻으로 《장자》 逍遙遊에 "朝菌
不知晦朔, 蟪蛄不知春秋"라 함. 한편 《大戴禮記》 夏小正에 "蜉蝣者, 渠略也,
朝生而暮死"라 함.

1238

작은 것이 큰 것을 제압하기 어려움은 마치 작은 월계越雞가 큰 고니
알을 품을 수 없는 것과 같고,
천한 것이 도리어 귀한 것을 가벼이 여김은 마치 작은 피리새가 대붕
大鵬을 비웃는 것과 같다.

「小難制大, 如越雞難伏鵠卵;
　賤反輕貴, 似鷽鳩反笑大鵬.」

【小難制大】《장자》 庚桑楚에 "庚桑子曰: '辭盡矣. 奔蜂不能化藿蠋, 越雞不
能伏鵠卵, 魯雞固能矣. 雞之與雞, 其德非不同也, 有能與不能者, 其才固有巨
小也. 今吾才小, 不足以化子. 子胡不南見老子!'"라 함.
【賤反輕貴】역시 《장자》 逍遙遊에 "蜩與學鳩笑之曰: '我決起而飛, 搶楡枋而止,
時則不至而控於地而已矣, 奚以之九萬里而南爲?' 適莽蒼者, 三湌而反, 腹猶
果然; 適百里者, 宿春糧; 適千里者, 三月聚糧. 之二蟲又何知!'"라 함. '鷽'(學)은
피리새, 아주 작은 새를 비유함.

1239

소인이 군자의 마음을 알지 못할 때 '제비나 참새가 어찌 홍곡의 뜻을
알리오?'라 하고
　군자가 소인에게 모욕을 당할 수 없음을 말할 때 '호랑이 표범이 어찌
개나 양에게 속임을 당하리오?'라 한다.

「小人不知君子之心, 曰燕雀豈知鴻鵠志;
　君子不受小人之侮, 曰虎豹豈受犬羊欺.」

【燕雀】秦末 陳勝(陳涉)이 어렸을 적에 남과 함께 어느 집 머슴이 되어 쉬면서
"성공하면 서로 잊지 말자"라 함. 그러자 곁에 있던 자가 "너 같은 머슴이 무슨
성공을?"이라 비꼬자 "참새나 제비 따위가 어찌 홍곡의 뜻을 알겠는가"라 함.
《史記》陳涉世家에 "陳勝者, 陽城人也, 字涉. 陳涉少時, 嘗與人傭耕, 輟耕之
壟上, 悵恨久之, 曰: '苟富貴, 無相忘.' 庸者笑而應曰: '若爲庸耕, 何富貴也?'
陳涉太息曰: '嗟乎, 燕雀安知鴻鵠之志哉!'"라 함.
【虎豹】'호랑'으로도 되어 있음. 이는 원래 《增廣賢文》(173)에 실려 있는 구절
임. "燕雀哪知鴻鵠之志? 虎狼豈被犬羊欺?"라 함.(필자역주 《賢文》 참조)

1240

도척盜跖의 개가 요堯임금을 보고 짖은 것은 그 주인이 아니기 때문에
짖는 것이요,
　비둘기가 까치집을 차지해 사는 것은 까치가 만들어놓은 집을 편안히
여기기 때문이다.

「跖犬吠堯, 吠非其主;
　鳩居鵲巢, 安享其成.」

【跖犬吠堯】《戰國策》齊策(6)에 "跖之狗吠堯, 非貴跖而賤堯也, 狗固吠非其
　主也"라 함.
【鳩居鵲巢】비둘기가 까치 둥지를 차지함. 남의 聲價를 빼앗음을 뜻함.《詩經》
　召南 鵲巢에 "維鵲有巢, 維鳩居之"라 함.

1241

'연목구어'緣木求魚는 얻기 어려움을 지극히 강하게 표현한 말이며,
'안도색기'按圖索驥란 진실을 잃고 있음을 심하게 표현한 말이다.

「緣木求魚, 極言難得;
　按圖索驥, 甚言失眞.」

【緣木求魚】나무에 올라 물고기를 찾음.《孟子》梁惠王(上)에 "以若所爲, 求若
　所欲, 猶緣木而求魚也. ……殆有甚焉. 緣木求魚, 雖不得魚, 無後災"라 함.
【按圖索驥】그려준 그림만 보고 천리마를 찾으려 함. 伯樂이《相馬經》을
　지어 그 아들에게 주면서 찾아보도록 하자 가는 길에 두꺼비를 보고 그
　책에 설명한 말과 같다고 하면서 그것이 천리마인 줄 알았다는 고사가 있음.
　(《藝林伐山》(7)) 한편《符子》라는 책에 "제 경공이 말을 좋아하여 화공에게
　그림으로 그리도록 하여 사람을 시켜 찾아오도록 했지만 찾지 못한 것처럼
　지금의 군주가 옛날 책에 의해 현인을 찾는다고 해서 역시 찾을 수 없다"라
　하였음.(〈복단본〉 주)

1242

악한 사람이 세력을 믿고 있는 것을 '마치 호랑이가 산을 등지고 버티는 것 같다'如虎負嵎라 하고,
궁한 사람이 돌아갈 곳이 없는 경우를 '마치 물고기가 물을 잃은 것과 같다'如魚失水라 한다.

「惡人籍勢, 曰如虎負嵎;
　窮人無歸, 曰如魚失水.」

【如虎負嵎】 호랑이가 산에 의지하여 맞서면 사람들이 잡기 힘들다는 뜻. 《孟子》盡心(下)에 "晉人有馮婦者, 善搏虎, 卒爲善士. 則之野, 有衆逐虎. 虎負嵎, 莫之敢攖. 望見馮婦, 趨而迎之"라 함.
【如魚失水】 물고기가 물을 떠나면 의지할 곳이 없음. 《莊子》庚桑楚에 "呑舟之魚, 碭而失水, 則蟻能苦之"라 하였으며 《戰國策》에도 孟嘗君이 薛城을 쌓으려 할 때 이러한 비유로 저지한 고사가 있음. 《韓非子》에도 "呑舟之魚大矣, 及其蕩而失水, 則爲螻蟻之所制. 故君子得時則龍升于天, 失時則魚失於水"라 함.

1243

'구미호'九尾狐란 진팽년陳彭年의 본성이 험악하고 간사함을 빗대어 한 말이요,
'독안룡'獨眼龍이란 이극용李克用이 눈이 하나지만 용맹하였음을 칭찬하여 한 말이다.

「九尾狐, 譏陳彭年素性諂而又奸;
　獨眼龍, 誇李克用一目眇而有勇.」

【九尾狐】《山海經》南山經에 "靑丘之山, 有獸焉, 其狀如狐而九尾, 其音如嬰兒,
能食人"이라 함. 북송의 陳彭年(961~1017)은 그 음험하기가 구미호 같았다 함.
(《儒林公議》) 陳彭年은 학자로 《冊府元龜》 저술에 참여하였고, 丘雍과 함께
《切韻》을 저술하는 등 중국 음운학에 매우 중요한 인물.
【獨眼龍】당나라 李克用(856~908)은 한쪽 눈을 잃어 '독안룡'이라 불렸음.
그는 黃巢의 난을 평정하였으며 뒤에 진공에 봉해지는 등 많은 공을 세웠고
그의 아들 李存勗이 後唐을 건립하고 나서 그를 태조로 추존함.(《新五代史》
唐莊宗紀)

1244

'지록위마'指鹿爲馬는 진秦나라 조고趙高가 그 임금을 속인 것이요,
'질석성양'叱石成羊이란 황초평黃初平이 신선술을 터득했음을 말한다.

「指鹿爲馬, 秦趙高之欺主;
　叱石成羊, 黃初平之得仙.」

【指鹿爲馬】진나라 조고가 二世를 없애고 난을 일으키려고 하면서 여러 신하
들이 자신의 위세에 따르는가를 보기 위해 사슴을 말이라 함.《史記》秦始皇
本紀에 "趙高欲爲亂, 恐群臣不聽, 乃先設驗, 持鹿獻於二世, 曰: '馬也.' 二世
笑曰: '丞相誤邪? 謂鹿爲馬.' 問左右, 左右或黙, 或言馬以阿順趙高. 或言
鹿者, 高因陰中諸言鹿者以法. 後群臣皆畏高"라 함.

【叱石成羊】黃初平(皇初平)이 신선술을 익힌 후 양을 돌로 변하게 하고 다시 그 돌이 양으로 변하게 하였다 함.(《神仙傳》皇初平,《藝文類聚》94,《太平廣記》7)

1245

변장자卞莊子는 용맹하여 능히 두 마리 호랑이를 맨손으로 잡을 수 있었고,
고병高騈은 하나의 화살로 두 마리의 수리를 쏘아 맞히었다.

「卞莊勇能擒兩虎, 高騈一矢貫雙鵰.」

【卞莊】'卞莊子'. 魯나라 卞邑의 大夫이며 용사. 《韓詩外傳》(10)과 《新序》(8) 및 《尸子》·《太平御覽》(496)·《荀子》(大略篇) 등에도 언급되어 있음. 한편 《論語》 憲問篇에 "若臧武仲之知, 公綽之不欲, 卞莊子之勇, 冉求之藝, 文之以禮樂, 亦可以爲成人矣."라 함. 그는 맨손으로 두 마리 호랑이를 잡을 수 있는 용맹이 있었으며 전쟁에 나가 어머니를 생각해 용맹을 다하지 않은 일로도 유명함. 《新序》 義勇篇에 "卞莊子好勇, 養母, 戰而三北, 交遊非之. 國君辱之. 及母死三年, 冬與魯戰, 卞莊子請從, 見於魯將軍曰: '初與母處, 是以三北, 今母死, 請塞責而神有所歸.' 遂赴敵, 獲一甲首而獻之. 曰: '此塞一北.' 又入, 獲一甲首而獻之. 曰: '此塞再北.' 又人, 獲一甲首而獻之. 曰: '此塞三北.' 將軍曰: '母沒爾家, 宜止之, 請爲兄弟.' 莊子曰: '三北以養母也, 是子道也; 今士節小具而塞責矣. 吾聞之: 節士不以辱生.' 遂反敵, 殺十人而死"라 함.
【高騈】당나라 장수(?~887). 그가 어릴 때 수리(鵰) 두 마리가 날아가는 것을 활로 쏘면서 "내가 나중에 귀하게 될 것이라면 두 마리가 한 화살에 맞아라"라 했더니 과연 말대로 되었다 함.(《新唐書》高騈傳)

1246

사마의司馬懿는 촉한蜀漢을 범처럼 두려워하였고, 제갈량諸葛亮은 그 한漢나라를 용이 보좌하듯 하였다.

「司馬懿畏蜀如虎, 諸葛亮輔漢如龍.」

【司馬懿】 삼국시대 司馬仲達(179~251). 曹操를 도와 여러 가지 모책을 세웠던 魏나라의 중신. 제갈량이 위를 칠 때 병력이 모자라자 험한 지형을 의지하여 나오지 않고·버팀. 이에 제갈량이 여인들의 옷(幗巾)을 보내어 나약한 여자 같다고 했지만 그래도 나오지 않고 버티자 부하(賈詡)가 "공께서 촉을 호랑이처럼 무서워하시니 천하가 비웃고 있습니다"라 함.(《漢晉春秋》) 뒤에 그의 손자 司馬炎이 魏나라를 이어 晉나라를 세움.
【諸葛亮】《綱鑑總論》에 제갈량을 평하여 "鞠躬盡瘁, 死而後已. 亮之所以如龍也"라 함.

1247

뱁새가 수풀에 둥지를 튼다 해도 하나의 가지만 차지할 뿐이며,
두더지가 하수의 물을 마신다 해도 그 배에 가득 채울 뿐이다.

「鷦鷯巢林, 不過一枝;
　鼴鼠飲河, 不過滿腹.」

【鷦鷯巢林】《莊子》逍遙遊에 "鷦鷯巢於深林, 不過一枝; 偃鼠飮河, 不過滿腹"
이라 함. '鷦鷯'는 뱁새. '偃鼠'는 두더지의 일종.

1248

사람을 아주 쉽게 버림을 '고추부서'孤雛腐鼠라 하며,
글과 명예를 함께 우러러봄을 '기봉등교'起鳳騰蛟라 한다.

「棄人甚易, 曰孤雛腐鼠;
　文名共仰, 曰起鳳騰蛟.」

【孤雛腐鼠】외로운 병아리나 썩은 쥐처럼 버림을 받음. 後漢 竇憲이 공주의
　전원을 빼앗자 章帝가 크게 노하여 "久思令人驚怖, 國家棄汝, 如孤雛腐鼠耳"
　라 꾸짖음.(《後漢書》竇憲傳)
【起鳳騰蛟】날아오르는 봉황과 승천하는 교룡. 재주와 능력이 넘쳐남을 뜻함.
　王勃 〈滕王閣序〉에 "騰蛟起鳳, 孟學士之詞宗; 紫電淸霜, 王將軍之武庫"라 함.

1249

'공公을 위한 것이냐, 사私를 위한 것이냐'라는 것은 진 혜제惠帝가 두꺼비
우는 소리를 듣고 신하에게 한 어리석은 질문이며,

‘왼쪽으로 갈 사람은 왼쪽으로, 오른쪽으로 갈 사람은 오른 쪽으로’라
한 것은 탕湯임금의 덕이 금수禽獸에까지 미친 일화이다.

「爲公乎, 爲私乎, 惠帝問蛤蟆;
　欲左左, 欲右右, 湯德及禽獸.」

【蛤蟆】晋 惠帝는 역사상 가장 우둔한 황제로 알려져 있음. 그는 백성이 굶주린
　다고 하자 "노루고기를 먹으면 되지 않겠는가?"라 하였으며, 어화원의
　두꺼비를 보고는 "저놈이 우는 것은 官을 위해서 우는 것이냐? 아니면 私를
　위해 우는 것인가?"(此鳴者, 爲官乎? 爲私乎?)라 물음. 참다못한 좌우가 "관의
　땅에 있는 것은 관을 위해 울고, 개인 땅에 있는 것은 그 개인을 위해 웁니다"
　(在官地爲官, 在私地爲私)라고 놀렸다 함.(《晉書》惠帝紀)
【湯】商나라 탕임금이 그물로 사방을 다 막고 새를 잡는 것을 보고 한쪽은
　터놓도록 한 일.(《史記》殷本紀,《十八史略》, 854 참조)

1250

물고기가 솥에서 헤엄을 치고 있으니 살아 있기는 하나 길게 가지
못할 것이요,
　제비가 막사 위에 집을 지었으니 그 사는 곳이 안전하지 못할 것이다.

「魚游於釜中, 雖生不久;
　燕巢於幕上, 棲身不安.」

【魚游於釜中】한나라 때 張嬰이 徐州·揚州 일대에서 난을 일으키자 安帝가 張綱으로 하여금 光陵太守를 삼아 진압하도록 하였음. 이에 그가 단신으로 찾아가 여러 가지로 달래자 장영이 결국 "살기 위하여 한 짓입니다. 그러나 가마솥에 고기가 헤엄치고 있다고 오래 견디지 못함은 알고 있습니다"라 함. 《漢書》張綱傳에 "嬰泣曰: '相聚偸生, 若魚游釜中, 知其不久也. 今聞明府之言, 乃嬰等更生之辰.' 明日, 率所部萬餘人歸降"이라 함.

【燕巢於幕上】제비가 곧 옮기게 될 임시 막사 위에 집을 지음. 《左傳》襄公 29년에 季札이 戚 땅을 지나며 孫林父에게 "父子在此也, 猶燕之巢於幕上, 君又在殯, 而可以樂乎?"라 함.

1251

망녕되이 자산이 대단히 기특하다고 칭찬하는 것을 일러 '요동시'遼東豕라 하고,

그 견해가 심히 작은 것을 '정저와'井底蛙 같음에 비유한다.

「妄自稱奇, 謂之遼東豕;
 其見甚小, 譬如井底蛙.」

【遼東豕】한나라 漁陽太守 彭寵이 光武帝를 위해 군량을 날라주는 등 스스로 천하에 큰 공을 세웠다고 여겼는데, 그에 맞는 상이 내리지 않자 불평하고 있었다. 이에 朱浮가 그에게 편지를 보냈다. "요동의 돼지는 모두 검은데 어쩌다 흰 돼지가 나오자 이를 기이하다 여겨 임금에게 바치려고 가지고 나섰소. 그런데 하동에 이르러 보니 흰 돼지가 너무 많아 그만 되돌아 갔다 합니다. 지금 그대의 공을 조정에서 논해보면 요동의 돼지에 해당하오."

(昔人以遼東之豕, 古來皆黑, 生子白頭, 異而獻之, 行至河東, 見群豕皆白, 懷慚而返.
若以子之功, 論於朝廷, 是亦遼東之豕也)라 하였다.(《後漢書》朱浮傳)
【井底蛙】‘井底之蛙’, ‘井中之蛙’와 같음. 우물 안 개구리.《莊子》秋水에
“井䵷不可以語於海者, 拘於虛也; 夏蟲不可以語於冰者, 篤於時也”라 하였고,
《後漢書》馬援傳에는 “井底蛙耳, 而妄者尊大”라 함.

1252

아버지는 악하나 아들이 똑똑한 경우를 일러 ‘이우지자’^{犂牛之子}라 하고,
아버지는 겸손하나 아들이 졸렬한 경우를 일러 ‘돈견지아’^{豚犬之兒}라 한다.

「父惡子賢, 謂是犂牛之子;
　父謙子拙, 謂是豚犬之兒.」

【犂牛】제사용으로 쓰는 훌륭한 소.《論語》雍也篇에 “子謂仲弓, 曰: ‘犂牛
　之子騂且角, 雖欲勿用, 山川其舍諸?’”라 함.
【豚犬之兒】‘돼지나 개 같은 아들’이라는 뜻. 曹操가 孫權이 군대를 잘 정비
　함을 보고 “生子當如孫仲謀, 劉景昇兒子若豚犬耳”라 함.(《三國志》吳志 吳主傳)
　그러나 이는 李存勗(885~926, 李克用의 아들로 五代 後唐을 건국한 莊宗)이
　後梁과의 전투에서 여러 번 승리를 거두자 후량 太祖 朱溫이 패배하였음
　에도 감탄하여 “生子須如李亞子, 吾兒豚犬耳”라 한 것과 같음.(《舊五代史》
　唐紀, 262 참조)

1253

여러 사람의 무리 속에 홀로 특이하게 뛰어남을 '학립군계'鶴立雞群와 같다 하고,

배우자가 아닌데도 서로 따라다니는 것을 '치구모필'雉求牡匹과 같다고 한다.

「出人群而獨異, 如鶴立雞群;
　非配偶以相從, 如雉求牡匹.」

【鶴立雞群】'群雞一鶴'과 같음.《世說新語》容止에 嵇康의 아들 嵇紹를 보고 한 말. "有人語王戎曰:'嵇延祖卓卓如野鶴之在雞群.' 答曰:'君未見其父耳!'" 라 함.

【雉求牡匹】서로 부부가 아니면서도 따르고 화합함을 뜻함.《詩經》邶風 匏有苦葉에 "雉鳴求其牡"라 함. 그러나《幼學瓊林》의 鄒聖脈은 註에서 이는 음란한 것을 뜻한다고 보았음. 즉 꿩은 조류로 암수를 '雌雄'으로 구분하며, 길짐승은 '牝牡'로 구분하는데 수꿩인 雄이 길짐승 암컷(牡)을 찾는다는 것은 異類淫亂을 뜻하는 것이라 함.(飛類曰雌雄, 走類曰牝牡, 雉當求其雄. 今求其牡匹, 如淫亂之人, 犯禮以相求也.)

1254

'하늘의 돌 기린'天上石麟은 어린 아이가 여러 사람 중에 뛰어남을 칭찬한 말이요,

'사람 중의 천리마'人中騏驥란 군자로서 평범한 사람을 뛰어넘음을 비유한
것이다.

「天上石麟, 誇小兒之邁衆;
　人中騏驥, 比君子之超凡.」

【天上石麟】 남의 아들을 칭찬하는 말. 《玉臺新詠》을 지은 徐陵이 어릴 때
　그를 스님 寶誌上人에게 데리고 갔더니 스님이 보고 머리를 쓰다듬으며
　"하늘에 있는 돌 기린이로다"(天上石麒麟也)라 함.(《南史》 徐陵傳)
【人中騏驥】 徐孝嗣가 徐勉의 뛰어난 재능으로 보고 "이 아이는 소위 사람
　중의 기기로 틀림없이 천리를 달릴 것이다"(此子所謂人中騏驥, 必能遠致
　千里)라 함.(《南史》 徐勉傳) '騏驥'는 천리마를 뜻함.

1255

　사람의 집에 집을 지어 편안히 느끼는 제비나 참새는 뒤에 올 재앙을
알 턱이 없고,
　독 안에 살고 있는 작은 벌레가 어찌 넓은 세계를 볼 수 있겠는가?

「怡堂燕雀, 不知後災;
　甕裏醯雞, 安有廣見.」

【怡堂燕雀】집 처마에 둥지를 지은 제비가 편하고 즐거운 것 같으나 그 집에 불이 나게 되면 그 화가 자신에게까지 미침. 어떤 변화가 올지 모른 채 즐거워함을 뜻함. 孔鮒의 《孔叢子》 論勢에 "燕雀處堂, 方自以爲安, 竈突炎上, 棟宇將焚, 燕雀不知禍之將及己也"라 함.
【甕裏醯雞】독 안에 살고 있는 '눈에놀이'(바구미의 일종)라는 벌레는 누가 그 뚜껑을 열어주지 않으면 넓은 세상을 볼 수 없음. 《莊子》 田子方에 孔子가 老聃(노자)을 만나보고 나와서 顔回에게 "孔子出, 以告顔回曰: '丘之於道也, 其猶醯雞與! 微夫子之發吾覆也, 吾不知天地之大全也.'"라 함. '醯雞'는 독에 넣어놓은 곡식 등에 생기는 작은 바구미류의 벌레, 눈에놀이(蟣蠓).

1256

'마우금거'馬牛襟裾란 예의를 모르는 자를 나무라는 말이요,
'목후이관'沐猴而冠이란 사람의 식견이 넓지 못함을 비웃는 말이다.

「馬牛襟裾, 罵人不識禮義;
　沐猴而冠, 笑人見不恢宏.」

【馬牛襟裾】사람에게 배움이 없으면 마소에게 옷을 입힌 것이나 다름없음. 韓愈가 아들 韓符에게 준 〈符讀書城南〉의 시에 "人不通古今, 馬牛而襟裾. 行身陷不義, 況望多名譽. 時秋積雨霽, 新凉入郊墟. 燈火稍可親, 簡編可卷舒"라 함.
【沐猴而冠】원숭이를 목욕시켜 모자를 씌워놓은 것과 같음. 겉은 번듯하되 학식이나 식견이 없는 자를 가리킴. 초나라 출신인 項羽를 두고 한 말. 《史記》 項羽本紀에 "項羽引兵西屠咸陽, 殺秦降王子嬰, 燒秦宮室, 火三月不滅; 收其貨寶婦女而東. 人或說項王曰: '關中阻山河四塞, 地肥饒, 可都以霸.'

項王見秦宮皆以燒殘破, 又心懷思欲東歸, 曰: '富貴不歸故鄕, 如衣繡夜行,
誰知之者!' 說者曰: '人言楚人沐猴而冠耳, 果然.' 項王聞之, 烹說者"라 함.

1257

'양질호피'羊質虎皮란 꾸밈만 있고 실질이 없음을 비웃는 말이요,
'수주대토'守株待兔란 졸렬한 상태를 지키며 능력이 없음을 말하는 것이다.

「羊質虎皮, 譏其有文無實;
　守株待兔, 言其守拙無能.」

【羊質虎皮】 본바탕은 양이면서 껍질은 호랑이인 경우와 같음. 揚雄의 《法言》
에 "羊質虎皮, 見草而悅, 見豺而懼, 忘其皮之爲虎也"라 함.
【守株待兔】 작은 경험이 전부인양 변통을 모르는 경우를 말함. 《韓非子》
五蠹에 "宋人有耕田者, 田中有株, 兔走觸株, 折頸而死, 因釋其耒而守株, 冀復
得兔, 兔不可復得, 而身爲宋國笑"라 함.

1258

악한 사람이 마치 호랑이에게 날개를 달아준 것과 같은 경우, 반드시
사람을 골라 잡아먹게 될 것임을 말하는 것이며,
　지사로서 마치 매가 새장에 갇힌 것과 같은 경우, 스스로 하늘을 마음
대로 날고 싶은 뜻을 가지고 있음을 지니고 있을 것이다.

「惡人如虎生翼, 勢必擇人而食;
　志士如鷹在籠, 自是凌霄有志.」

【如虎生翼】 호랑이에게 날개가 생김.《韓非子》難勢에 "故《周書》曰: '毋爲
　虎傳翼, 將飛入邑, 擇人而食之.' 夫乘不肖人於勢, 是爲虎傳翼也."라 함.
【如鷹在籠】 매가 새장에 갇혀 있음.《晉書》載記 慕容垂傳에 權翼이 秦王을
　만나 모용수를 평하여 "慕容垂勇略過人, 譬如養鷹, 飢則附人, 每當聞風飈之起,
　常有凌霄之志, 正宜謹條籠中, 豈可縱解, 任其所欲者哉!"라 함.(1230 참조)

1259

　붕어鮒魚가 수레바퀴 자국에 고인 물에 갇혀 있으면서 서강西江의 물을
얻지 못한다 함은 사람이 심히 곤궁함을 비유하는 것이요,
　교룡蛟龍이 비구름을 만나 마침내 못 속에 그대로 있을 물건이 아니라
함은 사람이 크게 어떤 일을 하게 됨을 비유하는 것이다.

「鮒魚困涸轍, 難得西江水, 比人之甚窘;
　蛟龍得雲雨, 終非池中物, 比人有大爲.」

【鮒魚】 '학철붕어'(涸轍鮒魚)를 뜻함. 莊子가 監河侯에게 곡식을 꾸러 갔을 때
　이를 미루자 "내 오는 길에 수레바퀴 자국에 갇힌 붕어가 살려달라기에
　'내 지금 초나라로 가는 길인데 그곳에 이르면 서강의 물을 끌어 너에게
　보내주겠다' 하였음. 급한 일을 구제해 주어야 함을 뜻함.《莊子》外物篇에

“莊周家貧, 故往貸粟於監河侯. 監河侯曰:‘諾. 我將得邑金, 將貸子三百金, 可乎?’
莊周忿然作色曰:‘周昨來, 有中道而呼者. 周顧視車轍中, 有鮒魚焉. 周問之曰:
鮒魚來! 子何爲者邪? 對曰: 我, 東海之波臣也. 君豈有斗升之水而活我哉?
周曰: 諾. 我且南遊吳越之土, 激西江之水而迎子, 可乎? 鮒魚忿然作色曰:
吾失我常與, 我无所處. 吾得斗升之水然活耳, 君乃言此, 曾不如早索我於枯
魚之肆!”라 함.(919 참조)
【蛟龍】용이 雲雨를 얻으면 승천함.(687, 1067 참조)

1260

‘소의 귀를 잡는다’執牛耳는 것은 맹약을 주재함을 말하고,
‘천리마 꼬리에 붙는다’附驥尾는 것은 남이 자신도 이끌고 함께 가 주기를
바란다는 뜻이다.

「執牛耳, 爲人主盟;
　附驥尾, 望人引帶.」

【執牛耳】고대 제후끼리 회맹을 할 때 소를 잡아 그 피와 쇠귀를 담아 이를
잡고 어기지 않을 것임을 맹세하였음. 그 회맹을 주재하는 군주가 소의 귀를
잡고 의식을 거행함.《左傳》哀公 17년에 魯 哀公이 제후와 회맹할 때
孟武伯이 “諸侯盟 誰執牛耳?”라 함.
【附驥尾】훌륭한 사람과 함께 하면 그 이름이 늘 함께 거론됨.《史記》伯夷
列傳에 “顏淵雖篤學, 附驥尾而行益顯. 巖穴之士, 趣舍有時若此, 類名堙滅而
不稱, 悲夫! 閭巷之人, 欲砥行立名者, 非附靑雲之士, 惡能施于後世哉?”라 함.
이를 흔히 “附驥尾而致千里”라 함.

1261

‘기러기가 슬피 운다’鴻雁哀鳴는 것은 약한 백성이 의지할 바를 잃었음을
비유하는 말이요,
‘교활한 토끼는 굴이 셋’狡兔三窟이란 , 탐욕스러운 자의 교묘한 영리를
꾸짖는 말이다.

> 「鴻雁哀鳴, 比小民之失所;
>   狡兔三窟, 誚貪人之巧營.」

【鴻雁哀鳴】 기러기가 무리를 잃고 슬퍼하듯 백성들이 의지할 바를 잃음.
《詩經》 小雅 鴻雁에 “鴻雁于飛, 哀鳴嗸嗸”라 함.
【狡兔三窟】 전국시대 풍훤(풍환)이 맹상군을 위하여 안전한 터전을 세 가지
마련해주었다는 고사. 《戰國策》에 풍환이 맹상군에게 “狡兔有窟, 僅得免其
死耳. 今君有一窟, 未得高枕而臥也, 請爲君復鑿三窟”이라 함.(746 참조)

1262

‘풍마우’風馬牛란 형세로 보아 서로 관계가 없음을 말하는 것이요, ‘상산사’
常山蛇란 머리와 꼬리가 서로 반응함을 말한다.

> 「風馬牛勢不相及, 常山蛇首尾相應.」

【風馬牛】말과 소에게 바람이 불어도 서로 상관하지 않음. 서로 거리가 멀
거나 관심이 달라 상관이 없음.《左傳》僖公 4년에 齊나라가 蔡나라를 쳐
무너뜨리고 다시 초나라를 치자 초나라에서 사람을 보내어 "君處北海, 寡人
處南海, 唯是風馬牛不相及也"라 함.
【常山蛇】어느 곳을 건드려도 모두 상응하여 반응을 보임.《神異經》西荒經
에 "西方山中有蛇, 有色五彩, 頭尾差大, 擊頭則尾至, 中尾則頭至, 中腰則頭
尾幷至"라 하였으며,《博物志》(3) "常山之蛇名率然, 有兩頭, 觸其一頭, 頭至;
觸其中, 則兩頭俱至. 孫武以喩善用兵者"라 함. 한편《孫子》九地篇에도 "故善
用兵, 譬如率然. 率然者, 常山之蛇也. 擊其首則尾至, 擊其尾則首至, 擊其中
則首尾俱至"라 함.

1263

노래기는 끊어도 다시 살아나니 이는 그 부지해주는 것이 많기 때문이요,
천년 산 거북이는 죽어도 그 껍질을 남기니 그 때문에 그것으로 점을
치면 영험한 것이다.

「百足之蟲, 死而不僵, 以其扶之者衆;
　千歲之龜, 死而留甲, 因其卜之則靈.」

【百足之蟲】노래기.《博物志》(4)에 "百足一名馬蚿, 中斷成兩段, 各行而去."이라
하였으며,《文選》六代論에 "百足之蟲, 至死不僵, 扶之者衆也"라 함.
【千歲之龜】천 년을 살고 죽어 많은 것을 보고 경험했으리라 믿어 龜甲을
영험하다 하여 이를 점치는 데 사용함.《史記》龜策列傳에 "神龜出於江水中,
廬江郡常歲時生龜長尺二寸者二十枚輸太卜官, 太卜官因以吉日剔取其腹下甲.
龜千歲乃滿尺二寸. 王者發軍行將, 必鑽龜廟堂之上, 以決吉凶. 今高廟中有
龜室, 藏內以爲神寶"라 함.

1264

대장부라면 차라리 닭의 주둥이가 될지언정 소의 궁둥이는 되지 말라. 선비나 군자라면 어찌 암컷처럼 엎드려 있기를 달게 여기랴? 마땅히 웅비할 꿈을 가져야 한다.

> 「大丈夫寧爲雞口, 毋爲牛後;
> 　士君子豈甘雌伏, 定要雄飛.」

【寧爲雞口】 전국시대 蘇秦이 한 말. 닭의 주둥이가 될지언정 소 궁둥이(꼬리)는 되지 말라는 뜻. 服屬보다는 自立이 낫다는 뜻. 《戰國策》 韓策(1)에 "臣聞鄙語曰: '寧爲鷄口, 無爲牛後.' 今大王西面交臂而臣事秦, 何以異於牛後乎?"라 함.(《史記》 蘇秦列傳에도 실려있음)

【豈甘雌伏】 암컷처럼 엎드려 있음. 세상에 큰 일을 하지 못하고 위축되어 있을 수 없음을 말함. 한나라 趙溫이 京兆尹에 만족하지 못하고 "大丈夫當雄飛, 焉能雌伏?"이라 하고 벼슬을 버리고 공부하여 뒤에 司徒가 되었다 함. (《後漢書》 趙典傳)

1265

마치 수레 앞의 망아지처럼 웅크리고 머뭇거리지 말 것이며, 소나 말을 다루는 천한 마부처럼 위축된 모습은 보이지 말라.

「毋踢促如轅下駒, 毋委靡如牛馬走.」

【轅下駒】수레 앞에 웅크리고 기다리는 망아지. 漢 武帝가 鄭當을 꾸짖으
  면서 "汝數言竇嬰·田蚡長短, 今日面對廷論, 何局促而辯論不伸, 效轅下
  之駒?"라 함. '踢促'은 머뭇거리거나 웅크리고 있는 모습. 첩운연면어.
【牛馬走】소나 말을 다루는 사람처럼 천미한 사람. 혹은 우마를 관리하는
  마부. 奴僕을 뜻함. 司馬遷의 〈步任小卿書〉에 "太史公牛馬走"라 함.

1266

성성이猩猩가 능히 사람 말을 한다고 해도 길짐승의 범위를 벗어날 수
없고,
  앵무새鸚鵡가 능히 사람 말을 한다고 해도 날짐승의 범위를 벗어날 수
없다.

「猩猩能言, 不離走獸;
  鸚鵡能言, 不離飛鳥.」

【猩猩能言】《禮記》曲禮(上)에 "鸚鵡能言, 不離飛鳥. 猩猩能言, 不離禽獸. 今人
  而無禮, 雖能言, 不亦禽獸之心乎? 夫唯禽獸無禮, 故父子聚麀. 是故聖人作,
  爲禮以敎人. 使人以有禮, 知自別於禽獸"라 함.

1267

사람으로서 예가 있으면 《시詩》 상서相鼠편의 풍자를 면할 수 있고,
만약 한갓 말만 능하다면 어찌 금수禽獸의 마음과 다를 바가 있겠는가?

「人惟有禮, 庶可免相鼠之刺;
　若徒能言, 夫何異禽獸之心.」

【相鼠之刺】《詩經》鄘風 相鼠편의 풍자 내용. 사람으로 禮와 儀가 있어야
한다고 강조함. "相鼠有皮, 人而無儀. 人而無儀, 不死何爲. 相鼠有齒, 人而
無止. 人而無止, 不死何俟. 相鼠有體, 人而無禮. 人而無禮, 胡不遄死"라 함.
【禽獸之心】앞장 1266 참조.

▶ 增文

1268

온갖 새 중에 요鷂를 표한한 놈이라 칭하고, 여러 짐승 중에 학鶴만이 홀로 태생이라 한다.

「百鳥鷂稱悍, 衆禽鶴獨胎.」

【鷂】 맹금류의 육식성 조류. '익더귀'라는 새.《說文》에 "鷂, 鷙鳥也"라 함.
【鶴】 원래 卵生이나 신선을 태우며 오래 산다 하여 胎生인 것으로 여겼음.
（《格物志》）

1269

새 울음소리가 '제호제호'提壺提壺하니 틀림없이 그 마을에 술이 있다는 뜻이요,

새 울음소리가 '탈고탈고'脫袴脫袴하니 틀림없이 날씨가 따뜻하여 추위가 사라졌다는 것이리라.

「提壺提壺, 定是村中有酒;
　脫袴脫袴, 必然身上無寒.」

【提壺·脫袴】 두 가지 모두 새의 이름. 새의 울음소리를 音寫하여 이름을
붙인 것으로 '제호'(술병을 들다, 술이 풍부함)와 '탈고'(바지를 벗다, 날씨가
따뜻함)로 들어 희화한 것. 高啓의 〈五禽言〉에 "提壺盧, 趣沽酒, 杏花村中
媼家有"라 하였고, 朱子의 〈五禽言〉에는 "脫袴脫袴, 桑葉陰陰墻下路"라 함.

1270

　백설百舌이라는 새는 오경五更 때부터 울기 시작하여 온갖 새들의 우는
말을 다 배운 새요,
　원추鵷雛는 아득히 구천九霄 밖까지 날아오르니 공중에서 온갖 무리의
새들을 내려다보는 새이다.

「百舌五更頭, 學盡衆禽之語;
　鵷雛九霄外, 頓空諸鳥之群.」

【百舌】 새 이름. 개똥지빠귀(烏鶇)라고도 하며 새벽 여명(오경) 때부터 울기
　시작하며 그 뒤 시간대 별로 우는 소리가 각각 달라 '백설'이라는 이름이
　붙었다 함. 顧況의 〈洛陽早春〉에 "一家千里外, 百舌五更頭"라 함.
【鵷雛】 전설상의 봉황으로 다른 새가 오를 수 없는 아주 높은 높이까지 날아
　오른다 함.(《莊子》 秋水) 고시에 "鵷鶵時高翔, 頓空百鳥群"이라 함.

1271

독 안으로 목을 집어넣어 훈련시킨 구욕鴝鵒은 말소리의 교묘함이 사람보다 낫고, 강 위의 흰 갈매기의 한가함은 마치 내 마음과 같구나.

「甕中鴝鵒巧於人, 江上白鷗閑似我.」

【甕中鴝鵒】 항아리 속의 구욕새(구관조, 八哥). 사람의 말을 흉내내는 새. 어떤 사람이 구욕새를 훈련시키면서 코맹맹이 소리(甕鼻)를 따라하지 못하자 이에 항아리 속으로 새의 머리를 집어넣고 시켰더니 그대로 흉내를 내기 시작했다 함.
【江上白鷗】 강가의 흰 갈매기. 한적함을 뜻함. 이상 두 구절은 黃庭堅의 시구임.

〈黃庭堅〉《晚笑堂畫傳》

1272

꾀꼬리를 '금의공자'金衣公子라 부르고, 칠면조를 '금대공조'錦帶功曹라 부른다.

「鶯呼金衣公子, 鷝號錦帶功曹.」

【鶯】꾀꼬리. 黃鶯, 황리(黃鸝). 당 현종이 御苑에서 황금색의 꾀꼬리를 보고
‘金衣公子’라 불렀다 함.(《開元天寶遺事》)
【鷊】역(鶂). 칠면조. ‘鶂’으로도 씀. ‘吐綬鳥’라고도 함.《毛詩草木鳥獸蟲魚疏》
에 “鷊, 五色, 作綬文, 故曰綬草”라 하여 풀이름으로도 쓰임. ‘功曹’는 한대
이후 군수의 총비서관. 칠면조의 무늬를 비단 허리띠(錦帶)로 類感한 것임.

1273

송골매가 까마귀 무리 속에 들어가니 그 웅위雄威에 어찌 대적하겠으며,
다 키운 오리가 닭의 무리에서 떠남은 그 종자가 달라 닭처럼 살 수 없기
때문이다.

「鶻入鴉群, 雄威豈敵;
　鴨去雞隊, 氣類不侔.」

【鶻入鴉群】송골매(隼, 游隼, 燕隼). 이 송골매가 까마귀 무리로 들어감.(《北史》
北齊上洛王思宗傳)
【鴨去雞隊】오리 알은 닭이 부화시켜 주기는 하나 어느 정도 자란 다음 닭의
무리에서 떠남.(《風俗通》) “雞伏鴨雛, 及長, 鴨浮水而去, 雞終岸上呼之, 而鴨
不顧, 皆因氣類之不同也라”함.(〈복단본〉 주)

1274

표범을 양의 무리에 풀어놓으면 표범이 이기고 양은 지게 마련이며,
큰 곰을 개와 대적시키더라도 곰의 수가 적으면 개가 이긴다.

「彪著羊, 彪雄而羊敗;
　羆敵犬, 羆寡而犬强.」

【彪著羊】 표범을 양과 대적시킴. 당 楊思元이 이부의 일을 하면서 선거가
공평하지 못하여 夏侯彪에 의해 제소하자 이를 맡은 御史 郎餘慶이 파면
시킬 것을 주청하였다. 이에 許敬宗이 "양사원의 패배는 당연하다. 표범(彪,
하후표)과 이리(狼, 낭여경)가 하나의 羊(양사원)을 대적하고 있으니 어찌 패
하지 않겠는가?"(固知楊吏部之敗也. 一彪一狼, 共著一羊, 焉得不敗)라 하였다.
(《太平廣記》楊思玄) 이는 성씨와 이름, 즉 彪, 狼(郎), 羊(楊)의 음을 유감시킨
것이다.
【羆敵犬】 '비'(羆)는 아주 큰 곰. 이처럼 큰 곰도 많은 개가 덤벼들면 이겨내지
못함. 陳思道의 〈羆說〉에 "晉人以五犬逐一羆, 羆敗, 犬殺之. 夫羆而受制於犬,
遇非其敵而困於群也. 詩云:'憂心悄悄, 慍于群小.' 其此之謂也"라 함.

1275

원숭이가 옥환玉環을 바치니 손각孫恪이 협산峽山에서 아내를 잃고
말았고,
　사슴이 붉은 수레를 따라 나서니 정홍鄭弘이 이로써 한실漢室의 재상에
봉해졌다.

「猿獻玉環, 孫恪自峽山失婦;
　鹿隨丹轂, 鄭弘從漢室封公.」

【猿獻玉環】 晉나라 孫恪이 袁氏의 딸을 아내로 맞았는데 어느 날 부부가
함께 端州의 峽山寺라는 절에 들렀을 때 아내가 스님에게 玉環(옥으로 된
손목걸이)을 바치는 것이었다. 그런데 이들이 법당에서 齋를 올리고 나오자
갑자기 원숭이 수십 마리가 절로 다가오는 것이었다. 그러자 아내 원씨가
긴 휘파람으로 원숭이 울음소리를 내면서 그만 원숭이로 변하여 그들과
함께 사라지는 것이었다. 스님이 옥환을 꺼내 만지며 "그래, 이 옥환은 내가
원숭이 목에 걸어주고 잊은 지 이미 20여 년이 지난 것이로구나"(此玉環吾
曩時繫于猿頸, 今不見二十年矣)라 하였다.(《異苑錄》)
【鹿隨丹轂】 후한 淮陰太守 鄭弘(?~86)이 봄나들이를 나서서 길을 가고 있을
때 두 마리 사슴이 그 뒤를 따라오는 것이었다. 이를 본 主簿 黃圖가 "삼공의
수레에 사슴 두 마리를 무늬로 그려 넣는데 명부(태수)께서는 나중에 재상이
되실 것입니다"(三公車畫雙鹿, 明府當爲相矣)라 축하하였다. 과연 정홍은
太尉에 올랐으며 章帝 때에는 남쪽 交趾(越南)에 이르는 公路를 개척하기도
하였다.(謝承《後漢書》) ‘丹轂’은 붉게 칠한 수레. 정홍의 수레를 말함.

1276

공공蛩蛩의 가죽으로는 여장癘瘴의 몹쓸 병을 치료할 수 있고,
　종종猣猣의 꼬리로는 숲 속의 짙은 안개를 물리칠 수 있는 특이한 힘이
있다.

「蛩蛩之皮, 有可辟除癘瘴;
　猣猣之尾, 殊堪卻退煙嵐.」

【蛩蛩之皮】'蛩蛩巨虛'라는 짐승은 서로 의지하기로 유명한 전설상의 짐승. (《說苑》 참조). 한편 《山海經》 海外北經에 "北海內, 有素獸焉, 狀如馬, 名曰 蛩蛩"이라 하였으며, 그 껍질은 민간에서 습지 피부병(癧瘡) 치료에 썼다 함.
【猣猣之尾】 종종은 고대 전설 속의 異獸로 《山海經》 東山經에 다리가 여섯 이며 꼬리가 길다고 했음.
【煙嵐】 수풀 속의 짙은 안개 기운으로 사람을 미혹하게 하여 길을 잃게 한다 함.

1277

이소李愬가 모책을 세워 채蔡를 평정할 때 오리와 거위 울음소리를 이용하였고,
　노공盧公이 시 구절을 찾아 관직을 얻었으니 이는 고양이와 강아지의 힘으로 된 것이었다.

「李愬設謀平蔡, 藉聲於鴨隊鵝群;
　盧公覓句遷官, 得力於猫兒狗子.」

【李愬】 당나라 李愬(773~821)가 채주를 공략할 때 밤중에 성 밑에 다다랐더니 폭설이 내렸으며 주위는 모두가 오리와 거위를 기르는 연못으로 막혀 있었다 함. 이에 이소는 이 거위와 오리를 혼란시켜 그들 우는 소리를 엄호로 삼아 진격하여 승리를 거두었다 함. 이 공으로 이소는 涼國公에 봉해졌으며 中書省 平章事 등을 역임함.(《舊唐書》 李愬傳)
【盧公】 五代 蜀의 盧延遜. 蜀의 임금 王建이 노연손의 시 구절 "배고픈 고양이 쥐구멍을 지키고 있고, 굶주린 개가 생선 올려놓았던 돌판을 핥고 있네" (饑貓臨鼠穴, 饞犬舐魚砧)와 "굽던 밤 터져 나가 양탄자를 태우고, 고양이

튀어오르다 솥단지를 엎었네"(栗爆燒氈破, 貓跳觸鼎翻)라는 시를 아주 좋아
하였다. 그런데 마침 궁중에서 고양이가 서로 뛰며 장난을 치다가 金鼎을
엎어버렸다. 촉주 왕건은 그것이 시의 내용과 너무 똑같다고 여겨 그를 불러
給事 벼슬을 주었다. 이에 노연손은 "평생 공경들을 찾아다니며 벼슬을 구걸
하던 터에 고양이와 개의 덕을 볼 줄을 어찌 알았겠는가?"(平生投謁公卿, 豈意
得力於貓兒狗子乎)라 하였다.(《北夢瑣言》)

1278

장락궁長樂宮에 있던 사슴은 양귀비가 앉은 자리 앞의 꽃을 따먹고
사라졌고,
　오교장午橋莊 밖의 양떼들은 소아파小兒坡의 풀 위에 점점이 흰 꽃을
수놓았다.

「長樂宮中有鹿, 啣殘妃子榻前花;
　午橋莊外多羊, 點綴小兒坡上草.」

【長樂宮】 당 明皇(현종) 때 장락궁에 모란이 아주 곱게 피었는데 이를 궁중
사슴이 뜯어먹고 사라졌다 함.(《開元天寶遺事》) '탑전화'는 양귀비의 자리를
이 꽃무늬로 수놓았던 것을 뜻함.
【午橋莊】 당대 午橋莊 밖에 小兒坡라는 언덕이 있었는데 그곳에 풀이 매우
아름다웠다. 이에 裴度가 사람들에게 많은 양을 그곳에 풀어놓도록 하였
더니 그 초록과 흰색의 풍광이 너무 아름다워 "방초는 정이 많아 이 양들을
주워담아 장식으로 삼았구나"(芳草多情, 賴此裝點耳)라 하였다.(《韻府群玉》,
《窮幽記》)

1279

‘양설씨’羊舌氏는 아름다운 일화라 할 수 있으나, ‘마두낭’馬頭娘의 고사는
미담이라 할 수 없다.

「羊舌氏雖爲佳話, 馬頭娘未是美譚.」

【羊舌氏】 춘추시대 晉나라 대부 叔向의 성씨가 羊舌氏였음. 어떤 사람이 양을
훔쳐 잡아먹고는 머리만 숙향의 어머니에게 가져다 주자 그 어머니는 이를
땅에 묻어 증거를 없애주려고 하였다. 그러나 일이 발각되어 땅을 파 보았
더니 뼈와 살은 다 썩어 없어졌는데 오직 양의 혀만 남아 있었다는 것이다.
그래 사람들이 이상히 여겨 그의 집안을 ‘양설씨’라 하였다 한다.(《藝文類聚》
獸部 羊)

【馬頭娘】 아버지를 구해준 말에게 혼인을 약속한 처녀가 이를 어기자 말이
그 사랑을 못 잊어 죽은 다음에도 가죽으로 처녀를 휘감아 함께 죽어
누에가 되었다는 이야기.《搜神記》(14)에 “太古之時, 有大人遠征, 家無餘人,
唯有一女. 牡馬一匹, 女親養之. 窮居幽處, 思念其父, 乃戲馬曰: ‘爾能爲我迎
得父還, 吾將嫁女.’ 馬旣承此言, 乃絶韁而去, 徑至父所. 父見馬驚喜, 因取而
乘之. 馬望所自來, 悲鳴不已. 父曰: ‘此馬無事如此, 我家得無有故乎?’ 亟乘以歸.
爲畜生有非常之情, 故厚加芻養. 馬不肯食. 每見女出入, 輒喜怒奮擊. 如此非一.
父怪之, 密以問女. 女具以告父, 必爲是故. 父曰: ‘勿言, 恐辱家門. 且莫出入.’
於是伏弩射殺之, 暴皮于庭. 父行, 女與鄰女於皮所戲, 以足蹙之曰: ‘汝是畜生,
而欲取人爲婦耶? 招此屠剝, 如何自苦?’ 言未及竟, 馬皮蹶然而起, 卷女以行.
鄰女忙怕, 不敢救之. 走告其父. 父還, 求索, 已出失之. 後經數日, 得於大樹
枝間, 女及馬皮, 盡化爲蠶, 而績於樹上. 其繭綸理厚大, 異於常蠶. 鄰婦取而
養之, 其收數倍. 因名其樹曰‘桑’. 桑者, 喪也. 由斯百姓競種之, 今世所養是也.
言桑蠶者, 是古蠶之餘類也”라 하여 애처로운 전설이 아주 널리 전하며,
《太平廣記》(479), 《續漢書》(禮儀志 上 注), 《中華古今注》(下), 《法苑珠林》(80),

《藝文類聚》(88), 《齊民要術》(5), 《玉燭寶典》(2), 《集仙錄》(6), 《宋書》(五行志), 《周禮》(夏官 馬質), 《太平御覽》(766·825) 등에도 관련 기록이 있다.

1280

　원문轅門에서 명령을 전달하면서 이장군李將軍은 소를 잡아 병사들의 사기를 북돋웠고,
　고을의 선비들이 모두 칭송의 노래를 부르자 시령윤時令尹은 자신의 소가 낳은 송아지를 남겨놓고 떠났다.

　「轅門傳號令, 李將軍椎饗士之牛;
　　邑士起謳歌, 時令尹留去官之犢.」

【李將軍】《漢書》李廣傳에 그는 雁門의 전투에서 소를 잡아 사졸을 먹여 이에 감복한 병사들이 그의 어떤 명령에도 어김이 없었다 하며 그를 '飛將軍'으로 불렀다 한다.(〈복단본〉 주) 그러나 이광전에 이런 기록이 없으며 도리어 《後漢書》吳漢傳에 이와 비슷한 이야기가 실려 있다. '轅門'은 병영 막사의 군문을 말함.
【時令尹】삼국시대 壽春令을 지냈던 時苗(인명). 그가 수춘령으로 임직하면서 덕정을 베풀어 많은 사람들이 칭송하였음. 특히 그가 부임할 때 자신의 소가 끄는 수레를 타고 왔는데 마침 그가 떠날 때 그 소가 새끼를 낳자 "이 송아지는 이곳에서 태어났으니 이곳에 남겨두겠다"라 하여 백성들이 그 송아지를 서로 돌보며 "時公犢'이라 하였다 한다.(《魏略》)

✸ 참고

〈鳥獸〉편 ‘續增’12聯

○「鳥以卵生, 獸以胎生; 鳥爲羽族, 獸爲毛族.」

○「鳥之可飼畜者曰家禽, 其外爲陸禽, 爲水禽;
　獸之可豢養者曰家獸, 其外爲野獸, 爲海獸.」

○「鷄司晨, 犬守夜, 猶循職業;
　鳥反哺, 羊跪乳, 尙具孝思.」

○「駝峰獨聳, 負重稱能, 象鼻甚長, 卷物最便.」

○「西山精衛夙含冤; 佛圖頻伽原共命.」

○「鴛鴦共衾, 勝如鸂鶒, 是情耽床第之言;
　豺狼當道, 安問狐狸, 是指斥權奸之語.」

○「鶚鶚鳶鷹, 屬猛禽類, 性喜食肉;
　牛羊鹿獐, 屬偶蹄類, 食必反芻.」

○「駝鳥善走, 號爲走禽; 蝙蝠能飛, 稱爲飛鼠.」

○「獺似狐而居水中, 鯨似魚而實獸類.」

○「膃肭臍卽海狗腎, 可供藥品;
　鴨嘴獸系單穴類, 獨屬卵生.」

○「鳥類之外有昆蟲, 或飛行, 或爬行;
　獸類之外有鱗介, 曰魚類, 曰貝類.」

○「禽獸之血溫, 謂之熱血動物;
　蟲魚之血冷, 謂之凉血動物.」

33. 화목花木

✹ 본 장은 각종 화훼와 초목에 관한 생태와 일화, 그리고 유래와 그에 얽힌 고사 등을 모아 설명하고 있다.(총 46연)

〈蘭竹圖〉(청) 鄭燮(1693~1765)

1281

식물은 한 가지가 아니므로 그 때문에 '만훼'萬卉라는 칭호가 있고,
곡식의 종류는 매우 많아 그 때문에 '백곡'百穀이라는 이름이 있다.

「植物非一, 故有萬卉之稱;
　穀種甚多, 故有百穀之號.」

【萬卉·百穀】 온갖 花卉와 여러 종류의 곡식. '卉'는 草類의 총칭.

1282

'여자여량'如茨如梁이란 농작물이 번성함을 일컫는 것이요,
'유요유교'惟夭惟喬란 초목이 무성함을 일컫는 말이다.

「如茨如梁, 謂禾稼之蕃;
　惟夭惟喬, 謂草木之茂.」

【如茨如梁】《詩經》 小兒 甫田에 "曾孫之稼, 如茨如梁; 曾孫之庾, 如坻如京"
　이라 하여 작물이 번성하고 곡식이 가득 쌓임을 뜻함.
【惟夭惟喬】《書經》 禹貢에 "厥草惟夭, 厥木惟喬, 厥土惟塗泥, 厥田惟下下"라
　하여 초목이 무성하고 높이 자람을 뜻함.

1283

연꽃은 꽃 중의 군자요, 해당화는 꽃 중의 신선이다.

「蓮乃花中君子, 海棠花內神仙.」

【花中君子】 周敦頤(廉溪)의 〈愛蓮說〉에 "余謂菊, 花之隱逸者也; 牡丹, 花之
  富貴者也; 蓮, 花之君子也"라 함.
【花內神仙】 해당화를 신선에 비유함.(賈耽《百花譜》)

1284

'국색천향'國色天香이란 모란의 부귀를 말함이요
'빙기옥골'氷肌玉骨이란 매화 꽃의 청기淸奇함을 표현한 말이다.

「國色天香, 乃牡丹之富貴;
　氷肌玉骨, 乃梅萼之淸奇.」

【牡丹】 唐 文宗이 궁중에서 꽃구경을 하면서 陳修己에게 "서울에 모란에
  대하여 전해지는 시 가운데 어느 것이 유명하오?"(京師有傳唱牡丹者, 誰稱首)
  라 묻자 진수가 "이정봉의 '국색은 아침에 술을 취하게 하고, 천향은 밤에
  옷깃을 물들이네'가 있습니다"(李正封云: '國色朝酣酒, 天香夜染衣)라 대답하여
  문종이 그 시를 아주 좋아했다 함.(李浚《撫異記》)

【梅萼】매화 꽃. 매화는 傲雪凌霜하고 不懼嚴寒하여 그 순결함을 얼음과 옥에 비유한 것. 孟昶의 〈玉樓春〉에 "冰肌玉骨淸無汗"이라 함.

1285

난蘭은 왕자王者의 향기가 될 것이요, 국화는 은일隱逸의 선비와 함께 한다.

「蘭爲王者之香, 菊同隱逸之士.」

【蘭】鄒聖脈 주에 《孔子家語》를 인용하여 "공자가 衛나라에서 魯나라로 돌아올 때 幽谷에서 난초 향을 맡으면서 '난은 왕자의 향인데 지금 여러 잡초와 함께 섞여 있구나'(蘭當爲王者香, 今乃與衆草伍)라 하면서 이에 자신의 불우함을 거문고에 담아 〈猗蘭操〉라는 음악을 지었다"고 하였으나 지금의 《孔子家語》에는 실려 있지 않음. 다만 在厄篇에 "芝蘭生於深林, 不以無人 而不芳; 君子修道立德, 不謂窮困而改節"이라 함.
【菊】1283 참조.

1286

대나무는 군자라 칭하고, 소나무는 대부大夫라 부른다.

「竹稱君子, 松號大夫.」

【竹】대나무도 歲寒不凋하고 內虛外直하여 군자에 비유함.(王陽明 〈君子亭記〉)
【松】秦始皇이 泰山에 올랐을 때 폭풍우가 몰아쳐 다섯 그루 큰 소나무 밑
  에서 이를 피한 다음 그 소나무를 '五大夫'에 봉하였다 함.(《漢官儀》,《古今
  注纂》)

1287

원추리萱草는 근심을 잊을 수 있고, 굴일초屈軼草는 간사한 자를 능히
저적해낸다.

「萱草可忘憂, 屈軼能指佞.」

【萱草】원추리. '諼草', '諼草'로도 쓰며, '忘憂草'라 하며 주로 어머니가 계신
  곳에 심어 어머니를 '萱堂'이라 부르기도 함. 이는《詩經》衛風 伯兮의 "焉
  得諼草, 言樹之背. 願言思伯, 使我心痗"에서 '背'를 北堂(어머니가 계시는 방)
  으로 해석하면서 비롯되었다 하며, 혹 이 꽃을 차고 다니면 아들을 낳는
  다는 속설 등 그 전고와 유래는 역대 이래 의견이 분분함.(《陔餘叢考》萱堂,
  《書言故事》父母類) 한편 葉夢得의 〈遣模歸視石林寺〉에 "白髮萱堂上, 孩兒
  更共誰"라 함.
【屈軼】'屈軼草(屈佚草)', 일명 '指佞草'라 함. 간사한 사람을 가려낼 줄 안다는
  풀.《博物志》(3)에 "堯時有屈佚草, 生於庭, 佞人入朝, 則屈而指之. 一名指佞草"
  라 함.

1288

‘운당’筼簹은 대나무에 대한 별호요, ‘목서’木樨는 계수나무의 별명이다.

「筼簹, 竹之別號; 木樨, 桂之別名.」

【筼簹】 물가에 나는 큰 대나무.(《異物志》)
【木樨】 ‘木犀’로도 표기하며 계수나무의 별명.(《土風錄》 木犀花) 계수는 노란
　꽃이 피는 것을 ‘金桂’, 흰 꽃이 피는 것을 ‘銀桂’, 붉은 꽃이 피는 것을 ‘丹桂’
　라 한다 함.(鄒聖脈 注)

1289

‘명일황화’明日黃花란 이미 때가 지난 물건을 말하며,
‘세한송백’歲寒松柏이란 절개가 있음을 말한다.

「明日黃花, 過時之物;
　歲寒松柏, 有節之稱.」

【明日黃花】 重陽節(음력 9월 9일)이 지난 국화. 이때부터 국화가 시들기 시작
　한다 함. 蘇軾의 〈九日次韻王鞏〉에 “相逢不用忙歸去, 明日黃花蝶亦愁”라 함.
【歲寒松柏】 소나무와 잣나무는 한겨울에도 제일 늦게 시들어 이를 절개로
　여김.《論語》子罕에 “歲寒, 然後知松柏之後凋也”라 함.

1290

'저력'樗櫟이란 쓸모 없는 재목을 말하며, '편남'楩楠은 큰 임무를 이겨낼
좋은 재목을 뜻한다.

「樗櫟乃無用之散材, 楩楠勝大任之良木.」

【樗櫟】 樗木과 櫟木. 모두 옹이가 많고 굽어 재목으로 쓸 수 없음.《장자》
逍遙遊에 "吾有大樹, 人謂之樗, 其大本擁腫而不中繩墨, 其小枝卷曲而不中
規矩"라 하였고, 〈人間世〉에는 "見櫟社樹曰: '是不材之木, 無所可用.'"이라 함.
【楩楠】 기둥이나 대들보, 혹은 棺槨으로 쓰는 아주 좋은 나무인 楩木과 楠木.
(《淮南子》齊俗訓)

1291

'옥판'玉版은 대나무에 대한 이칭이며,
'준치'蹲鴟는 토란의 별명이다.

「玉版, 筍之異號;
　 蹲鴟, 芋之別名.」

【玉版】대나무 순(竹筍)의 별칭. 東坡의 〈偈戱紫雲長老〉에 "不怕石頭路,
來參玉版師. 聊憑錦珠子, 與問籜龍兒"라 함.(《冷齋夜話》)
【蹲鴟】토란의 별칭. 그 알뿌리가 마치 솔개(鴟)가 웅크리고 앉아 있는
모습과 같다 하여 붙여진 이름.(《史記》 貨殖列傳 正義)《三國志》 蜀志에
"岷山之下有芋, 其大如斗, 曰蹲鴟"라 함.(鄒聖脈 주)

1292

'과전이하'瓜田李下는 일에 혐의를 피하라는 뜻이요,
'추국춘도'秋菊春桃란 각기 때의 늦고 빠름이 있음을 말한다.

「瓜田李下, 事避嫌疑;
　秋菊春桃, 時來遲早.」

【瓜田李下】"참외밭에서는 신발 끈을 고쳐 신지 말고, 오얏나무 아래에서는
갓끈을 고쳐매지 말라"의 뜻. 古詩(樂府詩)의 〈君子行〉에 "君子防未然, 不處嫌
疑間, 瓜田不納履, 李下不整冠"(《藝文類聚》(41)에는 曹植의 〈君子行〉이라 함)
이라 하였다. 《明心寶鑑》 正己篇에는 太公의 말로 인용하여 "瓜田勿躡履,
李下不整冠"이라 하였으며, 《列女傳》 齊威王虞姬篇에는 "經瓜田不納履, 過
李下不整冠"이라 하였고, 《增廣賢文》에도 실려 있다.
【秋菊春桃】각기 자기의 시기에 맞추어 자신 있게 피어남. 古詩에 "桃花
三月放, 菊花九月開. 一般根在土, 各自等時來"라 함.

1293

남쪽 가지가 먼저 피고 북쪽 가지가 늦게 피니 이는 유령庾嶺의 매화요,
초하루에 피어나 보름에 지는 꽃은 요堯임금 뜰에 피었던 명협蓂莢이다.

「南枝先, 北枝後, 庾嶺之梅;
　朔而生, 望而落, 堯階蓂莢.」

【庾嶺】英州에 있는 고개인 듯하나 구체적으로는 알 수 없음. 영주 司寇가
매화 3천여 그루를 그 고개에 심었는데 좁은 길 모두가 매화꽃이었다.
그런데 남쪽으로 난 가지는 이미 꽃이 지고 있는데 북쪽 가지는 막 피어나고
있었다 한다.(鄒聖脈 注) 그러나 〈三民本〉에는 고개 남쪽과 고개 북쪽의
매화의 피는 차이라 하였다.(《六帖》)
【堯階蓂莢】堯임금 때 궁중 뜰에 蓂莢이라는 풀이 나서 매월 초하루부터는
잎이 하나씩 나고 보름이 지나서 한 잎씩 떨어져 날짜의 흐름을 알 수
있도록 해 주었다 함.(《竹書紀年》陶唐氏)《十八史略》(1)에 "有草生庭, 十五日
以前, 日生一葉, 以後日落一葉, 月小盡, 則一葉厭而不落, 名曰蓂莢, 觀之以知
旬朔"이라 함.(823 참조)

1294

필추苾芻라는 향초는 음지를 등지고 양지를 향하니 승려의 덕이 있음을
비유하고,
무궁화木槿는 아침에 피어 저녁에 지니 영화란 긴 것이 아님을 비유한다.

「苾芻背陰向陽, 比僧人之有德;
　木槿朝開暮落, 比榮華之不長.」

【苾芻】雪山에 나는 향초 이름이며 比丘에 비유한다 함. '體性柔軟', '引曼旁布', '馨香遠聞', '能療疼痛', '生不背日'의 五義를 가지고 있다 함.(《飜譯名義集》)
【木槿】무궁화. '木菫'으로도 쓰며 아침에 피어나 저녁에 떨어짐. 부귀영화가 오래 지속될 수 없음을 비유함.(《淮南子》時則 高誘 주)

1295

'가시가 등을 찌르고 있다'芒刺在背 함은 두렵고 불안함을 뜻하며,
　'훈유薰蕕의 냄새가 각기 다르다'薰蕕異氣 함은 어진 이와 그렇지 않은 자의 구별이 있음과 같다.

「芒刺在背, 言恐懼不安;
　薰蕕異氣, 猶賢否有別.」

【芒刺在背】등에 이삭의 가시 등이 박혀 있음.《漢書》霍光傳에 곽광이 대장군이 되어 권세가 높아지자 宣帝가 처음에는 심히 꺼려 했다. 어느 날 임금이 高祖 사당을 참배할 때 함께 수레를 타고 가던 곽광이 "上乃嚴憚之, 若有芒刺在背"라 하였다.
【薰蕕異氣】'薰'은 향기가 나는 풀, '蕕'는 악취가 나는 풀.《孔子家語》致思에 "薰蕕不同器而藏, 堯桀不共國而治, 以其類異也"라 함.

1296

복숭아, 오얏나무는 말을 하지 않아도 그 아래에는 저절로 오솔길이
생기는 법이요,
　길 가에 났건만 맛이 쓴 오얏은 사람들이 거들떠보지도 않는 법이다.

「桃李不言, 下自成蹊;
　道旁苦李, 爲人所棄.」

【桃李不言】 복숭아나무, 오얏나무는 말이 없어도 그 아래에는 저절로 사람
　들이 찾아와 길이 생김.《史記》李將軍列傳에 李廣을 칭찬한 말. "諺曰:
　'桃李不言, 下自成蹊.' 此言雖小, 可以諭大也."라 함.
【道旁苦李】 길 가에 오얏이 많이 달렸으나 사람들이 거들떠보지 않는 것은
　틀림없이 그 맛이 쓰기 때문일 것임.(《晉書》王戎傳)《世說新語》雅量에
　"王戎七歲, 嘗與諸小兒遊, 看道邊李樹多子·折枝; 諸兒競走取之, 唯戎不動.
　人問之, 答曰: '樹在道邊而多子, 此必苦李.' 取之信然"이라 함.

1297

노인이 젊은 아내를 얻는 것을 일러 '늙은 버드나무에 새순이 돋는다'
枯楊生稊라 하고,
　나라에 어진 이가 많이 진출하는 것을 일러 '뿌리를 캐니 함께 많은
뿌리가 딸려 나온다'拔茅連茹라 한다.

「老人娶少婦, 曰枯楊生稊;
　國家進多賢, 曰拔茅連茹.」

【枯楊生稊】고목 버드나무에 새 순이 돋음. 노인이 젊은 아내를 얻음을 비유
　함.《周易》大過에 "九二, 枯楊生稊, 老夫得其女妻, 無不利"라 함.
【拔茅連茹】풀을 뽑을 때 속에 엉긴 더 큰 뿌리가 함께 뽑힘. 서로 이끌어
　주어 훌륭한 사람이 많이 추천됨을 뜻함.《주역》泰괘에 "拔茅茹, 以其匯,
　徵吉"이라 함. '茹'는 뿌리(根)를 뜻함.(1058 참조)

1298

포류蒲柳라는 버들은 가을이 오기 전에 먼저 잎이 마르고,
생강과 계피는 늙을수록 맛이 진한 법이다.

「蒲柳之姿, 未秋先槁;
　薑桂之性, 愈老愈辛.」

【蒲柳】水楊. 가을이 오기 전에 이미 시들어버림. 顧悅이 簡文帝(司馬昱)와
　동갑이었는데 고개지가 먼저 백발이 되어 간문제가 묻자 고열이 "포류는
　가을이면 시들지만 송백은 서리를 겪을수록 더욱 무성하니 타고난 본성이
　달라서 그렇겠지요"라 함.(《晉書》顧愷之傳 鄒聖脈 주)《世說新語》言語篇에
　"顧悅與簡文同年, 而髮蚤白. 簡文曰: '卿何以先白?' 對曰: '蒲柳之姿, 望秋
　而落; 松柏之質, 凌霜猶茂.'"라 함.(497 참조)
【薑桂】생강은 '嫩薑'이 '生薑'으로, 다시 '老薑'으로 자라면서 점차 질기고

딱딱해지며, 肉桂(계피)도 시간이 갈수록 그 맛이 더 강렬해짐.《宋史》晏敦
復傳에 晏敦復가 諫議의 일을 맡아 두 달 동안 34가지 잘못된 일을 들춰
반박하며 처리하자 조정에서 그를 두려워하였음. 그러자 秦檜가 나이도
있으니 이제 참을 만도 하다고 하자 그는 "생강과 계피는 늙을수록 매운
법입니다. 내 어찌 내 몸 아낀다고 나라를 그르치리요"(薑桂之性, 老而愈辣,
吾豈爲身計而誤國)라 함.

1299

왕자王者의 병사兵士는 그 세력이 파죽破竹과 같고,
칠웅七雄의 나라는 땅이 마치 과분瓜分과 같다.

「王者之兵, 勢如破竹;
　七雄之國, 地若瓜分.」

【破竹】 대나무를 쪼개듯 쉽게 갈라짐. '칼날만 들이대면 저절로 갈라짐'(迎刃
　而解)과 같은 뜻.《晉書》杜預傳에 "今兵威已振, 譬如破竹, 數節之後, 皆迎
　刃而解, 無復著手處也"라 함.(862 참조)
【瓜分】 참외를 쪼개듯 몇 덩어리로 깨어짐을 뜻함. 전국칠웅(秦, 齊, 楚, 韓,
　魏, 趙, 燕)의 형세를 비유함.《戰國策》趙策(2)에 "天下將秦之怒, 乘趙之弊
　而瓜分之"라 함.

1300

부견符堅의 군대는 겁을 먹어 초목을 모두 진晉나라 군대로 의심하였고,
삭정索靖은 망할 것을 알아 구리고 만든 낙타 동상이 가시밭에 뒹굴 것
임을 알았다.

「符堅望陣, 疑草木皆是晉兵;
　索靖知亡, 嘆銅駝會在荊棘.」

【符堅】 前秦의 군주 符堅이 80만 대군을 이끌고 東晉을 공략할 때 淝水之戰
에서 대패하면서 八公山의 초목을 모두 동진 나라 군대인 줄로 알고 겁을
냈던 사건. 이로 인해 전진이 와해되고 말았음.(233, 235 참조)
【索靖】 서진 때 돈황 사람으로 '敦煌五龍'으로 불렸으며 尙書郞, 散騎常侍
등을 지냄.(239~303) 그는 서진이 망할 것임을 알고 洛陽 궁문 앞의 銅駝
(낙타 동상)을 보며 "너를 다시 볼 때는 가시밭에 내동댕이쳐진 모습이겠
구나"(會看汝在荊棘中耳)라 한탄했다 함.(《晉書》 索靖傳)

1301

왕우王祐는 자신의 아들이 귀하게 될 것임을 알고 손수 홰나무 세
그루를 심었고,
두균竇鈞의 다섯 아들이 모두 영광을 얻으니 사람들이 이를 '오계'五桂
라 불렀다.

「王祐知子必貴, 手植三槐;
　竇鈞五子齊榮, 人稱五桂.」

【王祐】五代 말 북송 초의 인물로 큰 공을 세웠으나 보상이 없자 뜰에 3그루
槐樹를 심어 자손의 영화를 빌었음.(821 참조) 판본에 따라 '王佑', '王祐'로
표기된 것이 있음.
【竇鈞】五代 薊州(지금의 北京, 燕京) 사람으로 서른이 되도록 자식이 없어
延壽寺에 가서 향을 피울 때 금덩어리를 주워 이를 주인에게 돌려주었음.
뒤에 아들 다섯(儀, 儼, 侃, 偁, 僖)을 낳았는데 모두 진사에 급제하자 그 친구
馮道가 '燕山竇十郎, 敎子有義方. 靈椿一株老, 丹桂五枝芳'이라 시를 써서
축하하였다 함.(《宋史》 竇儀傳) 이리하여 훌륭한 아들들을 '燕山五桂'라
부르게 되었음. 그리고 《增廣賢文》에도 '能師孟母三遷敎, 定卜燕山五桂芳'라
하였고, 본 《幼學瓊林》〈祖孫父子篇〉의 續增에는 '桂子聯芳, 見燕山之家敎;
蘭孫苗秀, 瞻馬氏之淸徽'라 하였음.

1302

서예鉏麑가 홰나무에 머리를 찧어 죽은 것은 차마 백성의 주인을 죽일
수 없었기 때문이요,
　월왕越王이 쓴 여뀌를 씹은 것은 반드시 오吳나라에 대한 원한을 갚고자
함이었다.

「鉏麑觸槐, 不忍賊民之主;
　越王嘗蓼, 必欲復吳之仇.」

【鉏麑觸槐】춘추시대 晉나라 趙盾(宣子, '조돈'으로 읽음)이 너무 자주 靈公의
잘못을 들춰내자 참다못한 영공이 鉏麑로 하여금 그를 죽여 없애도록 하였다.
이 사명을 띤 서예가 새벽에 조돈의 집에 갔더니 조돈은 일찍 일어나 조회
시간을 기다리며 졸고 있었다. 이에 서예는 "조돈은 충성스럽게 나라를 위해
임금을 돕고 있다. 이는 백성의 주인이다. 백성의 주인을 죽이는 것은 옳지
못한 짓이다. 그러나 왕의 명령을 어기는 것도 역시 의롭지 못한 일이다.
두 가지 모두 난처하니 차라리 내 목숨 하나 없어지는 것이 낫다"라고 소리
치며 뜰의 괴수나무에 머리를 찧어 자살하였다.(《國語》晉語 五) 한편 《左傳》
宣公 2년에도 "宣子驟諫, 公患之, 使鉏麑賊之. 晨往, 寢門闢矣, 盛服將朝.
尙早, 坐而假寐. 麑退, 歎而言曰: '不忘恭敬, 民之主也. 賊民之主, 不忠; 棄君
之命, 不信. 有一於此, 不如死也.' 觸槐而死"라 하였다.

【越王嘗蓼】'臥薪嘗膽'과 같음. 越王 勾踐이 吳王 夫差에게 會稽山에서 크게
패한 후, 겨울에는 얼음을 껴안고 여름에는 불을 맨손으로 쥐었으며 다시
섶에 눕고 쓸개를 핥으며 복수를 결심한 일. '蓼'는 여뀌라는 풀로 매우
쓰고 시어 이를 씹으며 복수를 다짐한 것을 말함. 그러나 이렇게 '蓼'를 내
세운 구체적인 기록은 있지 않으며, 《史記》越王勾踐世家에는 "吳旣赦越,
越王句踐反國, 乃苦身焦思, 置膽於坐, 坐臥卽仰膽, 飮食亦嘗膽也. 曰: '女忘
會稽之恥邪?' 身自耕作, 夫人自織, 食不加肉, 衣不重采, 折節下賢人, 厚遇賓客,
振貧弔死, 與百姓同其勞"라 하였음.(《十八史略》도 유사함)

1303

구양수歐陽修의 어머니가 갈대 가지로 글씨를 쓰며 아들을 가르쳤으니
그 누가 어진 어머니라 칭송하지 않겠으며,
　염파廉頗가 가시를 짊어지고 죄를 빌었으니 능히 잘못을 후회하고
고칠 수 있었던 것이다.

「修母畫荻以敎子, 誰不稱賢;
　廉頗負荊以請罪, 善能悔過.」

【修母畫荻】歐陽修가 네 살에 아버지를 여의고 어머니 鄭氏가 가르치면서
집이 가난하여 갈대를 꺾어 이를 땅(모래판)에 써서 글을 깨우치게 했다 함.
(《宋史》歐陽修傳)

【廉頗負荊】전국시대 藺相如와 廉頗의 고사에서 비롯됨. 전국시대 趙나라가
秦나라에게 和氏之璧으로 고통을 받을 때 인상여가 이를 완벽하게 되돌려
오자(完璧歸趙) 이를 시기한 염파와 알력이 생김. 이에 ‘兩虎相鬪’의 설득으로
염파를 깨우치자 염파가 肉袒負荊의 죄를 빌어 서로가 목을 베어도 후회
하지 않을 친구(刎頸之交)의 의를 맺음.(《史記》廉頗藺相如列傳, 219, 529, 723,
738, 888 참조)

1304

미자하彌子瑕는 총애를 믿고 제가 먹다 남은 복숭아를 임금 입에 넣어
주었고,
　진秦나라 상앙商鞅은 법령을 시행하고자 나무를 옮겨徙木 신의를 지키
고자 하였다.

「彌子瑕常恃寵, 將餘桃以啖君;
　秦商鞅欲行令, 使徙木以立信.」

【彌子瑕】춘추시대 衛 靈公에게 총애를 받은 인물로 임금의 수레를 탈 수 없으나 어머니의 병에 이를 타고 다녀오자 영공이 효자라 하였고, 과수원의 복숭아를 먼저 맛보고 먹던 것을 맛있다고 주자 자신보다 임금을 더 위한 다고 하였다. 그러나 총애를 잃고 나자 함부로 임금의 수레를 탔으며, 제가 먹던 것을 임금에게 주는 못된 인간이라는 평을 받았다. 흔히 '愛憎之變'의 고사로 많은 기록에 아주 널리 실려 있다.(《韓非子》 說難, 《說苑》 雜言, 《史記》 老莊申韓列傳) 한편 《說苑》에는 "彌子瑕愛於衛君, 衛國之法: 竊駕君車罪刖. 彌子瑕之母疾, 人聞, 夜往告之. 彌子瑕擅駕君車而出, 君聞之, 賢之曰: '孝哉! 爲母之故犯刖罪哉!' 君遊果園, 彌子瑕食桃而甘, 不盡而奉君, 君曰: '愛我而 忘其口味.' 及彌子瑕色衰而愛弛, 得罪於君, 君曰: '是故嘗矯吾車, 又嘗食我 以餘桃.' 故子瑕之行未必變初也, 前見賢後獲罪者, 愛憎之生變也"라 하였다.
【秦商鞅】전국시대 商鞅(衛鞅, 公孫鞅)이 秦나라 惠公을 찾아가 강력한 變法을 실행하면서 백성이 나라를 믿게 하기 위해 쓴 계략으로 '남쪽 성문에 있는 나무 막대기 하나를 북문으로 옮기면 상금을 주겠다'라 하여 비웃으며 장난 삼아 실현한 자에게 실제로 상을 내리고는 다음 날 변법을 선포하였다. 이를 '徙木'이라 한다.(《史記》 商君列傳, 079, 668 참조)

1305

왕융王戎은 오얏을 팔면서 그 씨에 구멍을 뚫었으니 그보다 더 비루하고 인색할 수 없었고,
　성왕成王은 오동잎을 잘라 동생을 봉하였으니 이로써 왕은 놀이삼아 말을 해서는 안됨을 지키게 되었다.

「王戎賣李鑽核, 不勝鄙吝;
　成王剪桐封弟, 因無戲言.」

【賣李鑽核】진나라 왕융은 너무 인색하여 자신의 집 복숭아가 맛이 너무 달다고 여겨 남이 심지 못하도록 그 씨를 뚫어버리고 팔았다 함.(《晉書》王戎傳)《世說新語》에 儉嗇에 "王戎有好李, 常賣之恐人得種, 恒鑽其核"이라 함.

【剪桐封弟】周나라 成王이 놀이하면서 오동잎을 따다가 이를 임명장인 양 아우 叔虞에게 주면서 "이로써 너를 봉한다"라 하자 주공이 듣고 "천자는 말을 장난삼아 해서는 안됩니다"라 하고 실제로 唐 땅에 봉하도록 하였음.(《史記》晉世家) 이에 대하여 柳宗元은 〈桐葉封弟辨〉이라는 글을 썼음.

1306

제齊 경공景公은 복숭아 두 개로 세 명의 못된 장사를 죽게 하였고, 양재사楊再思는 연꽃이 육랑六郞을 닮았다고 아부를 하였다.

「齊景公以二桃殺三士, 楊再思謂蓮花似六郞.」

【以二桃殺三士】춘추시대 제나라 경공을 모시던 세 용사가 자신의 공만 자랑하고 힘 센 것으로 위협이 되자 안자가 복숭아 두 개를 주어 그들을 다투게 하여 죽여 없앤 고사.《晏子春秋》諫下에 "公孫接·田開疆·古冶子, 事景公. 以勇力搏虎聞. 晏子過而趨, 三子者不起, 晏子入見公曰: '臣聞明君之蓄勇力之士也, 上有君臣之義, 下有長率之倫. 內可以禁暴, 外可以威敵. 上利其功, 下服其勇. 故尊其位, 重其祿. 今君之蓄勇力之士也, 上無君臣之義, 下無長率之倫. 內不可以禁暴, 外不可以威敵. 此危國之器也. 不若去之.' 公曰: '三子者, 搏之恐不得, 刺之恐不中也.' 晏子曰: '此皆力攻勃敵之人也. 無長幼之禮.' 因請公使人少餽之二桃, 曰: '三子何不計功而食桃?' 公孫接仰天而歎曰: '晏子, 智人也. 夫使公之計吾功者. 不受桃, 是無勇也. 士衆而桃寡, 何不計功而食桃矣? 接一搏

特狷, 再搏乳虎. 若接之功, 可以食桃, 而無與人同矣.' 援桃而起. 田開疆曰:
'吾仗兵而卻三軍者再. 若開疆之功, 亦可以食桃, 而無與人同矣.' 援桃而起. 古冶
子曰: '吾嘗從君濟于河, 黿銜左驂, 以入砥柱之中流. 當是時也, 冶少不能游,
潛行. 逆流百步, 順流九里, 得黿而殺之. 左操驂尾, 右挈黿頭, 鶴躍而出. 津人
皆曰: 河伯也. 視之則大黿之首也. 若冶之功, 亦可以食桃, 而無與同人矣. 二子
何不反桃?' 抽劍而起. 公孫接・田開疆曰: '吾勇不子若, 功不子逮. 取桃不讓,
是貪也; 然而不死, 無勇也.' 皆反其桃, 挈領而死. 古冶子曰: '二子死之, 冶獨
生之, 不仁; 恥人以言, 而夸其聲, 不義; 恨乎所行, 不死, 無勇. 雖然, 二子同
桃而節, 冶專其桃而宜.' 亦反其桃, 挈領而死. 使者復曰: '已死矣!' 公殮之以服,
葬之以士禮焉"이라 함.
【蓮花似六郎】당나라 張昌宗(어릴 때 자가 六郎이었음)은 아주 잘생긴 남자로
武則天의 총애를 받아 '鄴國公'에 봉해지기도 했다. 사람들이 그를 칭송하여
"육랑은 연꽃과 같다"(六郎貌似蓮花)라 하자 '兩脚狐'라고까지 불리던 간신
楊再思(?~709)가 "그렇지 않소. 연꽃이 육랑과 같은 것이지요"(不然, 乃蓮花
似六郎耳)라 아첨하였다.(《舊唐書》楊再思傳)

1307

사탕수수를 거꾸로 먹는 것을 일러 '점입가경'漸入佳境이라 하고,
애중哀仲은 배를 삶아서 먹었으니 본래의 진정한 맛을 크게 잃은 것이다.

「倒啖蔗, 漸入佳境;
　蒸哀梨, 大失本眞.」

【漸入佳境】 사탕수수를 뿌리 쪽부터 먹던 顧愷之의
　일화. 《世說新語》排調篇에 "顧長康噉甘蔗, 恒自尾
　至本. 人問所以? 云: '漸入佳境.'"이라 함.(696 참조)
【蒸哀梨】 진나라 哀仲의 집에 배가 아주 달았는데
　이를 쪄서 먹으면 그 맛이 나지 않았다 하여 우매
　의 차이가 상황에 따라 다름을 비유함.《世說
　新語》輕詆篇에 "桓南郡(桓玄)每見人不快, 輒嗔
　云: '君得哀家梨, 當復蒸食不?'"라 하고 劉孝標
　주에 "舊語: 秣陵有哀仲家, 梨甚美, 大如升, 入口
　消釋. 言愚人不別味, 得好梨蒸食之也"라 함.

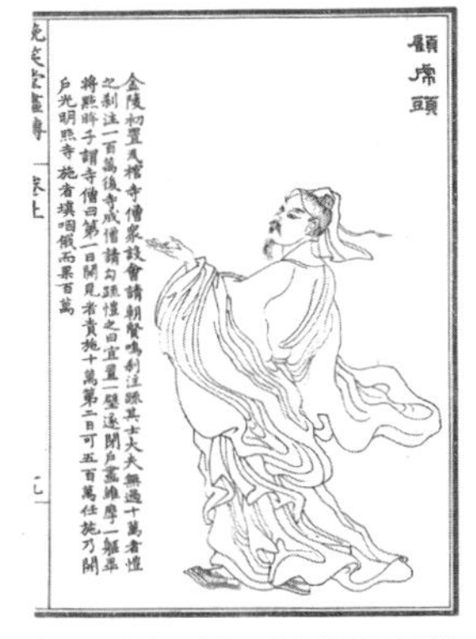

〈顧愷之(長康)〉《晚笑堂畫傳》

1308

　'콩 삶는 데 콩깍지를 땐다'煮豆燃萁 함은 형이 아우를 잔혹하게 괴롭힘을
비유한 것이요,
　'묵은 대나무를 잘라 그대로 두어 새순이 나는 것을 막는다'砍竹遮筍는
것은 옛것을 버리고 새로운 것을 가엽게 여겨야 한다는 뜻이다.

「煮豆燃萁, 比兄殘弟;
　砍竹遮筍, 棄舊憐新.」

【煮豆燃萁】 형제간에 잔혹하게 구는 것을 뜻함. 魏 文帝 曹丕가 아우 曹植을
　지극히 미워하여 "일곱 발자국을 걷는 동안 시를 완성하지 않으면 죽이겠다"
　고 하자 조식이 "煮豆燃豆萁, 豆在釜中泣. 本是同根生, 相煎何太急"이라 하여
　〈七步詩〉를 지음.(《世說新語》文學, 298, 786, 510, 1002, 1308 참조)

【砍竹遮筍】늙은 대나무를 베어내어 그대로 두면 새 죽순이 자라는데 방해가
됨. 버려야 할 옛것은 과감히 버려야 함을 뜻함. 趙顯宏《一枝花》行樂의
套曲에 나오는 말임.

1309

동원소董元素는 도술을 부려 강릉江陵의 감귤이 그 자리에서 나타나게
하였고, 오강吳剛은 달 속의 계수나무를 끝없이 베어야 하는 형벌을
받았다.

「元素致江陵之柑, 吳剛伐月中之桂.」

【元素】당나라 董元素를 가리킴. 그는 신선 방술에 뛰어났다. 어느 날 宣宗이
밤에 江陵의 감귤이 먹고 싶다고 하자, 그가 상자 하나를 임금 침상 앞에
내놓았다. 잠시 후 바람이 불어 발이 흔들리더니 상자 안에 귤이 가득
했다 함.(《異聞錄》)
【吳剛】신화 속의 인물. 그는 하늘에 죄를 지어 달에 있는 월계수를 베어
없애라는 벌을 받았음. 그가 계수나무를 도끼로 찍을 때마다 즉시 나무가
다시 붙어 베어낼 수가 없었다 함.(《酉陽雜俎》 神話傳說)

1310

  재물을 풀어 가난한 자를 구제함은 의당 범요부范堯夫의 보리 쌀 보조함을 따라하고
  물건을 공경스레 바침은 무식한 시골 사람이 미나리 바침을 따라 배울지니라.

「捐貲濟貧, 當效堯夫之助麥;
  以物申敬, 聊效野人之獻芹.」

【堯夫】范仲淹의 둘째아들. 그가 東吳에서 세금으로 거둔 보리 5백 곡을 여러 척의 배에 신고 돌아오면서 단양에서 石曼卿을 만났는데 그는 마침 상을 당해 이를 처리할 돈이 없음을 보고 배 한 척의 보리를 그에게 주고 돌아갔다 함.(《冷齋夜話》)
【野人獻芹】《열자》에 실려 있는 고사로 시골 사람이 거친 야생 미나리를 맛있는 것인데 부잣집에서 모르리라 여겨 이를 바쳤다 함.(《列子》楊朱篇, 637 참조)

1311

  봄비를 무릅쓰고 부추를 베어 음식을 마련한 것은 곽림종郭林宗의 친구에 대한 은근한 우정이요,
  눈을 밟고 매화를 찾아 나섰던 것은 맹호연孟浩然이 자신의 흥취에 겨웠던 아름다운 일화이다.

「冒雨翦韭, 郭林宗款友情隱;
　踏雪尋梅, 孟浩然自娛興雅.」

【冒雨翦韭】한나라 郭泰(林宗)가 어느 날 밤 친구가 갑자기 찾아오자 몸소
비를 무릅쓰고 텃밭에 나가 부추를 베어 반찬을
마련, 친구를 대접했다 함.(《後漢書》 郭泰傳) 한편
杜甫의 〈贈衛八處士〉 시에 "人生不相見, 動如參
與商. 今夕復何夕, 共此燈燭光. 少長能幾時, 鬢髮
各已長. ……夜雨剪春韭, 新炊間黃粱. 主稱會面難,
一擧累十觴"이라 함.
【踏雪尋梅】당나라 孟浩然(689~740)이 매화를
찾겠다고 나귀를 타고 눈 속을 헤매면서 "나는
풍설과 나귀등에서 시상이 떠오른다"(吾詩思正在
風雪之中, 驢子背上)라 하였다.(北夢瑣言 7)

〈孟浩然〉

1312

상商나라 태무太戊가 덕을 잘 닦자 불길한 상상祥桑이란 나무가 스스로
죽어 없어졌고,
　구래공寇萊公은 깊은 어짊이 있어 말라죽은 대나무가 다시 살아났다.

「商太戊能修德, 祥桑自死;
　寇萊公有深仁, 枯竹復生.」

【商太戊】 商나라 太戊가 즉위하자 조정에 桑穀이라는 흉조를 나타내는
나무가 나더니 7일 만에 한 아름으로 자라났다. 이에 伊陟에게 물었더니
"요괴는 덕을 이기지 못합니다. 선왕의 덕을 잘 닦으면 없어질 것입니다"라
하여 3일 만에 말라죽었다는 고사. 《史記》 殷本紀에 "帝雍己崩, 弟太戊立,
是爲帝太戊. 帝太戊立伊陟爲相. 亳有祥桑穀共生於朝, 一暮大拱. 帝太戊懼,
問伊陟. 伊陟曰:'臣聞妖不勝德, 帝之政其有闕與? 帝其修德.' 太戊從之, 而祥
桑枯死而去. 伊陟贊言于巫咸. 巫咸治王家有成, 作咸艾, 作太戊. 帝太戊贊伊
陟于廟, 言弗臣, 伊陟讓, 作原命. 殷復興, 諸侯歸之, 故稱中宗"이라 함.
【寇萊公】 송나라 재상 寇準(萊國公에 봉해졌음)이 선정을 베풀고 죽어 西京
장례를 치르러 가는 길에 公安縣에 들르자 사람들이 대나무 막대기에 돈을
매어 놓고 울면서 구준을 애도하였음. 그런데 한 달 후 그 대나무가 모두
잎이 살아나 이를 '萊公竹'이라 하였다 함. 이와 다른 이야기로는 그가
모함을 받아 雷州로 좌천을 갈 때 공안현을 지나며 그곳 神祠에 대나무를
꽂아놓고 "내가 나라에 잘못이 없었다면 이 대나무가 다시 살아나리라"(準若
無負朝廷, 枯竹再生)라 하였는데 과연 그 대나무가 다시 살아났다 함.(江少虞
《事實類苑》)

1313

서왕모西王母의 반도蟠桃는 3천 년에 한 번 꽃이 피고, 3천 년에 열매가 맺
는다. 그 때문에 사람들이 이를 빌려 수연壽筵과 탄신誕辰을 축하하는 것이다.
　상고시대 대춘大椿은 8천 년을 봄으로 삼고, 다시 8천 년을 가을로
삼는다. 그러므로 사람들은 이를 의탁하여 엄군嚴君에 비유하는 것이다.

「王母蟠桃, 三千年開花, 三千年結子, 故人借以祝壽誕;
　上古大椿, 八千歲爲春, 八千歲爲秋, 故人托以比嚴君.」

【王母蟠桃】漢 武帝가 西王母를 만날 때 그가 가지고 온 蟠桃(신선세계의
복숭아)를 자신도 심으려고 씨를 숨기자 이는 3천 년에 한 번씩 꽃이 피고
복숭아가 달린다 하였음.《漢武內傳》에 "王母上殿東向坐著, 黃塔襠文釆鮮明,
光儀淑穆, 帶靈飛大綬, 腰佩分景之劍, 頭上太華髻, 戴太眞辰嬰之冠, 履玄璃
鳳文之舃, 視之可年三十許, 修短得中天姿, 掩藹容顔, 絶世眞靈人也. 下車登牀,
帝跪拜問寒暄畢, 立因呼帝, 共坐, 帝面南, 王母自設天廚, 眞妙非常豐珍, 上果
芳華, 百味紫芝, 萎芬芳塡樏, 淸香之酒, 非地上所有. 香氣殊絶, 帝不能名也.
又命侍女, 更索桃果, 須臾以玉盤盛, 僊桃七顆, 大如鴨卵, 形圓靑色, 以呈王母.
母以四顆與帝, 三顆自食, 桃味甘美, 口有盈味, 帝食輒收其核, 王母問帝, 帝曰:
'欲種之.' 母曰: '此桃三千年一生實, 中夏之薄, 種之不生.' 帝乃止"라 하였으며
《博物志》(8)에도 실려 있음.
【上古大椿】《莊子》逍遙遊에 "上古有大椿者, 以八千歲爲春, 八千歲爲秋, 此大
年也. 而彭祖乃今以九特聞, 衆人匹之, 不亦悲乎!"라 하여 大椿을 아버지(嚴君)
에 비유함.(258 참조)

1314

강아지풀을 제거하여 좋은 벼를 바르게 자라게 하고,
가지나 잎을 비옥하게 하는 것은 뿌리와 줄기를 북돋움만 못하다.

「去稂莠, 正以植嘉禾;
　沃枝葉, 不如培根本.」

【稂莠】강아지풀로 벼와 거의 흡사함.《舊唐書》太宗紀에 "太宗謂大臣曰:
'夫養稂莠者害佳禾, 赦有罪者賊良民. 故朕卽位以來, 不欲數赦, 恐小人恃之,

輕犯憲章故也.'"라 함. 《孟子》盡心(下)에 "孔子曰: '惡似而非者, 惡莠, 恐其
亂苗也; 惡佞, 恐其亂義也; 惡利口, 恐其亂信也; 惡鄭聲, 恐其亂樂也; 惡紫,
恐其亂朱也; 惡鄕原, 恐其亂德也.'"라 함.
【枝葉】가지나 잎.《舊唐書》李大亮傳에 "中國百姓, 天下根本; 四夷之人, 猶於
枝葉. 擾於根本, 以厚枝附, 而求久安, 未之有也"라 함.

1315

세상살이 길에 잡초는 의당 베어버려야 하고, 사람 마음 속이 띠 풀로
막힌 경우 모름지기 이를 열어주어야 한다.

「世路之蓁蕪當剗, 人心之茅塞須開.」

【蓁蕪】잡초가 무성한 모습.(蘇軾〈洌陽早發〉)
【茅塞】잡풀이 길을 막고 있음. 꽉 막힌 사람.《孟子》盡心(下)에 "山徑之蹊間,
介然用之而成路, 爲間不用, 則茅塞之矣; 今茅塞子之心矣"라 함.(665 참조)

▶ 增文

1316

요황姚黃과 위자魏紫는 모란牡丹의 색깔이 사람의 사랑을 받는 것이요,
설백雪魄과 빙자冰姿는 말리화茉莉花의 향기가 나를 따라다님을 아름답게
여긴 것이다.

「姚黃·魏紫, 牡丹顔色得人憐;
　雪魄·冰姿, 茉莉芬芳隨我愛.」

【姚黃魏紫】송나라 때 洛陽에 두 종류의 명품 모란이 있었다 함. 하나는
‘千葉黃花’라 불리던 ‘姚黃’으로 민간의 姚氏 집에서 재배하던 것이며, 하나는
‘千葉肉紅花’라 하는 ‘魏紫’로 魏仁溥의 집에서 재배하던 것이라 함.(歐陽修
《牡丹譜》)
【雪魄冰姿】茉莉花(자스민)는 흰 꽃에 향기가 짙어 이와 같이 비유한 것임.
당 太宗의 〈茉莉〉 시에 "冰姿素淡廣寒女, 雪魄輕盈姑射仙"(鄒聖脈 주)라 함.

1317

설매雪梅가 잠깐 피었다 지는 풍광 속에서, 밝은 달 아래 꿈속에 미인이
나타났고,
　옥 같은 꽃봉오리가 한꺼번에 피는 풍광 속에서 바람 부는 쪽에서
옥환을 찬 선녀가 다가왔다.

「雪梅乍放, 月明魂夢美人來;
　玉蕊齊開, 風動珮環仙子至.」

【雪梅乍放】옛날 趙師雄이란 사람이 羅浮라는 곳에 갔다가 날이 어둡고 추워
松林 아래 주막에서 한 미인을 만났는데 달빛 아래 흰옷을 입은 그 미인
에게서 아주 짙은 향기나 났다 함. 그와 말을 나누며 술을 마시다가 자신도
모르게 취하여 잠이 들었다가 날이 밝아 깨어보니 자신의 매화꽃 아래
였다고 함.《龍城錄》
【玉蕊齊開】당나라 昌觀玉이 꽃봉오리가 맺힌 나무 아래를 보았더니 어떤
젊은 여인이 다가오고 있어 그 근처에 아주 짙은 향내가 나기에 종을 시켜
꽃 몇 송이를 꺾어오도록 하였음. 그랬더니 그 여인이 갑자기 눈앞에서 사라
지더라 함.《劇談錄》

1318

공자가 거문고를 시험삼아 연주하자 사수泗水의 강단 앞 은행나무가
피어났고,
　어부는 삿대를 저으며 무릉武陵의 복숭아꽃 떠내려오는 근원을 찾아
나섰다.

「尼父試彈琴, 發泗水壇前之杏;
　漁郎頻鼓枻, 尋武陵源裡之桃.」

【尼父試彈琴】공자가 杏壇에서 강학할 때 제자들은 책을 읽고 공자는 거문고
를 탔다 함.《莊子》漁父에 "孔子遊於緇帷之林, 休坐乎杏壇之上. 弟子讀書,
孔子絃歌鼓琴, 奏曲未半. 有漁父者, 下船而來, 須眉交白, 被髮揄袂, 行原以上,
距陸而止, 左手據膝, 右手持頤以聽"이라 함.(353 참조) '泗水'는 공자 근거지인
曲阜 근처의 냇물 이름. 그 곁의 洙水와 함께 '洙泗', 혹 '泗洙'라 하여 공자의
儒學을 대신하는 말로 쓰임.

【漁郞頻鼓枻】陶淵明의 〈桃花源記〉의 내용을 말함. 진나라 무릉의 어부가
복숭아꽃이 떠내려오는 근원을 찾으려 올라갔다가 굴을 발견, 그 속으로
들어가 세상과 등진 한 마을에서 겪은 이야기. "晉太元中, 武陵人捕魚爲業.
緣溪行, 忘路之遠近. 忽逢桃花林, 夾岸數百步, 中無雜樹. 芳草鮮美, 落英繽紛.
漁人甚異之. 復前行, 欲窮其林, 林盡水源, 便得一山. 山有小口, 髣髴若有光.
便捨船從口入. 初極狹, 纔通人. 復行數十步, 豁然開朗. 土地平曠, 屋舍儼然.
有良田美池桑竹之屬. 阡陌交通, 鷄犬相聞. 其中往來種作, 男女衣著, 悉如外人.
黃髮垂髫, 竝怡然自樂. 見漁人, 乃大驚. 問所從來, 具答之. 便要還家, 爲設
酒殺鷄作食. 村中聞有此人, 咸來問訊. 自云先世避秦時亂, 率妻子邑人來此
絶境, 不復出焉. 遂與外人間隔. 問今是何世. 乃不知有漢, 無論魏晉. 此人
一一爲具言所聞, 皆歎惋. 餘人各復延至其家, 皆出酒食. 停數日, 辭去. 此中人
語云, 不足爲外人道也. 旣出, 得其船, 便扶向路處處誌之. 及郡下, 詣太守說
如此. 太守卽遣人隨其往. 尋向所誌, 遂迷不復得路. 南陽劉子驥, 高尙士也.
問之, 欣然規往. 尋病終, 後遂無問津者"라 함.

1319

'구열군'九烈君은 원래 기이한 버드나무요, '지리수'支離叟는 틀림없이 키
큰 소나무였을 것이다.

「九烈君原爲異柳, 支離叟必屬喬松.」

【九烈君】버드나무의 신. 李固言이 늙은 버드나무 아래를 지날 때 "나는 버드
  나무의 신 구열군이다. 지금 내 손가락으로 그대의 옷을 물들여 과거에
  급제하도록 해 주겠다"(吾柳神九烈君也. 今彈指染子衣, 俾君綠袍矣)라 하여
  과연 그와 같이 되었다 함.(《三峰集》) '綠袍'는 급제하여 파란색의 도포로
  갈아입는 것.
【支離叟】元代 鮮于樞가 자신의 서재 앞에 괴상하게 뒤틀린 관상용 소나무를
  심어놓고 늘 관상하면서 '지리수'라 불렀다 함.(《韻府群玉》, 《研莊雜記》)

1320

　장부丈夫의 학문은 빨리 내닫는 말과 같아야 하느니 황양黃楊이 윤년을
만난 것과 같아서는 안 된다.
　남자男子라면 쭉쭉 뻗은 나무와 같아야 하느니 마치 늙은 홰나무가
하늘을 찌를 듯 해야 한다.

「丈夫進學駸駸, 勿效黃楊厄閏;
　　男子爲人卓卓, 必如老檜參天.」

【駸駸】말이 매우 빨리 달리는 모습.
【黃楊厄閏】고대 황양목이라는 나무는 매년 한 치씩 자라며 윤년에는 한 치씩
  줄어든다(黃楊木歲長一寸, 閏退一寸)함.(《雅埤》) 한편 蘇軾의 〈監洞霄宮俞康
  直郎中所居四詠〉에 "園中草木春無數, 只有黃楊厄閏年"이라 하였고, 《大慧
  師語錄》에 "這老漢參天, 黃楊木禪到縮去"라 함.
【老檜參天】늙은 檜나무는 세월이 가도 하늘 높이 계속 자라 오름을 뜻함.
  李紳의 시에 "士人高氣節, 老檜參靑天"이라 함.

1321

용이 먹을 꼴이 무성함에 주 목왕은 이를 말을 먹일 꼴로 준비하였고,
부평초가 모이자 번천리는 오리가 쉴 자리로 만들어 주었다.

「龍芻茂時, 周穆王備供馬料;
　水萍聚處, 樊千里用作鴨茵.」

【龍芻】龍芻草. 周 穆王이 천리마에게 먹였던 풀, 꼴, 사료.(《類說》) 목왕은
　서주의 임금으로 '穆天子'라고도 하며 팔준마의 천리마를 좋아하였다.
　신화를 쫓아 서쪽 지방을 유람하기를 즐겼음.(《穆天子傳》)
【樊千里】太原의 少尹을 지내던 번천리는 연못을 만들어 백여 마리의 오리를
　기르면서 몇 수레 분량의 부평초를 넣어 오리가 쉬는 자리로 삼도록 하였다
　함.(《雲林異景志》)

1322

사령운謝靈運은 시를 이루려고 이미 서당西堂의 꿈속에 들어갔던 것이요,
　강엄江淹이 〈별부別賦〉를 이루니 남포南浦의 노래를 다시 들을 수 있게
되었도다.

「靈運詩成, 已入西堂之夢;
　江淹賦就, 更聞南浦之歌.」

【靈運】謝靈運(385~433). 그가 〈登池上樓〉의 시를 지으면서 시상을 고심하다가 西堂에서의 꿈에 아우 謝惠連을 보고 "池塘生春草"라는 구절을 얻었다 함.《南史》謝方明傳)

【江淹】 남조시대의 시인. 그의 〈別賦〉에 "春草碧色, 春水碧波, 送君南浦, 傷如之何"의 구절이 있음.

【南浦】 이별을 뜻하는 상징적인 장소. 〈楚辭〉 九歌 河伯에 "送美人兮南浦"라 하였고 고려 鄭知常의 〈大同江〉 시에 "雨歇長堤草色多, 送君南浦動悲歌. 大同江水何時盡, 別淚年年添綠波"라 함.

1323

막 피어나 구익부인鈎弋夫人의 펴지 않은 주먹 같은 모습은 서산西山의 어린 고사리요,

갈라보아 마치 장강莊姜의 흰 이빨 같은 것은 북원北苑의 아름다운 표주박瓠 씨로다.

> 「生成鈎弋之拳, 西山嫩蕨;
> 　剖出莊姜之齒, 北苑佳瓠.」

【鈎弋】 鈎翼夫人으로도 쓰며, 趙氏 성으로 漢 武帝의 妃. 昭帝를 낳았으며 昭帝가 太子가 되어 다섯 살 때 武帝는 鈎弋夫人이 專權을 휘두를까 두려워하여 雲陽宮에서 죽였다. 昭帝가 즉위하여 皇太后로 追尊하였다. 죽기 전에 鈎弋宮에 살아 '鈎弋夫人'이라 부른다. 그가 어렸을 때 손이 펴지지 않아 무제가 억지로 폈더니 玉鈎를 쥐고 있었다 함. 이에 무제가 그를 입궁시켜 비로 삼았음. 《搜神記》(1), 《列仙傳》(下), 《太平廣記》(59), 《史記》(外戚世家), 《漢書》(外戚傳), 《藝文類聚》(78), 《法苑珠林》(49), 《太平御覽》(981) 등에

널리 실려 있음.

【西山嫩蕨】 서산에 난 고사리 순이 구익부인의 펴지 않은 손과 같음을 말함.

【莊姜】《시경》 衛風 碩人에 莊姜의 하얀 이를 "齒如瓠犀"라 찬미한 노래로 미인을 뜻함.

【北苑佳瓠】 이빨이 북쪽 정원의 표주박 속의 박씨처럼 곱고 예쁨.

1324

일찍이 수조水藻는 쪽풀보다 파랗다 하였고, 비로소 산고山菰가 피보다 붉음을 믿겠도다.

「曾言水藻綠於藍, 始信山菰紅似血.」

【水藻綠於藍】 마름 풀이 물보다 더 파란 모습을 띰. 唐詩에 "水藻碧於藍"이라 함.

【山菰紅似血】 '山菰'는 '山菇'라고도 쓰며 산에 나는 야생의 붉은 버섯. 唐詩 〈詠紅菇〉에 "空山雨過正溫溫, 松檜森森綠更勻. 何事有菰凝血色, 莫非杜宇灑啼痕"이라 함.

1325

원수元修는 잠두채蠶豆菜라는 나물을 좋아하여 자고로 훌륭하다 칭송하여 '원수채'라 부르며,

제갈량諸葛亮은 만청蔓菁이라는 무를 군영에 심어 지금까지 그 채소를 '제갈채'라 부르고 있다.

「元修蠶豆, 自古稱佳;
　諸葛蔓菁, 迄今猶賴.」

【元修蠶豆】'蠶豆菜'라는 채소를 '元修菜', 혹은 '巢菜'라고 부르게 된 유래를 말함. 蘇東坡의 〈元修菜詩引〉에 "잠두는 훌륭한 채소로 우리 마을의 소원수라는 사람이 즐겨 먹었으며 나도 좋아한다"(菜之美者, 吾鄉之巢, 故人元修嗜之. 予亦嗜之. 故蜀人呼元修菜)라 함.
【諸葛蔓菁】'蔓菁'은 '蕪菁'이라고도 하며 순무의 일종. 諸葛亮은 군대 막사 옆에 반드시 이 채소를 심도록 하여 사람들이 '諸葛菜'라 불렀다 함.(韋絢 《劉賓客嘉話錄》)

1326

생강生薑은 뿌리를 캐어먹고 고수풀은 씨를 심어 재배하니 이는 모두가 농부가 잘 알고 하는 것이요,
　무는 씨방을 그대로 쓰고 겨자는 씨를 빻아 쓰는 것이니 자주 요리 솥 속에 맛을 돋구도다.

「生薑盜母荽留子, 盡付園丁;
　蘆菔生兒芥有孫, 頻允鼎味.」

【生薑盜母】생강은 뿌리를 심어 번식시킴. 그런데 뿌리를 심어 싹이 날 때 이를 캐어 약재나 식용 등 다른 용도로 쓸 수 있음. 이를 '盜母'라 함.

【荽留子】'荽'(수)는 고수풀(香草, 香菜). 씨로 재배하며 그 씨가 맺힐 때까지 거두지 말고 그대로 두어야 씨를 얻을 수 있음을 뜻함. 唐나라 속담에 "生薑盜母荽留子"라 했다 하며 지금의 "망종에 생강을 심어, 하지에 이를 훔친다(캔다)"(芒種種薑, 夏至偷娘)와 같은 뜻이라 함. '園丁'은 농부를 뜻함.

【蘆菔】무. 蘿菖, 蘿蔔 등 여러 표기가 있음. 그 씨방이 여물기 전에 이를 조리에 넣었다 함. '生兒'는 씨방을 그대로 사용함을 뜻함.

【芥有孫】겨자는 빻아서 가루로 낸 다음 이를 사용하므로 '孫'이라 표현한 것임. 蘇東坡의 시에 "秋來霜露滿東園, 蘆菔生兒芥有孫. 我與何曾同一飽, 不知何苦食雞豚"이라 함.

〈花木〉편 '續增' 9聯

○ 「花灼灼而成艶, 木欣欣而向榮.」

○ 「百花盛開於春夏, 惟菊傲霜;
　　萬木多萎於秋冬, 孤松挺秀.」

○ 「有雌蕊亦有雄蕊, 果實因是生成;
　　待風媒又得蟲媒, 花粉賴其傳播.」

○ 「曰隱花, 曰顯花, 原生固異;
　　曰草本, 曰木本, 受質不同.」

○ 「花木之構成, 由根而莖, 由莖而葉, 由葉而花, 由花而實;
　　花木之效用, 食料需之, 飼畜需之, 工用需之, 藥品需之.」

○ 「稻麥屬禾本科, 滋養萬物; 麻棉爲纖維質, 衣被群生.」

○ 「園有蔬, 美可茹; 瓜多瓤, 甘可食.」

○ 「制芰荷以爲衣, 喜其雅潔; 用葡萄以釀酒, 味若醍醐.」

○ 「森林帶爲天然之利藪; 植物學系主要之理科.」

임동석중국사상100

유학경림

幼學瓊林

3/3

부 록

程登吉 撰·鄒聖脈 註 / 林東錫 譯註

〈雞雛待飼圖〉宋, 李迪, 北京故宮博物館

임동석(茁浦 林東錫)

慶北 榮州 上茁에서 출생. 忠北 丹陽 德尙골에서 성장. 丹陽初中 졸업. 京東高 서울 敎大 國際大 建國大 대학원 졸업. 雨田 辛鎬烈 선생에게 漢學 배움. 臺灣 國立臺灣師範 大學 國文硏究所(大學院) 博士班 졸업. 中華民國 國家文學博士(1983). 建國大學校 敎授. 文科大學長 역임. 成均館大 延世大 高麗大 外國語大 서울대 등 大學院 강의. 韓國中國言語學會 中國語文學硏究會 韓國中語中文學會 會長 역임. 저서에《朝鮮譯學考》(中文)《中國學術槪論》《中韓對比語文論》. 편역서에《수레를 밀기 위해 내린 사람들》《栗谷先生詩文選》. 역서에《漢語音韻學講義》《廣開土王碑硏究》《東北民族源流》《龍鳳文化源流》《論語心得》〈漢語雙聲疊韻硏究〉 등 학술 논문 50여 편.

임동석중국사상100

유학경림 幼學瓊林

程登吉 撰·鄒聖脈 註 / 林東錫 譯註
1판 1쇄 발행 / 2010년 11월 11일
발행인 고정일
발행처 동서문화사
창업 1956. 12. 12. 등록 16-3799(윤)
서울강남구신사동540-22 ☎546-0331~6 (FAX)545-0331
www.epascal.co.kr
잘못 만들어진 책은 바꾸어 드립니다.

*

*

사업자등록번호 211-87-75330
ISBN 978-89-497-0629-0 04080
ISBN 978-89-497-0542-2 (세트)

繪圖增註《幼學瓊林》廣益書局 坊間本

표지에 上海, 廣州, 長沙, 開封, 北京 발행으로 되어 있으며
속표지에는 淸溪 謝梅林碩傭, 山陰 石韞 玉秉楠重校로
되어 있다. 본인이 남경 고서점에서 구한 것이다.

新增繪圖幼學故事瓊林卷三

人事　新增文十二聯

清溪蔺梅林硯備參訂
男　鄒可庭沙圖
山陰石韞玉重校

增補圖書字類彙韻

初學堂文庫

新增繪圖幼學故事瓊林卷三　人事　二

長衫 Longcoat — 領 Collar — 冕 Crown — 帽 Hat — 笠 Cap — 小帽 Strawhat — 煖帽 Winter hat | 涼帽 Summer hat — 衣服 Clothing — 脊 Back — 尸 Carpse — 臍 Novel — 掌 Palm — Swea

增補字彙守類標韻

初學童蒙八廣

新增繪圖幼學故事瓊林卷三

三

外

鞋 Slipper — 靴 Boots — 鞋 Shoes — 襪 Stockings — Leggings — 袴 Trowers — 裙 Petticoat | 紐 Button — 袖 Sleeves — 衫 Shirt — 棉衣 Wadded — 褂 Coverbe — 袍 Robe — Furgrehet

增補字彙類標韻

初學童蒙入廣

新增繪圖幼學故事瓊林卷三

四

人吉英　人國英　人本日　人麗高　人藏西　人古蒙
English　Britons　Japanese　Coreans　Thibetans　Mongolian

人滿　　　人漢　　　帶腰　　　被大　　　乳蝦
Manchurian　…ese Chinaman　Girdle　Bed cover　Satinbird

〔新增常用幼學故事瓊林卷三〕〔會〕　五

賀呈　　　賀　　　謝鳴　　　邀　　　餼
Return a present　Congratulate　Return thanks　Invite　Repose

請　　　將女　士烈　　　士　　　第科　　　人度印
Please　Hero　Patriot　Educted man　Literary degree　Hindoos

〔新增繪圖幼學故事瓊林卷三〕〔飲食〕　六

增補同音字類標韻

初學歡喜人廬

新增繪圖幼學故事瓊林卷三

宮室　宮室　　七

增補同音字類標韻

初學歡喜人廬

新增繪圖幼學故事瓊林卷三

宮室　器用　　八

説小 Novel　牌俗月 Calendar　錄目 Cotent　典字 Dictionary　史 History　賜書 Books

事文 Students Apparatus　文事門　鐵銅 Corn　鋼 Steel　鉛 Lead　錫 Tin　鐵 Iron

增補國音字類樗讀　初學學童尺牘

《敎繪圖幼學故事瓊林卷三》　　九

酒客 Ale　酒藥 Medicated wine　酒餅音 Champagne　酒皮 Beer　地爾白 Brandy　梁高 Gin　酒興招 Thomstin

米酒 Rice Wine　食飲 Dunk & Food　飲食門　票鈔 Banknot　契 Ded　令命 Decary

增補國音字類樗讀　初學學堂尺牘

《新增繪圖幼學故事瓊林卷三》　　十

火腿 猪油 猪�膹 猪肉 羊肉 牛肉 筵席 檸檬水
Ham　Lard　Bacon　Pork　Mutton　Beef　Dinner　Lemonade

荷蘭水 糯米 咖啡 綠茶 紅茶 茶
Soda water　Glutinous rice　Coffee　Green tea　Black tea　Tea

燒　醋　糖　鹽　醬　油　腐豆
Roasted　Vinegar　Sugar　Salt　Sauce　Oil　Beancurd

豆湯　粥　蛋糕　煎魚　牛奶　鹿肉
Bean Soup　Congee　Sponge cake　Fried fish　Milk　Venison

增補圖音字類標韻
初學堂入廣
新增繪圖幼學故事瓊林卷三

十三

增補同音字類標韻
初學堂入廣
新增繪圖幼學故事瓊林卷三

十四

Hospital Asylum. Magistrates office　Window Door Ceiling　Wall Kitchen Sitting room Stable Bedroom Library Drawing room

養病院　仁濟院　縣署　門　天花板　墻　廚房　會客問　臥室　馬房　書室　茶廳

新增繪圖幼學故事瓊林卷四

增補同音字彙檢韻

智學堂尺牘

錦心繡口

院物博　關海　館會　廳坐　殿　宅第　所公

Musenm　Customhouse　Exchange　Porlour　Hall　Mansion　Public hall

房捕巡　堂公　麻公審會　署領　廟

Police station　Public office　Mraedcaust　Consulate　Temple

増補音字類標韻

初學學堂入膽

《新增籠圖錦章故事瓊林卷四》

二

笙　叭喇　鼓　鐘　瑟　琴　章圖　片名

Reedorgan　Funeral pipe　Drum　Bell　Harp　Lute　Stamp　Cord

封信　輪火大　局造報　局部工　院兒孤

Envelope　Steamer　Arsenal　Municipal council　Orphanasylum

増補音字類標韻

初學學堂入膽

《新增籠圖勸學故事瓊林卷四》

三

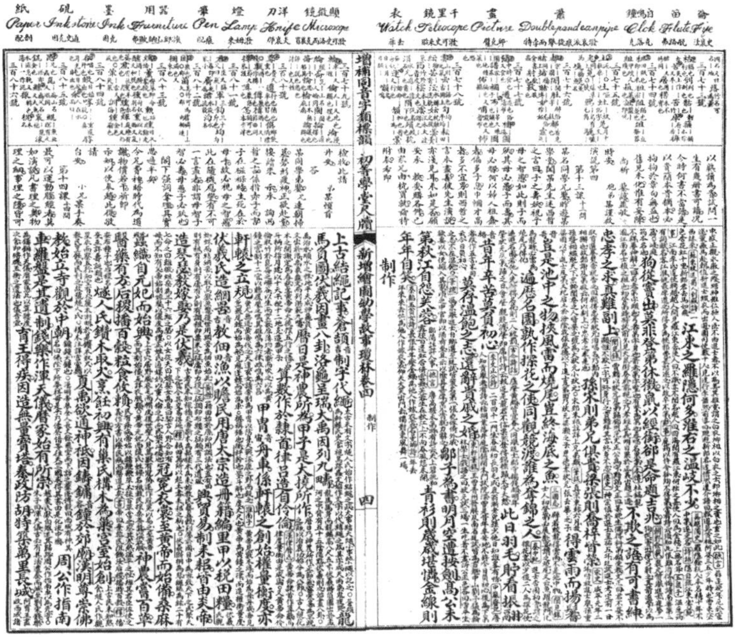

紙	硯	臺	用寫	家	燈	刀洋	鏡	顯微鏡	表	鏡千里	畫	叢	鐘鳴自	笛	火
Paper	Inkstone	Ink	Furniture	Pen	Lamp	Knife		Microscope	Watch	Telescope	Picture	Double pandean pipe	Clock	Flute	Fire

增補同音字類標韻 初學讀本人廣〈新增贊圖幼學畫事類林卷四〉 制作

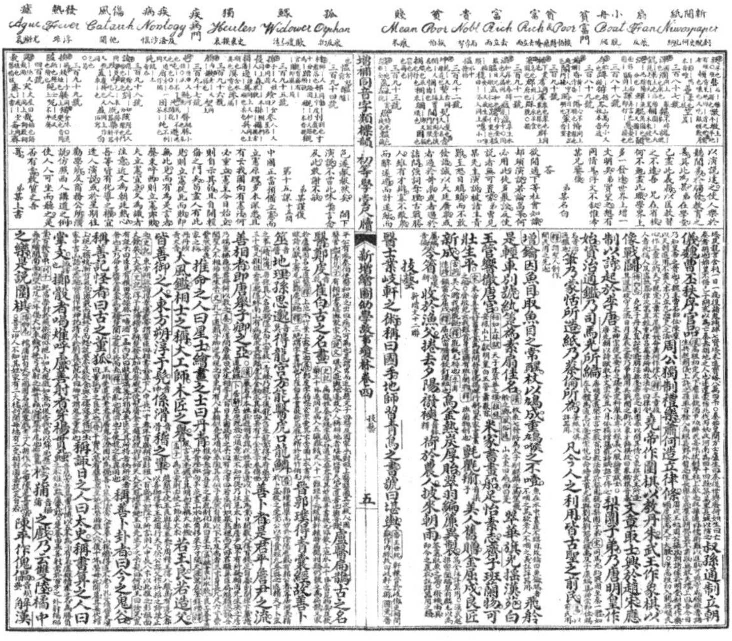

瘧	熱發	風傷	病疾	疾病	瘋	鰥	孤		賤	貧	貴富	富	富貴	貧	舟小	扁	紙聞新
Ague	Fever	Catarrh	Nosology	Heulens	Widower	Orphan			Mean	Poor	Nobl	Rich	Rich	Poor		Boat	Fran	Newspaper

增補同音字類標韻 初學讀本人廣〈新增贊圖幼學畫事類林卷四〉

Public | Business | | Grieve | Coffin | Humble | Sympathise | Peevishness | Condoler | Motherless boy | Fatherless boy | Orphan | Rheum | Cough

Soldier | Army | Admiral | | Take seat | Goarby | Aethung | Acting | Post a letter | Easy | Hard | Modern | Ancient | Private

增補同音字類標韻

新增繪圖幼學故事瓊林卷四　釋道鬼神　八

增補同音字類標韻

初等學堂文庫　新增繪圖幼學故事瓊林　釋道鬼神　九

Diviner　Doctor　Profession　Artificer　Trader　Merchant　Farmer　Aug　Abaus　Key　Lock　Chess　Medicine

增補同音字類標韻　初等學堂尺牘

新增繪圖勿學賽現卷四

Stealing　Robbery　Topayofine　Low & Prison　Actress　Actor　Telegram　Painter　Geomancy　Palmistry　Fortuneteller

增補同音字類標韻　初等學堂尺牘

新增繪圖勿學賽現卷四

増補同音字類標韻

初等學堂尺牘

《新增朝鮮國繕寫真草彙 卷四》

十二

増補同音字類標韻

初等學堂尺牘

《新增朝鮮國繕寫真草彙 卷四》

十三

臉	馬	牛黃	牛	兔	猴	熊	鹿
Ax	Horse	Cow	Ox	Rabbit	Monkey	Bear	Deer

豹	象	虎	獅	獜麒	獸鳥
Leopard	Elephant	Tiger	Lion	Unicorn	Birds&Quadrup.

增補圖書字類標韻　初學堂識廛　新增繪圖智豊考事璟棌卷四　十四

鳩	白	鴿	鳳頭鴟	鵰	鷹	鶴仙	鸚鵡	雀孔
Pigeon	Dove	Owl	Roe	Eagle	Stork	Parrot	Peacock	

鳳鳳	鼠	猫	狸狐	羊山	羊湖	狗	猪雌	猪雄
Phœnix	Rat	Cat	Fox	Goat	Shup	Dog	Sow	Boar

增補圖書字類標韻　初學堂識廛　新增繪圖智豊考事璟棌卷四　十五